72°00′ E
72°30′ E
36°30′ N
36°00′ N
35°30′ N
71°30′ E
ロシア
アフガニスタン
アブ・イ・パンジャ（オクサス川）
ワハン谷
アノ・シャー峠
ルンコー
6902
コトガーズ峠
アケル・キオー
7020
サラリッチ
6225
ウルゲント
7088
ランガール
コトガーズ峠
c7100
グラム
ムリッチ
トゥリコー川
サラグラール
7349
ドルー
ウドレン谷
シャグラム
ラシト
ノシャック
7492
イストル・オ・ナール
7403
シャグラム
ドラサン
ヌクサン峠
アルカリ川
ティリチ・ゴル（谷）
ザニ峠
ウトゥル
マスツジ川
マスツジ
オウィール
ティリチ・ミール
7708
コシュト
ブニ
ソノゴール
サト・カラチ峠
アルカリ
ロン
クラー
オウィール
バルム
レシュン
ブニ・ゾム
6551
キャール峠
キャール
バレニス
ドラー峠
アフシィク
シャアフ・シィディン
ゴボール
ハッサナバード
モミ
ショゴール
マロイ
ソナル・ラスプール
イマールディン
ルトコー川
ゴーレン谷
ビールチン
イズー
モヌール
ココチ
ビルモッホ
アサンガール峠
チトラール
カラッシュ
マダグラシト
ウルグゥチ
ルムブール谷
グラム
バランガルー
ブローズ
ウタイ峠
アユーン
グルール
ドデリ峠
ガヒラート
ジィノール峠
ボムボレット
ボムボレット谷
ケスー
ビリール谷
ドロッシュ
パンジコーラ川
'66
'68
'71
'74
'75
'78
'87
'93
'97
'99
'03

秘境ヒンドゥ・クシュの山と人

パキスタン北西辺境を探る

雁部貞夫

ナカニシヤ出版

序にかえて
――「旅」へのプロローグ――

一九六六年に始まる私のヒンドゥ・クシュ通いも、すでに四十年を越えて半世紀近いものとなった。今日までおよそ夏の十五シーズンほどをこの山域で過ごして来た。パキスタン北西辺境のチトラールがその発足地である。平均すると三年に一度はチトラールのどこかを歩いていたことになる。

一九六八年の夏、私はヒンドゥ・ラージ山脈の主峰コヨ・ゾム（六八七二m）の初登頂を目指して、ヤルフーン川の上流を遡った。コヨ・ゾムのすぐ東側にあるイシュペル・ドームとフラッテロ・ゾム（ともに約六二〇〇m）に初登したのち、同行の僚友橋野禎助と剣持博功を失った。

その時もう二度とピッケルを握るまいと思ったが、帰国後に開かれた海外登山研修会の講演で、深田久弥先生が、近年ヒマラヤでユニークな登山をした者として、薬師義美、向後元彦の両氏と共に、私の名を挙げて賞揚されたのに救われ、私はチトラール詣でを再開したのであった。

勿論これには、現地の旧チトラール藩王国の王族、ブルハーン・ウッディーン殿下という日本人びいきの要人の力強い後押しによることも大きかったのである。

日本人によるヒマラヤ（広義の）登山の最盛期に遭遇したことも重なり、一九六〇年代後半から七〇年代後半にかけて、私は求められるままにヒマラヤ登山に関わる多くの文章を公にした。それらの文章は長い間、本にまとめられることもなく休眠状態を続けていたが、古稀を迎える今年の十二月を期して一本にまとめて上梓することとした。

かつては一シーズンに百隊近い厖大な数の日本の登山チームが入域したこのチトラール・オアシスも、その後の若者の登山ばなれが著しい時代の流れの中で、シーズンにわずか一、二隊の入山例を数えるのみという年が続き、目覚ましい登山活動も行なわれていない現状にある。

幸か不幸か、私の記した文章は殆ど改変する必要がないという状況にも鑑み、現地を知る旧友諸氏や新たにこの北西辺境の地を目指そうとする人々の前に、拙文を供したい。チトラールの山と人を知る上で少しでも参考になれば幸いである。

近年この地域をテーマにした成書では、平位剛氏の『禁断のアフガーニスターン・パミール紀行』（二〇〇三年、ナカニシヤ出版）と、宮森常雄・雁部貞夫編『カラコルム・ヒンズークシュ登山地図（付カラコルム・ヒンズークシュ山岳研究』（二〇〇一年、ナカニシヤ出版）があるが、ヒマラヤに限らず山岳書の出版は決して活発な状況にあるとは言えない。

ところで、一九八九年に四十九歳の若さで亡くなったイギリスの作家ブルース・チャトウィン（『ソング・ライン』などの作者）は、私とほぼ同じ、一九六〇年代にアフガン体験をした一人であり、その晩年、失われた青春の日々を痛惜して次のような回想をしている。

「（前文略）もはや遊牧民のテントの中で寝ることも、ジャムのイスラムの尖塔《ミナレット》をよじ登ることもないだろう。辛くて舌触りの粗い、苦味のあるパンの、あの味覚もやがて忘れてしまう。カルダモンの香り漂う緑茶、雪どけの水で冷やした葡萄、高山病にかかった時に食べた木の実や干した桑の実も。（中略）四千メートルを越える高地で感じた雪豹の気配など、それらはもう、二度と取り戻すことは出来ないのだ」（R・バイロン著『オキシアナへの道』へ寄せた序文より）。チャトウィンのこの嘆きは、私にはよくわかるが、しかし、幸いなるかな、その後もさらなる「辺境」の旅を続けている私は、この嘆きを味わわずに済んでいる。

近年も私はチトラール最北のシャー・ジナリ峠へ二度、唐の高仙芝ゆかりのダルコット峠の大雪原へ二度（前後三回に及ぶ）立つことが出来た。両方の峠へ妻の輝子が同行したことも忘れ難い。「辺境」への旅は、私のしぼみかけた日常の生を蘇らせる力を持つ。また、ささやかな吾が短歌制作の源泉ともなっている。

そして、チトラール人の同行の友、バブー・モハメッドの朗らかな声が今も聞こえてくる。「サーブ。次はどこの峠を越えましょうか」と。

平成二十年十一月一日
古稀を目前にして記す

雁部　貞夫

チトラールのマウンテン・インにて（1994年）
左から関口磐夫，D. リード嬢，雁部貞夫

At Chitral Mountain Inn, July, 1994.
（Left to Right, I. Sekiguchi, D. Lead, S. Karibe）

三たびヒンドゥ・クシュ山脈の奥深い山河
を共に踏査した故・関口磐夫君に捧ぐ

Dedicate to the Late Mr. I. Sekiguchi
who went to the most Nothern Part of
Hindu-Kush with me three times.

秘境ヒンドゥ・クシュの山と人――パキスタン北西辺境を探る／もくじ

秘境ヒンドゥ・クシュの山と人——パキスタン北西辺境を探る

1 チトラール風物誌——オアシスの三十年

チトラール王家の紋章

はじめに

私のパキスタン北西辺境への旅は、一九六六年から始まり、三十年をこえた。もう正確には覚えていないが、その回数は二十度近い。そして、そのほとんどは北西辺境（North-West Frontieer）の最北西端の地チトラール（Chitral）を目指した旅である。ここにはヒンドゥ・クシュ（Hindu-Kush）山脈の主稜を形成する数百の七〇〇〇m、六〇〇〇mクラスの高峰が存在し、多くの四〇〇〇mを越える高い峠とチトラール川（下流はクナール、カブール川と名称が変わる）の水源となるおびただしい数の氷河がある。これらの山間に太古からチトラール人がオアシスに定着し、質朴な生活を営んでいる。

このような地域を私は二年に一度くらいのペースで旅を続けて来たことになる。チトラールの王族の一人、ブルハーン・ウッディーン殿下（Shahzada Burhan ud-Din Khan）の知遇を得て、さらにチトラール領内の隅々にまで地縁血縁のネット・ワークを持つ信頼出来るバブー（現地人通訳、書記の意）たち、剛健な山地のチトラール衆の支援を受けて、この僻遠の地での困難な旅を全うすることが出来たのである。

チトラールとはどんな所か

本題に入る前に大体のアウト・ラインを記しておくのが順序であろう。そこでここでは概論風に話を進めてみよう。

一八九五年に幼い王（メータ＝太守）シュジャ・ウル・ムルク（ブルハーン氏の父王）を擁して、チトラール城に立てこもり、約一か月半の攻囲戦をしのいだG・ロバートソン*は、チトラール攻囲戦の立役者となった探検家だが、この戦いのあとで、チトラールの宗主権はイギリスが握ることになる。このロバートソンは文筆にも長けて、北西辺境に関する本を二冊著わした。その中の一冊、『チトラール　小さな攻囲戦の物語』（一八九八年刊、本邦未訳）で、この地の自然を次のように述べている。

「永遠の雪をいただき沈黙する巨大な山岳、野性に満ちた氷河生まれの奔流、羚羊（マーク・ホール）と野生山羊（アイベックス）が貴重な生命を保っている牧草に乏しい丘陵地。チトラールの大きな特徴は、こうした〈荒涼〉と〈巨大さ〉とが深く結び付いた点にある」。

このことは、百年たった今でも余り変わらない。このオアシスを訪れる人々の誰もが抱く実感なのである。

*G・ロバートソン（一八五二〜一九一六）
イギリスの行政官、探検家。旧インド北西辺境の駐在官として有名だが、元々は軍医であった。

『チトラール　小さな攻囲戦の物語』

古くからチトラールは北のトルキスタンと南のインド大陸とを結ぶルート上の一要衝として知られ、玄奘《げんじょう》の『大唐西域記』にも「商弥（シャンミ）」の名で一章設けられている（二〇一ページ参照）。ただし、彼の足跡は及んでなく、一つの情報として伝えたものであろう。多くの求法僧が通ったことは、今日チトラール各地に残る仏教刻画によって明らかである。今夏（一九九七年）、私は三十年ぶりに最北の峠ダルコット・アン（四五七五m）に立ち、南のギルギット（周辺に数千の刻画が現存）へ下ったが、峠の大雪原を南へ下った尾根の四〇〇〇m地点で、仏塔を刻んだ黒い大岩を発見した。これまで見た中で、最も高所にある仏教刻画である。かつてM*・スタインが言及したことがある刻画だ。

この地の重要性を再認識させられるのは、近代に至ってからで、十八世紀から十九世紀初頭にかけて、南下するロシア勢力とそれを阻もうとするイギリスとの角逐の場となり、近代史上のフットライトを当てられたことによる。

このようにチトラールは政治史の上でも重要な場所だが、もう一つ大事なことは、ヒンドゥ・クシュ主稜とカラコルム山脈がぶつかり合う所なので、近代探検史上逸することの出来ない重要人物が、数多く足跡を残した点にある。イギリス人だけでも、カーゾン卿（のちのインド副王）、フォーサイス、ヤングハズバンド、ビッダルフ、*ホルディック（測量家）、さらに中央アジア最大の探検家M・スタインなどなど。スタインはチトラールから北上して、シナ・トル

仏塔を刻んだ大岩〈S. Karibe 1997〉

マルク・A・スタイン（一八六二〜一九四五）
ハンガリーの生んだ偉大な中央アジア探検家で考古学者。オックスフォード大学で考古学を専攻し、のちに一九〇四年イギリスに帰化。二十世紀初頭にパミールから東トルキスタンに入り、崑崙山脈西部を探査し、ホータン周辺で画期的な発掘調査の実績を残す。二〇九ページ参照。

トーマス・H・ホルディック
一三一〜一三八ページ参照。

キスタンのカシュガルへ入るのが、お気に入りのルートで、何度となくこのルートを歩き、ダルコット峠へも二度立っている。そして、一九三〇年代に入ると、私がひそかに仮想のライバルと目しているＲ・ションバーグ*がチトラール領のすみずみまで探り歩いている。

このオアシスには、さまざまの軍人、学者、測量者、登山家、旅人、さらには、戦略的、地理的な重要拠点などの理由から、さまざまな勢力のエージェント（スパイ）が入り込んだ。昔に限った話ではない、私が二回目に入った一九六八年のコヨ・ゾム登山の折、外人登録に寄った警察署には、あるアメリカ人が軟禁されていて、こっそりその男が一枚の地図を見せてくれた。多色刷りでコンター（等高線）の入った地図で、私たちの持参していた戦前のインド測量局製の地図にくらべるとはるかに精しい戦後の版であった。この妙なアメリカ人は、ＣＩＡのエージェントで国境付近をうろついていて捕らえられた。同じように国境の山々をうろつく我々はどうなるかと心配したが、当方にはチトラール王家のブルハーン殿下のお墨付きがあった。一九八〇年頃までは、奥地に入るたびにこんな不安と背中合わせの旅が続いたが、近年に至り、制限付きながらトレッキングが公認され、人々は公明正大な行動をとる限り、チトラールを自由に歩けるのだ。

本書の前見返しの地図をごらんいただきたい。インド亜大陸の西北端にヒン

レジナルド・ションバーグ（一八八〇〜一九六八）
イギリス・スコットランド出身の中央アジア、カラコルム、ヒンドゥ・クシュなどを精査した探検家。一二三〜一三〇、一三九〜一七六ページ参照。

ドゥ・クシュ主稜が南西から北東へ、大きく弓なりに弧を描く。その東側一帯がチトラール領である。地理的に言えば、北緯三十五度付近から三十七度、東経七十一度二十分から七十三度二十分の範囲がチトラールに相当する。縦長の南から北まで約三〇〇㎞。東京から名古屋くらいまではゆうにある。実際に徒歩でダルコット峠までを、チトラールの町から歩いてみると十四日かかる。六八年にこのルートを往復したわけだが、それだけで約一か月かかった。今なら奥地へまでジープが入るから、その半分に行程は短縮できるのだ。

　正確なセンサスは残っていないようだが、人口は十五万人くらいとある本には書かれており、奥地の村の人々はかなりふえているので、今日では二十万人は超えていよう。かつては遊牧が主であったが、今では小麦を中心として半農耕、半遊牧（減少しつつある）の生活を営んでいる人が多い。面積はこれも昔から、イギリスの「ウェールズ」くらいだと言われている。多くの河川に沿ってオアシスの村々が点在し、われわれ旅人はその村々で質朴なチトラール衆と交友を結びながら、今日まで旅を続けて来たわけである。

チトラールへの道

ヒンドゥ・クシュ山間のオアシスの町、チトラール（広義では地域全体を、狭義には町のみを指す）へ入る道は、古くはそこを囲む四方の山地を横切る峠による多くのルートが点在し、主な峠道だけでも十指に余る。多くは三五〇〇

〜四六〇〇ｍの高さのすばらしい展望台である。しかし、前世紀に策定されたイギリスとアフガニスタンの国境協定（デュランド線《ライン》という）により、西から北へかけての峠道は閉鎖されている。数年前のソビエットのアフガン支配に徹底抗戦したアフガン・ムジャヒディンの軍団が、これらの峠を利してチトラールを出撃の拠点としていたのは、公然の秘密であった。

現在の入域の主ルートは、北西辺境の古都ペシャーワルを発足して北上し、マラカンド峠（チャーチルが青年時代に駐屯）の要塞を経て、スワート領へ入り、北西のディール領を経由、さらにローワライ峠（三一一八ｍ）を越えてチトラールへ陸路入るものである。この道はかつては、チトラール戦争（一八九五年）の際、ペシャーワルから救援の一万人の将兵と山砲を運ぶために、大規模な軍用道路として開かれた。現在はさらに改修が進み、道幅が拡がり、路面も舗装が進み、ラワルピンディから早朝にバスかジープで出発すれば、夕方にはチトラールへ着く。強行一日である。ペシャーワル空港から運よく飛行機にのれれば四十五分のフライトですみ、コックピットからチトラールの名峰*ティリチ・ミール（七七〇八ｍ・ヒンドゥ・クシュの最高峰）が眼前に迫ってくる迫力をもろに実見できる。シーズンの夏は、帰省客が多く四十人分の座席しかないフォッカー機（双発のプロペラ機）の席を一日で確保するのは至難のわざなのである。

通常は成田からチトラールまで五日ほどかかるが、ある年の夏、私は二日で

ローワライ峠道（チトラール側）

〈S. Karibe 1997〉

＊ティリチ・ミール　二一八〜二二五ページ参照。

着いてしまったことがある。昼頃成田をスタートし、夜中にカラチ着、空港待合室で仮眠して、早朝ペシャーワル空港へとび、九時頃着。そこで旧知の空港オフィサーのラフマン氏に会い、その場でチトラール行きの切符を作ってもらい、十一時の便に間に合って昼前にチトラール空港に着。午後には当地第一のホテル・マウンテン・インでシャワーを使っていたという次第で、誠にスムースに移動できたが、この例など全くの僥倖といえるほど幸運な例外中の例外。いつもは体感温度五十度のペシャーワルの炎熱地獄にあえぎ、満員のオンボロ・バスでひたすらデコボコ道を北へ北へとひた走るということになる。

ちなみにラフマン氏は祖父の代までフンザ王の重臣だったが、その後放逐されギルギットに定住。三代目のラフマンは青年時代に、ギルギットへやって来た京都大学探検部パーティの本多勝一と知り合い、そののち世界的ジャーナリストとなった本多氏を神の如くうやまう日本人ビイキ。チトラールへ五年も常駐する間に私も親しく付き合うようになり、時々本多さんの余慶が私にも及ぶわけである。先年（一九九七年）秋の拙著『辺境の星』（歌集）の出版記念会に姿を現した本多さんにそのことを話すと、ラフマンを覚えていたが、最も強烈な印象はギルギット川でのマス釣りだった由。そのラフマン青年もパキスタン航空を定年退職した筈だが、色白で小太り、いつもユーモアたっぷりのソフィスティケイトされた好人物である。

オアシスの町、チトラール

私はついオアシス（中国では緑州と書く）と言ってしまうが、人々は多分、中近東をテーマにした映画の中に出てくるようなヤシの林に囲まれた中にこんこんと湧き出す大きな泉を中心とした緑したたる風景を想像するであろう。ヒンドゥ・クシュやカラコルムのオアシスは、それとは異なる。氷河の末端から水を引き、延々と人の住む山麓へ水路を作って育てた緑地、つまりイリゲーション・チャンネルを中心に展開した田畑と林によって成り立っているのがオアシスの風景なのだ。チトラールの町はその典型の一つ。次にこの町の現状を記しておこう。

町の北端からさらに五kmほど北に離れたチトラール川の河川敷きに空港がある。一九六〇年代の初めに、わがブルハーン氏が将来を見越して、当時中世さながらの当地に開設（当時は個人経営）。その後ＰＩＡ（パキスタン航空）に吸収されて現在に至っている。空港からはミニバスかジープが町の中心部へ運んでくれる。町の主要部は川の西岸一帯に展開する。

メイン・ストリートの両側には数百の軒を連ねるバザールがある。この道路はチトラール川沿いに北上、マスツジの西から南へラスプール川を遡り、そこから東へシャンドゥール峠へ上り、さらに遠く東のギルギットの町とを結ぶ主要ルートで、シャンドゥール街道と呼ばれる。バザールの店々はどれも一間幅

チトラールのバザール〈S. Karibe 1997〉

の間口の小さな店で、ペシャーワルのような大都市（といっても人口四十万人くらい）の大きなバザール、例えば有名なキッサハーニ・バザールのような規模の大きさとは比較にならないが、ここではどの商店にも気さくに上り、話し込める安らぎがある。

店の種類は雑多で、東京でいえばアメヤ横丁といった感じだが、高級品などは扱っていない。しかし、ローカルな品々がかえって面白い。特に女性に喜ばれそうな織物や特産の瑠璃（ラピス・ラズリ）をあしらった服飾品、木工など見るべき物が多い。近年では、隣国から逃れて来た人々によるアフガン・ショップが店開きをして、外国からの観光客から、掘り出し物（アンティークが多いので）が見つかる穴場として人気がある。私も大理石に似たアラバスタの石造りの古いオイル・ランプ（燭台）を入手して灰皿代わりに使っている。

ここでユニークな店を二つだけ紹介しよう。ザファーという人物が経営する服屋がその一つ。服といってもチトラール人（北西辺境は皆そうだが）の上着はYシャツのデカイのを裾長にたらし、ズボンはビヤ樽が入りそうなくらい太いのを腰ヒモでくくって調節。涼しいのと、ある目的のためにこういうスタイルになった。何のためかご想像あれ。最初に入域した時に、ブルハーンさんがこの店で衣服一式をあつらえてくれたが、ザファーとはそれから三十年来の友となった。普段は物をなるべく買うまいとする私と、一つでも余計に買わせようとするザファーとの丁々発止のやりとりの場だが、それが終われば何でも相

筆者（左）とザファー（右）〈S. Karibe 1999〉

談にのってくれる好漢。この国の政治、経済、何でも話してくれる。時々は内緒で、ルピーの交換もするのだ。

もう一軒はバザールの上通り、下通りを分ける中ほどの橋のたもとの石屋さん。私は「石」を眺めるのが好きな男である。チトラールはすぐ西のアフガン国境付近にルビーとラピスの鉱山があり、数年前まで、その採掘権をムジャヒディン勢力が押さえていて、有力な資金源としていた。「ライフ」誌がそのことを素破抜いたことがあった。そんな環境のせいで、この石屋さんでは種々雑多な貴石類を並べたり、積んだりしてある。もし貴方が目ききなら、優秀なアクアマリンの結晶（柱状で澄んだもの）を手に入れることも可能なのだ。これも長年の友人である地質学の松本徰夫《ゆきお》博士（山口大名誉教授）がこの店のファンで、今年は貴石探しツアーをやることになっていたが、スキル・ブルム峰の大遭難で参加予定の中心メンバーが他界し、この計画は当分延期ということになった。

砂漠の花、タマリスク

中央アジアの大探検家として知られるS*・ヘディンが初めて中央アジアに足を踏み入れたのは、一八九五年四月のタクラマカン砂漠の横断行であった。この破天荒ともいうべき企てを敢行した彼は、ほとんど半死半生、遭難一歩手前のところで一命を取り留めた。無謀と思えるこの企てに彼をかり立てたもの

スウェン・ヘディン（一八六五～一九六二）　スウェーデンの生んだ世界的な中央アジア探検家。地理学者。F・リヒトホーフェンに師事した。一八九三～九七年にかけて第一回中央アジア探検をし、タクラマカン砂漠を横断した。

は何なのか、研究者の間では様々の憶測が行われて来た。最もショッキングな説は、ヘディン研究の第一人者である金子民雄氏が発表したもので、故国スウェーデンに留まっていた愛する婚約者の心変わりを知らせる手紙を手にして、自暴自棄的な行動に出た結果であったという（『ヘディン伝』一九七二年刊）。この本を読んだ時に、私はにわかにはこの説を首肯し得なかった。しかし、後年に至り、金子氏はヘディンが死の床に就いた時、枕辺に秘められていた十八歳の少女の写真を入手し、その名がミレ・プロマンであることをつき止めたのであった。こうして金子説は定着した。某氏の名歌一首はその間の事情を詠んだものであった。

死の床に少女の写真秘め置きし八十七歳のスベン・ヘディン

この稿はヘディンを論ずるのが目的ではない。タマリスクである。タクラマカン砂漠で彷徨し、死を覚悟したヘディンのもうろうとした目の前にわずかな緑が目に入った。ポプラやタマリスクの茂みであった。そこに「水」の存在をかぎ取った彼は、最後の勇をふりしぼってホータン・ダリヤ（川）の岸にたどりつき、一命を取り止めるのであった。

タマリスクという植物名は右の事例に限らず、シルクロードの探検記には必ず出てくるので、どんな植物なのか、とても強い興味を持っていた。一九六六年の夏に生まれて初めて外国へ行った。それも日本人の足跡の全くないヒンド

北大構内のタマリスク（檉柳）
（多分，日本最北限のものか）
〈S. Karibe 1996〉

ゥ・クシュ主稜の東面へ。チトラール川の河川敷に作られた空港に双発四十人乗りのフォッカー機が安着し、タラップを下りると、私の目はこの未知の植物を求めて始動し、やがて河原のそこかしこに、かぼそい木々の茂みをみつけた。枝先に淡い朱というか紅というか、細かな花を集めて煙っている情景は、可憐とも言うべき風情があった。それがタマリスクの花であった。谷の両側にはほとんど緑というもののない、苛烈な陽光に灼かれ切ったような岩山、それも五〇〇〇mを越える山々が連なり、北の連山の青い空をさえぎってヒンドゥ・クシュの最高峰ティリチ・ミールの真白い頂が聳え立っていた。「ティリチ・ミールにはタマリスクがよく似合う」、パートナーの小田川兵吉と顔を見合わせて、こんなジョークを楽しんだ。

　北へ三日間ひたすらチトラール川を遡ると、谷はにわかに開ける。東からヤルフーン川、西からのトリコー川との合流点。正面はカゴ・レシト（カラスのいる平原の意）の大きな高原台地。その台地が川と接する辺りが一面にタマリスクのうす紅色の花で彩られている。左右の河岸はなだらかに開け、東はブニ、西はコシュトという二つの大きな村があり、二つともリンゴとアンズの名産地である。荒涼とした山々を背に、イリゲーション・チャンネルがよく発達し、緑したたる良村として知られている。所々ぬきん出て背の高いのはポプラの並木。ずんぐりした木立を作るのはチナール（篠懸）の大木だ。この合流点はパノラミックな景観の中で、心も広々とする私の最も好きなビュー・ポイント。

タマリスクの咲く河原（マスツジにて）
〈S. Karibe 1997〉

そして、緑中の紅一点を演出しているのが、タマリスクの花なのである。この花は近くで見ると米粒大の小さな花が沢山集まっていて、「集合」したマスの力でその美を発揮する。タマリスクこそ遠くから離れて眺めるべき花である。

土屋文明*の大陸詠『韮菁集』には、しばしばタマリスク（檉柳）が登場する。「八月上旬厚和滝留」の中に次の二首が見える。

　限りなき紅楊の林炭に焼き天山の道君は行くといふ
　紅楊を君は示せりむらさきの花穂美しき檉柳のひと束

この条りは、かつて「ポポオ」誌に「『韮菁集』を辿る」という拙文を連載した時に記しておいたので、ここでは「紅楊の林炭に焼き」という事柄と「むらさきの花穂美しき」に触れておきたい。これまで言及して来たチトラールの檉柳は、ほとんど全て親指くらいの太さしかなく、丈も二〜三mくらいのものばかりである。檉柳の成長は遅い。親指ほどの太さになるためには二十年、三十年の歳月を必要とする。それが「炭に焼く」ほどの太さというのだから、恐らく樹齢千年を超える大樹、古木の林を成しているのであろう。ちなみに最近TVでその保存活動を放映していた「レバノン杉」の林は、樹齢五千年というとてつもない古木から成る。

チトラールには右のようなタマリスクの大木は、ほとんど見られない。幹の直径十cmくらいのは時々見かけるのだが。「むらさきの花穂」と文明の言う花

土屋文明（一八九〇〜一九九〇）
群馬県生まれの歌人。斎藤茂吉の後をうけて、昭和期の「アララギ」を主導。

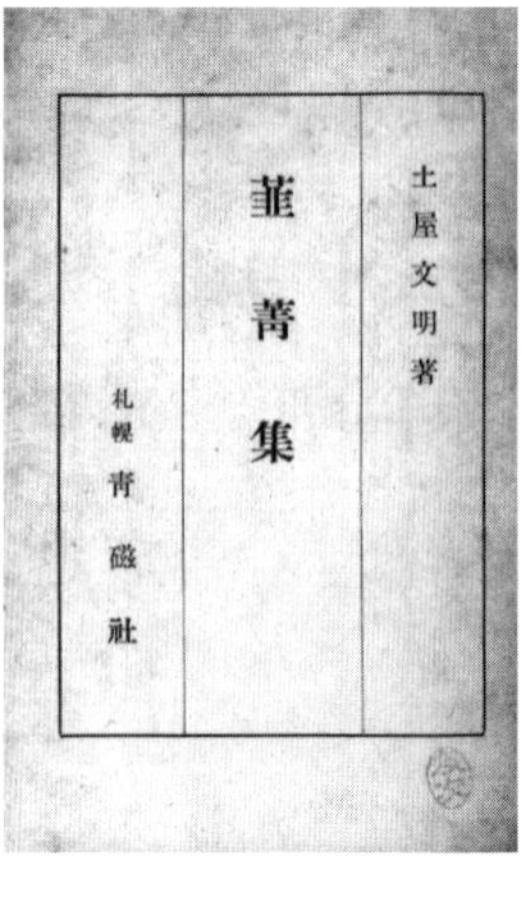

韮菁集（一九四六年刊）

の色については、『*続萬葉紀行』の「檉と茨」という文章で「黄河上流から採集されてきた紅楊の標本を早速見せてくれた。それは全く内地で見る檉で、まだ紅紫色の花穂がみずみずとついておるものであった」と記している。ここで記された「紅紫色」の花の色はチトラール産のものと同じだ。しかし、あれを「花穂」と言えるかどうか。日本で「三春柳」と呼ばれている樹では五月頃、みごとな「花穂」をおびただしく付けているのを信州で見かけた。その中では浅間温泉の梅屋旅館の近くと、松本城内の園地（天守の堀の南側）に特別みごとに花を付ける大木があった。しかし、チトラールのタマリスクの花とは異なる。辞書を引くと檉柳にはさまざまな異称が存在する。きっと近縁種も多いにちがいない。

　パキスタンに檉柳の大木がないかと言えば、さにあらず。いまなお、立派に存在するのである。北西辺境の首都ペシャーワルから北のマルダン市（タバコと砂糖の生産地）へ至る数十kmに及ぶ主街道の両側は、菩提樹などから成る巨樹大木のみごとな並木道となっている。そのマルダン寄りの部分に、屋久杉ほどに太いタマリスクの巨木が続く。枝先きの花のつき方からすると、チトラールのと同一の種類だが、その樹幹が全く太い。直径一mくらいのはザラにある。勿論二千年くらいの寿命を保っている古木群であるが、残念なことに近年その枯死が目立つ。何せアレキサンダー大王の進撃路だった歴史を目撃して来た並木である。「レバノン杉」と同様に早く保存活動に着手しないと、これらの大

*続萬葉紀行　戦前、創元社より刊行し、一九八三年、筑摩書房が復刊した。

木は次々に枯死してしまう。マルダンから東へ、インダス河を渡り、イスラマバード（首府）へ至る唯一の幹線道路は、排気ガスがすさまじいハイウエーとしても知られる。ネパールのカトマンドゥの空は排気ガスによる雲で、明け方はすっぽり覆われるそうだが、マルダン周辺の状況もそれに近くなって来ているのだ。

蒲の穂のような形状で、淡紅色の花穂をたれる三春柳（?）も、この上なく美しいにちがいないが、私には、タクラマカン砂漠やチトラール一帯で見かける、かぼそい枝先きにほのぼのとした紅色の小花をつづるタマリスクこそ、沙漠に咲く健気な花としてのイメージが強い。「ティリチ・ミールにタマリスクはよく似合う」のである。

チナールの木の下で

チトラールの樹木を語るとき、絶対に忘れてはならない木、それがチナールである。樹木の中の王様、それも帝王である。この帝王はチトラールの北郊ドロムツの丘に存在する。チトラール川（カブール川の上流）右岸、――左岸に少し寄った中洲に空港がある――は典型的な河岸段丘で、しかも三段に分かれ、一つの段丘が約一五〇mの高差を持つ。その三つ目の段丘上の平坦な地に、わがブルハーン殿下の居館がある。チトラールの町から望むとチナールの木立がグリーンベルトのように連なっているのが見てとれる。東はチトラール川への

チナールの大木（ブルハーン邸にて）
〈S. Karibe 1978〉

斜面が開け、背後は荒々しい岩山が、イタリアのドロミティ地方を彷彿とさせるが、いつの頃からか、イギリスの行政官たちの間でドロミティと呼ばれていたのが訛ってドロムッツとなったとブルハーンさんから伺った。地図ではDoromuttsと表記されるのが普通である。高度は約一七〇〇m。土壁を高く囲らせた居館の東側外周の平坦な地の南端近くに問題の、チナールの巨大な古木が一本、大きな日かげを作り、夏の間、ブルハーン家の人々の憩いの場、客人接待の場となっている。

一九六六年の夏、このブルハーン邸のチナールの木の下で初めて暮らした経験は、実は拙著『崑崙行』（短歌新聞社、一九八九年刊）の紀行文の中にかなり詳しく記してあるので、そこを参照していただくとして、今回はチトラールのあちらこちらで見たチナールについて記そう。ちなみにブルハーン邸のチナールの帝王がどれ程の大きさなのか思い出しておこう。幹の最大幅（幹周り）は大人四人で手をつなぐと、ようやく囲めるくらい。直径は約二m近くはありそうだ。樹高約三〇m。枝が四方に伸びているので巨大な蔭が出来る。この蔭が値打ちなのであり、折角伸びた枝を、日本でやるように刈り込んだりするような「もったいない」ことはしないのである。

チナールとは「篠懸の木」のことである。欧米で言う「プラタナス」だ。丁度、私の関係している新*アララギ発行所のすぐ前の通り（環七）にその並木

ブルハーン氏と共にチナールの木の下で
〈S. Karibe 1978〉

＊東京都杉並区方南町にあったが、現在は神田へ移転した。

があり、説明板があるので、その記述を利用させてもらおう。それによると、次の三種がある。⑴アジア産、⑵北米産、⑶ヨーロッパ産。⑶は⑴と⑵の交雑種だという。さて、チトラールのは三つのうちのどれか。いろいろな条件を考えると、どうやら⑴に相当する。葉が五〜六裂し、切れ込みが大きく、樹皮がはがれ易い。以上の点からチトラールのはPlatanus Orientalisということになる。一九五五年にヒンドゥ・クシュ探検（京都大学）を行なった植物学の北村四郎博士も、「アフガニスタンの植物」（『砂漠と氷河の探検』朝日新聞社、一九五八年刊）の中でそのように特定している。チトラールの植物相はアフガンと隣り合わせなのでほとんど同様と言ってよいのである。この北村博士の四〇頁に及ぶ報告は、樹木、草本などの実地調査で、果物などについての記述も多く、今日でも十分楽しめる。その後、これをしのぐ一般的な報告文は存在しないのである。同博士によれば、日本のよりも切れ込みが深く、「日本のものはモミジバスズカケ（P. acerifolia Willd）が多い」と記している。

チトラール領内のほとんど至る所で、チナールの大木を見かける。公共の場所、王宮の周辺、P・A（ポリティカル・エージェント、王制の頃は政務補佐官、今では実質的な行政担当官）の官邸、村の有力者の屋敷の庭、村と村の間の街道筋の要所要所、これは大抵は村々の有徳者が植えたもので、水路を守り、人々の語らいの場や旅人の休憩場所となっている。夏のチトラールの街道は昼日中は暑さが強烈で、とてもまともには歩けない。むき出しの水路では、折角の大切な水が蒸発してしまうので、そのシェルターになる並木が必要になるのである。

チトラールのメイン・ストリートであるバザール街の中心から、東へチトラール川へ向かって下ると王宮に至る。その周辺にチナールの大木が何本も集まっていて、昼なお暗いくらいの木蔭を作っている。木の間から、チトラール一の壮麗なモスク（回教寺院）の屋根ごしに純白の高峰ティリチ・ミールが大きく見えるかっこうの休憩スポットだ。町を歩きまわった後で、私は木の下の大きな石に腰を下ろし、山を眺めたり、本を読んだり、イギリス製の上等のシガレットを喫ったりして夏のひと時を楽しんだ。

一八九五年のチトラール戦争の時、寄せ手のスナイパー（狙撃兵）がこのチナールの大木に登り、城内の守備兵（イギリスが擁立した幼王シュジャ・ウル・ムルクを守っていた）を大いに悩ませたものだという。この幼王は、その後五十年にわたり、チトラールを統治し、大王と呼ばれたが、十六人の子息（正式の子息だけで）に恵まれ、わがブルハーン殿下はそのうちの一人で、それらの人々はシャーザダ（プリンスの意）という尊称で呼ばれている。この四十年間に私は四人の城持ちのシャーザダに会い、それぞれの城砦に泊めてもらった。

その四つの城砦とは南の方から順次あげると、第一はドロシュ（チトラール第二の町）の少し下流のナガル（城という意の地名）の城で、チトラール川の激

モスクとティリチ・ミール峰〈S. Karibe 1968〉

流が轟く中洲の小高い丘の上に建っている。恐らく王宮に次ぐ立派な建物で、東岸からしっかりした吊り橋を渡って入城する。籠城に備えていた名残か、かなり広い農園があり、野菜、麦、多くの果樹が植えられ、周囲に何本ものチナールの大木がそびえている。以前ここに泊めてもらった時は、自家製のブドウ酒をごちそうになった。北岸の河岸にはり出すように設けられた客室には川風が吹き入り、東の山並みの上に皎々と輝く月が上っていた。

一九九七年の夏、上流のマスツジ城に泊まることが出来た。ブルハーン氏の弟のフシュワクト・ウル・ムルク氏が当主で、この人とはよくチトラールの町のホテル（マウンテン・イン）で泊まり合わせることが多く、すっかり心安くなり、前々から是非マスツジへ泊まるようすすめられていたのであった。私の妻は、彼のことをミスター・レーガンと呼んでいたが、私には余りアメリカの大統領に似ているとは思えなかった。彼はパキスタン空軍の退役の将官（中将）で立派な見識を備えた人物である。

さて、そのマスツジ（マストゥージと発音する）だが、チトラール川の中流域、南からのラスプール川との合流点の少し北に位置する古くからの要地で、東方のギルギットへの備えとして、マスツジの城砦が設けられ、代々、フシュワクト家が城主をつとめて来た。一九三五年にこの地を訪れた探検家Ｒ・ションバーグは五か月の旅のさなかの三日間をこの城で休養し、「シャーザダが親切なホストぶりで、礼儀正しく世話をしてくれた。彼が建てた客用の家はとても居

マスツジ城にて〈S. Karibe 1997〉

心地が良かった」（『異教徒と氷河』）と記している。千坪ほどの庭の芝地の一角に、ブハラ王、アブダラ・カーン・ウズベクによるお手植えのチナールの大木があり、この木蔭で私たちも涼しい夏の一夜を過ごすことが出来た。

私は思いがけないことに、この城のゲスト・ブックにショーンバーグの署名が保存されているのを知り、老家令から見せてもらい、写真も撮影出来た。その自署によれば、七月二十七日到着、二十九日出発とあり、字体は不屈の単独行動者とは思えぬ優しい書体で記されていた。

王宮の結婚式

「カリベサーン！」、こういうふうに、ブルハーンさんが私を呼ぶ時は、いつも何か特別の事がある。普段はミスター・カリベと英語ふうに呼ぶのだが。時は一九七四年七月のある晴れた朝。所はチトラール北郊ドロムッツの丘、ブルハーン邸のチナールの大木の下。丁度、野外の食卓を囲んで朝食が済み、お茶（紅茶と緑茶）をいただいている時だった。

チョッキの胸ポケットから、ブルハーンさんは一通の手紙を取り出し手渡してくれた。チトラール王家の紋章入りだ。文面の初めに私の名が花文字できれいに書いてあり、あとは印刷してある。結婚式の招待状であった。本日夕刻、王宮でチトラール王家の某嬢とペシャーワルの某氏（もちろん実名入り）の結婚披露を行なうので、ご出席賜らんことをという文面である。もちろん、遠来の

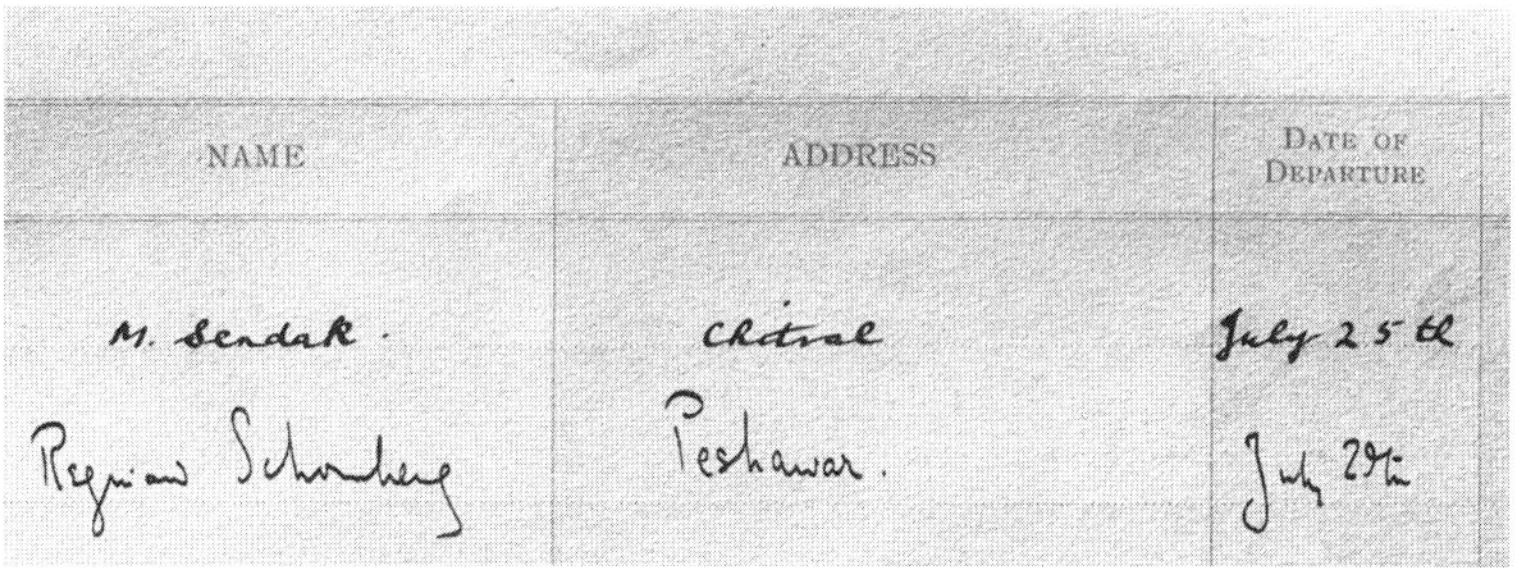

ショーンバーグの筆跡（下段）〈O. Sone 1997〉

客にとって千載一遇のチャンスをブルハーンさんが演出してくれたのである。「My son 今日は一日忙しくなるぞ」とブ氏は張り切っている。日頃、氏はチトラールの人々に、カリベは東京にいる自分の息子だと紹介したりするのだ。むろん、ジョークだが。一九七〇年代半ばから八〇年代にかけて、ブ氏はしばしば来日された。初めは、われわれ山の連中（日本ヒンドゥ・クシュ会議という組織）が招待し、のちには、インド国民軍当時の日本側の旧将官クラスの人々と旧交を温めたのだが、そんな席でも氏は同様のセリフを口にするので、それを真に受けた人もいたようだった。そして、いまは氏の上官だったジェネラル・フジワラ（藤原岩市氏）ら多くの氏の友人たちもみな黄泉の人となられた。ブ氏も又、一昨年（一九九五年）他界された。

話が横道にそれた。私は大通りを歩くよりも脇道に入るのが好きな人間なので、しばしば道草をしてしまう。思えばこの文章にしても、私の人生の道草と評する人がいて不思議ではないくらいだ。当の本人はむろん、この道草を大いに堪能し切っているのだが。

さて、この日は大安吉日のようで、王宮へ行く前にわれわれはもう一つ別の結婚披露宴に呼ばれていた。チトラールの町の下流、ドロシュ近郊の村にいるブ氏の甥に当たる人を祝福しに行くのである。昼近く、ドロムツの館を出発。英国製ランドローバー社の新車にのって行くが、先年使ったジープよりさすがに数等のり心地がよい。ジープが三台くらい買える値段のすぐれ物だから、当たり前の話だ。いつものように、護身用のライフル銃を氏は手にしていて、時々は私が持ったりもした。当時はチトラールはもちろん、北西辺境の男たちは大抵銃を肩にかけて道をかっ歩するのが普通のことだったが、近年はわが国のかつての廃刀令に似た法律でもあるのか、極端にこのスタイルは少なくなった。

ドロムツから約二時間、ドロシュの町を過ぎたある路上（チトラール川右岸）で車を停めた。ブ氏が言った、「君も知っているだろうが、この道の少し先の曲がり角の所で数代前のメーター（チトラール太守の称号）、つまり私の大伯父が、このチナールの木蔭から狙撃されて死んだのだ。スナイパーに命令したのは別の大伯父の一人だったがね」。氏の話はチトラール近代史に見られる内訌に次ぐ内訌、暗殺に次ぐ暗殺の一例だが、この例はR・ションバーグの『異教徒と氷河』（一九三八年刊、邦訳一九七六年刊）にも出てくる。

甥御さんの屋敷はそこからすぐ近くにあった。ブルハーンさんの屋敷とほとんど同様のしつらえで、広い芝生とそれを取り囲む樹々の北側の土塀に沿って外来者用の家屋、内側が居宅となっている。一般の外来者は内側に入ることはない。それが古くからのしきたりである。婦人たちの居住する場を外来者（他家の男）が訪ねることは、あり得ないことである。

この屋敷にもチナールのかなりの大木があり、その木の下の特別の客が座る箱型、板張りの王座ふうの台座があり、われわれはそこに座らされた。周りに十脚ほど椅子が並んでいた。家人、親類らしい二十人ばかりの人々が集まっていた。すべて男だ。女性は花嫁と一緒に家の中にいて男たちの中へは出て来ない。それがしきたりである。テーブルの上には大皿のピラフ、羊肉のカレー煮、各種の揚げ物、オニオン・スライス風のサラダ（これにはトマトとキュウリの輪切りがつく）、それにハルプーザ（メロン）やスイカが並んでいた。

参会者がひとしきりご馳走にあずかったところで、家の内からパリッとしたスーツの若者が出て来た。当家の息子で、ブ氏の甥御さん。襟から胸にかけて、金銀や五彩の色紙を短冊にしたレイがかかっているのですぐ花聟とわかる。さまざまな紙幣がレイに挟んである。わがブルハーン殿下も、しっかり花聟と抱き合い（抱擁はパキスタンでは男同士であっても親しさを示す一般的な儀礼の表現）、さすがに他の人々よりも一ケタ大きい札を何枚か胸に飾って、祝福した。披露宴といっても日本のそれに比べると至って簡素。このあと、ノド自慢の男たち数名が賑々しく当地の古謡を唄い座を盛り上げ、周りの人々が太鼓や空カンをたたいてリズムをとり、時々は鉄砲を空へ向けて発砲する者もあった。その間約三時間、再会を約してわれわれは村を去った。

チトラールの町中のＰＩＡ事務所（当時はブ氏の私設）で休憩し、衣服を改め、夕刻からの王宮での結婚式に臨むことにした。ブ氏の部下が洋服屋のザファー（一〇ページ）の所へ飛んで行き、頭の天辺から足の先まで、チトラール風の衣服一式を選んで買って来てくれた。ここで、私は一寸不満げに、「インドやパキスタン映画の中に出てくる黒い礼服を着てみたい」と甚だミーハーめいたことを言うと、ブ氏に一笑に付された。「あれは体にぴたっとしすぎて、夏向きではない。その代わり黒いチョッキを羽織ればいいのだよ」と言われてしまった。

夕方六時頃（まだ明るい）、王宮の城門に車をのり付け、儀仗服に着飾った衛兵に案内され、主屋の北側の長方形の芝生の庭へ入る。ターバンに孔雀の羽根を飾った老人が、ブルハーン殿下只今、東京からのゲストと共にご到着、と居並ぶ人々に大声で伝える。芝生の周りには、町中から動員したらしいトーネットのイギリス風の椅子が数百脚並んで、客の到着するのを待っている。われわれは王家の人々の席と同じ所に通され、今日の佳き日をたたえ合った。参会者数百、全て男、恐らくこの町の一かどの名のある男は全て集まっているはずだ。女性は唯の一人もいない。

チトラール軍団《スカウト》の風笛（バグパイプ）隊の演奏行進が始まった。大戦前のイギリス統治時代からの伝統的な、スコットランド・ハイランダー（高地兵）たち直伝の曲の数々。黄昏の色がようやく暗さを加えつつあるこの辺境の王城に、勇壮に、また悲しげに響きわたるのであった。風笛隊は、さまざまの年齢の人々で構成されているようだった。全てチトラール人、かつて軍団はイギリス人の連隊長が指揮していた。チトラール人は元々音楽好きで、シタールを弾け

王宮の入り口

〈S. Karibe 1978〉

る人は村々にざらにいるし、古くからの民謡の宝庫だ。しばらく後に民族音楽の研究者の小泉教授にチトラールで収録したテープ一巻を進呈したら、大いによろこんでくれた。正倉院の羯鼓はチトラール（カフィリスタン）の太鼓がルーツだという説を氏は、その後しばらくして発表され、この地域の音楽がにわかにクローズアップされたことがある。

女性たちの園で

風笛隊のバグパイプの演奏行進が終わり、お茶とビスケットをいただいている時だった。ブルハーンさんがそっと耳打ちしてくれた。「カリベサーン、王宮の女性の園をのぞいてみないかね。君は東京からやって来た有名な写真家ということにしよう。今日は花嫁の友だちがたくさん集まっているんだ」。これまでに沢山のフィルムを撮り、チトラール事典がいつでも造れるくらい様々の分野にわたり貴重な写真も撮ってきたつもりだが、それでもアキレスの腱のように、唯一の空白の領域がある。それが女性たちの写真だ。子どもと老人の写真は沢山ある。しかし、「花咲けるおとめたち」の写真を撮ることなど、われわれ異教徒のなしうるわざではないのだ。天から降ってわいたようなチャンス。

後方に控えているサーバントの若者を呼んで、ブ氏は何事かを耳打ちした。やや薄暗くなって来た中を若者は走り去り、しばらくして戻った。「ミスター・カリベ、君はこの若者と本宅へ行き、写真を撮って来給え」とブ氏が言っ

前列中央が花嫁、後列中央が花聟

〈S. Karibe 1978〉

てくれた。私はフィルム数本とストロボをつかみ、中庭から西の方へ離れた居館らしい一角へ向かった。

　ベトロマックス（ドイツ製のガソリン用の加圧式照明）の灯りに輝くかなり大きな部屋には十五、六人の妙齢の女性たちが集まっていた。中央のテーブルには、まださまざまなご馳走が並んでいたが、すでに会食は終わろうとしていた。中央の壁ぎわのソファに花嫁、金銀の縫い取りをした紅色のサリーをまとっていた。傍らに母親らしい貴婦人。この人は若草色のサリーを優雅に着こなしていた。近寄ってあいさつすると、「ブルハーン伯父が最初にお世話した日本の方でしょう。〇〇さんのお宅で以前一度お目にかかったことがありますよ」ということで、やや緊張していた当方の気分も一気に楽になる。「どうぞ遠慮なさらず、よい写真を撮って下さいね」と言ってくれるので、それをしおに、首にぶら下げた愛機アサヒ・ペンタックスが活躍し始めた。

　この母御と娘さんは中肉中背、色白で目は碧眼。やや北欧人に近いタイプ。普段は女性と話す時には、相手の目を見つめてはいけない。回教徒の女性がブルカ（頭衣）をかぶっているのは、自分に近付いてはならぬという意思を表している。要するに自分の周囲にバリアを設けることなのであるが、これを「パルダする」という。今日はその「パルダ」は「していない」のだ。つまり、今ここにいる女性全員、サリーで顔をかくすことはない。こんなことは今までに全く未知の経験、花嫁を撮った数ショットは、いくらか丁寧に写したが、集合写真、数人ずつ撮ったもの、或いは一人ずつ撮らせてもらったものなど、たちまち、二、三本のフィルムを使ってしまった。

さて、この美女揃いの一群の「おとめ」たちの中に、一人積極的に話しかけてくる女医さんのタマゴがいた。彼女いわく、「そんなにチトラールが気に入ったのなら、イタリアのマライーニさん（探検・登山家、ヒマラヤ全域に足跡あり。親日家）に負けないような本が書けるでしょう。いっそ、ここに住みついたら」。マライーニ氏といえば、その前年東京で会った時、彼の代表作『パルパミソ』を持って行くと、扉のところに《チトラールの仲間へ》という言葉をそえて署名してくれたっけ。

チトラールへ住みつけだと。この一言、胸にグサッとこたえた。これまでも何度かブルハーンさんや友人たちにも言われた言葉だ。辺境からの視点で、現在の日本の文明を照射すれば、強烈なインパクトを持った歌も文章も生まれる。しかし、現実の自分は四十日間の有給休暇を得ることできゅうきゅうとしている一介の高校教師、家では妻と子が首を長くして私の帰りを待っているのだ。

そうこうしているうちに、先刻のサーバントが飛んで来た。中庭のアトラクションが終わり、宮殿の大広間で晩餐が始まりそうだと言う。「必ず写真を送ります」と約束して、女性たちの部屋を辞した。ブルハーンさんに導かれて、いよいよ本館二階の大広間へ。ここでチトラール・パレスの平面プラン（下図参照）を見ておこう。下の図は一八九五年のチトラール攻囲戦の時の略図。守

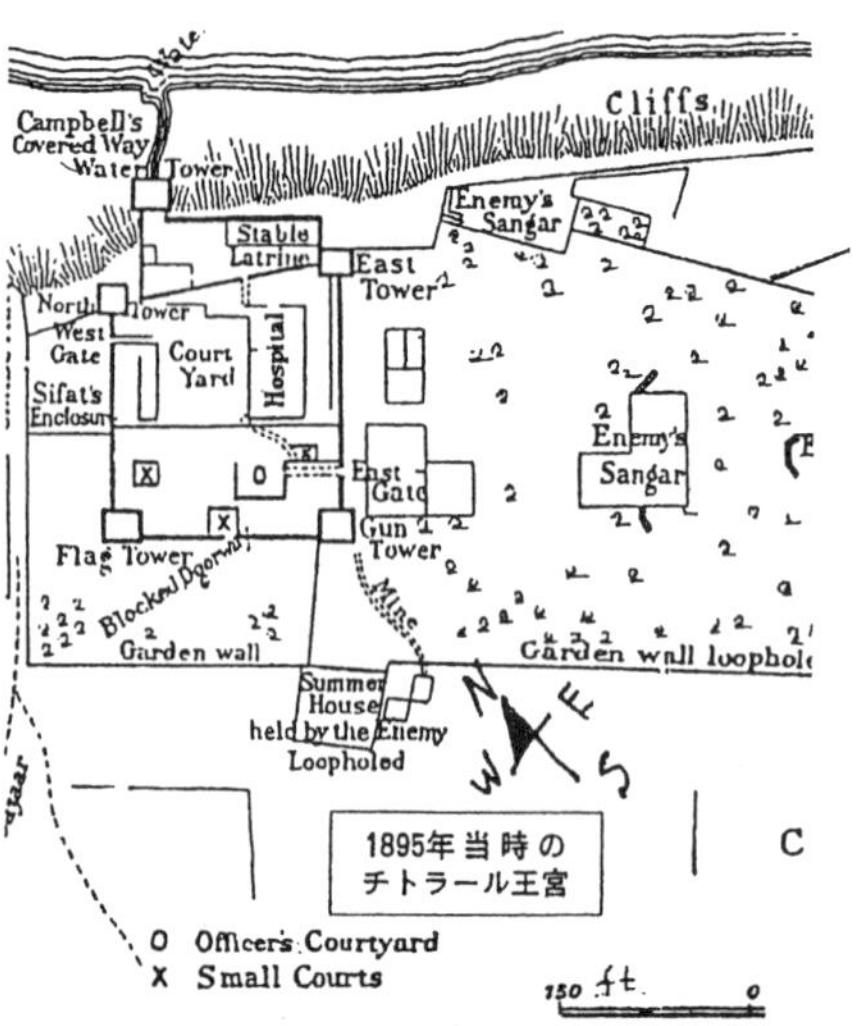

1895年当時のチトラール王宮

将G・ロバートソンの『チトラール　小さな攻囲戦の物語』（一八九八年刊、本邦未訳）に出ている図をコピーしたもの。左半分が当時の城砦で、四隅に物見台、砲台があり、崖（北）の上にもう一つ水の手（搦手）の監視塔がある。これらは現存する。南西中央に城門がある。東側の土塀（高さ約四m）は、その後東へずっと拡大された。中庭の東にある病院（野戦用）が本来の宮殿である。

二階へ上がる階段入り口に花聟と王家の人々（女性は唯の一人もいない）が客を迎え、握手したり、抱擁したり。聟さんは色黒だからチトラール人ではない。多分パターン人の官僚タイプ。会場は日本で言えば百畳敷きの大広間、ただし白大理石の列柱があり、床に敷きつめた大カーペットが目をひく。欄間には歴代のメーターの画像や写真。広間の大テーブルには直径一メートルほどもある銀の盆に、ブドウ入りのピラフが山の如く盛られ、そこに何本もの羊の骨付き肉が立ててある。その周りに鶏や野菜のカレー煮、ミンチ肉の揚げ物、さまざまな果物などが大量にセットされている。このご馳走の山を主客数百人がひたすら食べるのみ。スピーチは一切なし。全員が周りの知り合いと話すものだから、広間全体がワァーンという騒音で満たされる。当地の披露宴の典型的スタイルだ。

「My son、こういう風景も、これが最後だよ。チトラール王家の施設や土地の大部分は、中央政府に移管されるのだ」と殿下がつぶやいた。

王宮の内部（ブルハーン氏と）〈S. Karibe 1997〉

わが友、バブー

バブーとは、インド亜大陸一帯で広く通用している普通名詞で、本来は「インド人の書記」を意味し、今では外国人に随行して、行く先ざきで現地語の通訳をしたり、もろもろの渉外に当たったりする者の称である。特に山間の辺地では、バブーは通常は英語が話せ、村々の有産階級の子弟であることが多く、なかなかの尊敬を集める場合が多い。旅の成否がかかる重要な存在なのである。

私が第一回目（一九六六年）にチトラール入りした時にモロイの村で雇ったバブーは、ゴォーラン・モハメッドという十八歳の高校生で、気立てのいい青年だった。一週間ほどのキャラバンの間、村々で小まめに気を遣ってよく村人たちと交渉（主として毎日の泊まり場、夕食用のニワトリの入手、時には調理）してくれ、余り問題は起こらなかった。

しかし、一歩山間の僻地へ入り、ポーターの雇用や、ベース・キャンプへ至るまでの三日行程くらいの嶮路のアプローチでは、ポーターたちを取りしきるには貫禄不足であった。この時は数年前にイタリア登山隊の初登したサラグラール*（七三四九ｍ）山群の氷河地帯へ入ったのだが、付近には六〇〇〇〜七〇〇〇ｍ台の未踏峰がゴロゴロしていて、どこを登ろうが、みな処女峰なのであった。もっとも、我々はパキスタン側から東部ヒンドゥ・クシュ山脈へ入った最初の日本人だったので、見るもの、聞くもの、全てこれ登山界のホット・

* サラグラール 二三五〜二四二ページ参照。

ニュースとなったのだった。

ジワル・ゴル（谷）源流のグラム・シャール高原（三四〇〇m）の一角に狩人《シカリ》の小屋があり、そこを根城に付近の山と氷河を探り歩いた一週間は実に楽しいものであった。小屋の背後の草地には高山植物が咲き乱れ、澄み切った細流には飲料水を汲むに便利な木をくり抜いた懸樋がさしかけてあった。これで可愛い娘さんでも出て来たら、シューベルトならずとも「美しき水車小屋の娘」でも口ずさみたくなるところだ。現実は相棒の小田川兵吉とゴォーラン、ポーター頭のミルスワットと私の四人の鬚モジャ野郎の武骨な世界だった。

小屋の背後に穂高岳をもっとでかくしたような山があったので、パノラマ写真の絶好の撮影地とばかり、小田川と二人で暁に出発。ひたすら上へ上へと草付きの斜面を登りつめると、古代ローマの円戯場（コロセウム）のようなカール底へ到達し、あとは累々たる岩の間にルートを求めて、山稜に飛び出した。馬の背のような雪の山稜を一時間ほどで、岩と雪の小ピーク（約五三〇〇m）へ立つ。北はワハン谷の一面の雲、南はよく晴れ、サラグラールの大きな三角形の雪嶺と大小の氷雪の山々が、うす紫色に光を放っていた。上りは約七時間、下りはほとんどかけるようにして下降、約三時間半で元の小屋へ戻った。二人とも未だ若かった。今ならこんなに簡単にはいかないだろうが。

帰途、全行程の終了時にモロイの村へ近づくと、ゴォーランの家族たちが出迎えてくれて、大歓迎を受けた。村の北端にある彼の屋敷へ入ると、五百坪ほ

グラム・シャール高原の上部で〈S. Karibe 1966〉

どの芝生の庭に食卓が用意され、ブルハーン邸のご馳走に負けぬくらいの豪勢な昼食にありついた。一か月ぶりのご馳走を若かった私たちは片っぱしから平らげてしまったのだ。

ゴォーランはその後ほどなく軍隊へ入ったそうだ。色白で、大男、動作も決してきびきびしているとは言えぬ彼が、どんな兵士に変身したのか、私には全く想像もつかない。

一九六八年には、チトラールの最も東北端にそびえるヒンドゥ・ラージ山脈の主峰コヨ・ゾム*を目指した。六八七二m（または六八八九m）のこの山は当時は全くの処女峰で試登さえされていない山だった。ヒンドゥ・クシュ全山系中の最後の課題の山として、注目されていた。

モロイの村は、街道の大村なので、何人ものバブーがいたが、この時は、快活な好青年セード・アーメッドに出会い、その歯切れのいい口調ときびきびした身のこなしから、この男が有能なバブーだとすぐわかった。実は日本を出立する前にゴォーランにハガキを出しておいたのだが、これがもう一人別のバブーの手に渡っていたのを後で知った。同姓同名は結構多いのである。同じ街道を通り、西のイストル・オ・ナール*（七四〇三m）山群へ向かった日本女性隊が、そのバブー（先年、ゴォーランの屋敷で会った）について、佐藤京子氏（現姓・遠藤）の著書『ヒマラヤ七四〇三メートル』（あかね書房、一九六九年刊）にこ

コヨ・ゾム
二五一～二五八ページ参照。
イストル・オ・ナール
二二五～二三〇ページ参照。

コヨ・ゾム頂稜部〈S. Karibe 1968〉

んな記述をしているのが見える。

「この年、ヤルクン谷へ入る雁部さんが、七月六日にチトラールへ着くとのはがきが彼のもとにきていた。それまではフリーとのことで、私たちについてきてくれることになった」とある。このバブーはあとでヤルフーンの私たちのベース・キャンプへやって来ることになるのだが。

さて、私たち一行（雁部貞夫、橋野禎助、剣持《けんもつ》博功《ひろのり》のトリオ）はマスツジ川を遡り、ヤルフーン川と名を変える大河を北上し、十二日間のキャラバンで、コヨ・ゾムのベースとなるペチュス村（七戸のみの小村）に二張りのテントを張って布陣した。一張りは小型テントでセードが使った。キャラバンの道中はセードの活躍で、全く何のトラブルもなく、東京から名古屋くらいの距離を気分よく毎日歩き続けた。

マスツジの少し先で、こんなひと幕があった。一時間ほど先行している筈のセードが、一軒の茶店で油を売っているので、変だな（セードはいつも先行して休憩場所や泊まり場のわたりを付けることになっていた）と思って入ると、彼が妙ににこにこしている。奥を窺うと、ひなには稀な美女一人、お茶を淹れている所だった。年の頃なら二十歳前後、青い瞳の色白のメッチェン。ところが彼女、四人の男に囲まれていて、少しも憶する所がない。セードの軽口なんぞ軽く受け流してしまうのであった。結局ここで世間話をしながら（もちろん、片言の英語とチトラール語のチャンポンで）二時間の大休止。外は猛烈な暑さだか

ヤルフーンのベース・キャンプ〈S. Karibe 1968〉

ら、丁度良かったのである。この先一軒の茶店もないと聞かされればなおさらのことだ。

ところで、コヨ・ゾム東のフラッテロ・ゾム*とイシュペル・ドーム（どちらも約六二〇〇m）の二つのピークに初登して、ベースに休養するため下ってくると、「別のバブー」（本名ゴォーラン・モハメッド）が、オーストリー隊を案内してこの村へ到着していて、女性隊からの手紙を渡してくれた。一通は隊長の佐藤京子嬢からのもの。

「ひと足先に入山しました。モロイでBabuなる人物に出会い、あなたのはがき拝見しました。……その間、日があったのでBabuについて来てもらいました。彼は昨年グルーバー夫人（夫は有名なドイツの登山家）と共にジープの事故で足を痛めていますので馬にのってシャグラムまで来て、ポーターを集めてくれます。……」

とあった。今は遠藤姓となって、カラコルムの植林にはげむ彼女の四十年前の手紙である。実はこの文中のバブーこそ、のちにチトラールで最初の正式のライセンスを持つ有能なガイドとなった。

バブーが持参したもう一通、渡部節子嬢の手紙は次のようなものだった。

「出発前は色々とご指導ありがとうございました。やっとチトラールに着き、六月三十日からキャラバン開始となりました。チトラールでお会いできたら嬉しいのですが、分かりませんので、伝言を記させていただきます。

*二五七ページの写真参照。

カブール経由でパキスタンに入りましたが、カブールで日本大使館の代理大使の押尾さんに色々お世話になり、ご自宅でも何度か伺いごちそうになったりいたしました。その時に雁部さんのお名前が出て、お互いにびっくりしました。世の中は狭いものですね。ぜひ帰りに寄ってくれとの事ですから、もしご都合がよろしかったらカブールへいらしたらいかがでしょうか。」

渡部さんと私は、日本山岳会の図書委員で、その委員長は深田久弥さんがつとめ、活気ある活動を続けていた。時には深田さんを囲んで、上越地方へ山菜取りに出かけたりもした。彼女は当時はアジ研（アジア経済研究所）の会計部門に勤務していたが、家は千葉で数代前から牧場を経営していた。牛乳をよく飲んで育ったせいか、がっちりした骨組の健康なお嬢さんで、ガンバリ屋さんだった。

文中の「カブールの日本大使館の押尾さん」は、第一回のチトラール行の途上、東パキスタンのダッカでお世話になった押尾虎雄氏のことで、その娘さんが、佐倉高校在学中に私の生徒だった縁による。押尾氏はこの度は代理大使として、カブールに赴任していたことは、東京を出発する前に、娘さんの手紙で知っており、帰途カブールへ寄ることは、私の予定するところであった。

さて、ベース・キャンプのある「ペチュス」の小村は、今世紀の初頭へディンと並ぶ中ア探検家のM・スタインがやって来て、その時も七軒の家があったと報告している。「ペチ」（温かい）、「ウツ」（泉）という名のとおり、南の山側に温泉がわいているが、量が少なく、足を浸す程度のものである。村人が入れかわり立ちかわりでキャンプ地を訪問にくるが、バブーのセードがそのうちの一人にわたりをつけ、我々のために毎朝つくりたてのヨーグルトを届けさせた。持ってくるのは、若い主婦で、時々セードがからかうので、彼女はおこったふりをして石をテントにぶっつける真似をしたりしたが、初めはすこぶる真剣な様子だったので、私は一寸危険を感じたくらいだった。

ここの住民は元々は北の国境山稜の向こう、アフガンのワハン谷から越境して定着したワヒ人で、回教の戒律が緩いらしく、彼女もベールをせず、おわんのような帽子をかぶっているだけだった。

　　ヨーグルト朝のテントに運び来る襤褸《らんる》に白き胸乳押へて
　　身にまとふ衣服はわわけ下るとも碧澄みたる瞳美し

右の二首は歌集『辺境の星』に収めた自作だが、この時のことを詠んだもので、アララギの先進、浅井俊治さんが「健康なエロチシズムを感じた」と評したことがあった。

登山活動が最高潮に達した頃、下流のガゼン・ゴル（谷）から転戦して来た学習院大学隊（三名）、さらにオーストリー隊（六名）が到着。恐らくこの村の開村以来の外国人ラッシュとなった。皆が皆この地に君臨するコヨ・ゾムの初登頂を狙ってやって来たのであるが、そんな功名心とはかかわりなく、巨大な北壁を三五〇〇mもの高差を以て屹立させる、この山の頂の雪帽（コヨは帽子の意）は、朝な夕なに崇高なバラ色に輝くのであった。登山の詳細とその後に起こった遭難、さらにその後の私の行動については、『崑崙行』の巻末に載せた文章を参照して欲しい。ここではテーマであるバブーたちのことを記すにとどめる。

このペチュスの地で再会した二人のバブーは、同じモロイの村の幼なじみ、二人とも毎日退屈せずに済むというものである。ともに二十五、六歳の元気のいい青年である。ゴォーランが我々のテントへやって来る時には、隊から支給されたタバコをしこたま差し入れてくれる。彼はタバコをやらないのである。返礼には余っているお米をあげると、今度は乾果をミックスした行動食をくれる。これは乾バナナ、松の実、乾ブドウ、クルミを混ぜたすこぶる栄養価の高い食品で、絶好の行動食となった。

僚友の橋野と剣持の遭難（と断ずるについては私自身の心の葛藤は、その後も続いていた）という重大事を背に負って、一か月余りを過したペチュスの地を引き払う際、後事を私はゴォーランに託した。遺品の回収と、チトラール官憲への説明を後日する必要を感じたからだ。登山隊に同行する機会の多かったこのバブーは、チトラールの山と氷河の実態を熟知していた。バブーの忠告に従

二人のバブーの一人、ゴォーラン・モハメッドと筆者（ダルコット峠にて）
〈S. Karibe 1997〉

若き日のセード・アーメッド（コヨ・ゾムのBCにて）
〈S. Karibe 1968〉

い、私は帰途の長い道のりを馬に乗って、少しでも早くチトラールの町へ辿りつく手段を採った。初めての経験だが、足が棒のようになったのは、一日か二日で、あとは快調に飛ばし、十日目には発足地のブルハーン邸へ戻ることが出来た。

バブーのセードは二か月にわたり、献身的に働いてくれた。特に帰途ひとりになり、沈みがちな私の気分を引き立て、励ましてくれた。私は東のヤルフーン川流域と西のトリコー川流域を分けるシャー・ジナリ峠の大高原で過ごした一夜を忘れることができない。北には指呼の間にアフガンとの国境の山クーアンハ（約六三〇〇m）の、その山名の如き双つの「ラクダのコブ」の丸味を帯びた雪峰、南は五〇〇〇m級の無名峰の山並みと氷河群。ボロディンの「中央アジアの草原にて」を思わせる高原の一角にひと張りの小テントを張った。八月というのにすでに秋を思わせる冷気の中で、枯木の根を焚いて暖をとった。地の果てのような四二〇〇mの隔絶された高原で、生の証のあるのは我々のいるこの小さな一角だけだという孤独感、明日は行方を絶った友らに別れて、先年踏んだことのあるトリコー川流域に出てしまう、今日が友らとの別れの夜だという思いで流した涙の味は複雑なものだった。

帰途五日目の午後、チトラール近しを思わせるカゴ・レシトの大平原をわが小パーティは進んでいた。普段なら雪の高峰を眼前にするこの展望台もその日は暗雲がたれ込めていた。突然一陣の烈風が吹き、わが愛馬は棒立ちになった

シャー・ジナリ峠　中央にクーアンハ峰
〈S. Karibe 1994〉

左はセード・アーメッド，右は著者
〈S. Karibe 1999〉

が、辛うじて落馬をまぬかれた。しかし、そのあとでいくら鞭を当てても、疲れ切った馬は動こうとしない。チトラールを眼前に、日本への多難な前途を思いつつ、私はしばらく立ち尽くしていた。

カブールの日々

一九六八年のコヨ・ゾム登山で友人二人を遭難事故（と結論せざるを得なかった）で失い、帰途バブー（セード・アーメッド）との二人旅となり、チトラールへ帰着する途上の心境などはすでに記した。その後の顛末は、歌集『崑崙行』の末尾の一文に記した如くである。ここでは、チトラールと同じく、ヒンドゥ・クシュ山麓の高原の都市カブールでの十日間の経験を記しておこう。近年ではながい年月の戦乱の影響で、一般の旅行者が全く立ち寄ることの出来ない地域になってしまったので、いくらか参考になる点もあろうかと思う。

一九六八年の八月下旬にチトラール・オアシスに別れを告げ、その足で私はイスラマバードの日本大使館に遭難のことを報告した。S大使に会い、その夏は遭難が多発したことを初めて知った。チトラールの高峰イストル・オ・ナールでは札幌医大の村田俊雄ドクターが、アフガンでは中部ヒンドゥ・クシュの最高峰バンダカーに登頂後、愛知学院大の黒宮義孝君が共に氷河で転落死をとげた。

翌日再び大使館へ行くと、大使がこれから本省へ打電するから、君も一緒に

チトラールへの帰途（後方はサラリッチ峰）
〈S. Karibe 1968〉

来給えということで、屋上の無電室に入った。遭難の概要と、さらに今後、南のギルギット側を雁部が引き続き捜索するという長文が打電された。この報は直ちに外務省から関係各方面へ伝達された。私自身が遭難して死亡したものと近年まで信じていた知人が何人かいた。

数日後、ギルギットへ向かう飛行機の中で、一人の日本人の青年に会った。私と同じ都立高校の教師だと言う。帰京したら諸方へ連絡してくれるというので、いつ届くかわからない当地からの手紙よりも、直接、手渡してもらえるという確実な方法が確保できたわけである。私は朝日新聞社の知人である本多勝一記者へ詳細な手紙を書いた。少し後でこの手紙は本多さんから深田久弥さんら山岳関係者へ伝えられた。山の記者として知られる片山全平さんがこれを基に「週刊朝日」に一文を書かれた。

ギルギット側に二人の友が下った形跡が全くないことを確かめて、私は再び大使館へ戻り報告書を提出。その席で、S大使から本省からの訓令を待つ間、アフガンへ行って来てはどうかと話があった。カブールの押尾代理大使も心配しているぞということであった。パキスタン当局による調査も約十日程かかるというので、急遽カブールへ飛んだ。

当時のカブールは、日本人旅行者のほとんど訪れることのない所で、街角でその姿を見かけることは皆無という状況であった。海抜一八〇〇mのこの高原都市は人口約五十万、高燥、樹木の緑も多い気分のよい街だ。秋天九月、雲一つない青空がどこまでも広がっていた。

私の泊まったホテルは国営のアリアナ・ホテル。二階建てのしっかりしたレンガ造りで、敷地も広い。数年前から入山するようになった登山隊の報告文で居心地のよいホテルだとわかっていたので、ためらわずここに直行した。朝食付き一泊が五百円弱である。市内には欧米資本の高級ホテルが数軒建ちはじめていた。王制（ザヒール・シャー皇帝）末期に近い頃だったが、まだ安定政権というふうに旅行者の眼には映っていた。

夕方、押尾虎雄氏の愛娘の智垂さんが車で迎えに来てくれた。二年ぶりの再会。この前ダッカで会った時、彼女はベンガル語がペラペラだったが、今日は、当地の通用語ダリ語（ペルシア語）を巧みに使って運転手とやりとりしている。彼女は二十歳くらいだから、私と十歳くらいしか違わないのに、若い世代の言語習得の能力は明らかに進んでいる。

押尾氏の家は、市内中央部のシャレ・ナウ（新市街の意）の一角にあり、邸宅といってもよい大きな一軒家だった。数台の自家用車と何人もの現地の使用人たちもいて、外交官家庭の暮らしぶりの一端を、私はこの辺境の街で過ごした数日間で垣間見ることになる。押尾さんは、なに東京へ戻れば毎朝のように満員電車の通勤地獄が待っているのさ、と笑いとばすのであったが。

食卓には夫人が使用人たちを督励して料理したご馳走が並んでいたが、東京を出立以来すでに三か月近く、久しぶりに食べた巻き寿司の味が忘れられない。

具沢山のふつうの太巻きの中に隣国イラン産のキャビアがたっぷり入っていたせいもあるのだが。

みすぼらしい、着た切り雀のような私の衣服を見かねて、夫人はご主人のセーターとズボンを帰りがけに下さった。久しぶりの日本食とビール、それに心ゆくまで日本語による会話が出来たという解放感もあり、その夜は、ペチュスのBCを引き払って以後、はじめて安眠したのであった。

翌日の午後、押尾さんと二人で外人墓地を訪れることになった。出発前に深田久弥さんからぜひ訪れるようにすすめられていたが、そこには中央アジアの大探検家M・スタインの墓が有るのだ。その途中小高い丘に登り、市街の大観を楽しんでいると、平服（背広）を着た現地人がやって来て、丁寧な物腰で押尾さんに何事か耳打ちした。すぐ下に兵舎が有るので、外国人は余りここにながく居ない方がよいということであった。外人墓地には錠がかかっており、残念ながら別の日に再挙を計ろうということになった。

その夜、押尾邸で一寸したパーティがあった。ゲストは私のほかに当地で開かれた国際医療学会へ出席中の水野祥太郎博士（本邦に於ける岩壁登攀の先駆者）と、国連の関係者の米人夫妻。水野氏はすでに我々の遭難事故のことを知っており、私の属する第二次RCC顧問でもあったので、専らヒマラヤの話が中心となった。米人夫妻の方は、余暇にアフガン特産のラピス・ラズリの収集と研磨に熱中している由（数日後、私邸へ招かれ、その作品二、三をいただい

スタインの墓，右端が深田久弥さん
〈『中央アジア探検史』白水社刊より〉

た）。

皆が部屋から中座した時、水野博士が封筒を手渡してくれ、「使い残しのドルが入っているが、君にカンパする。なが旅にはこれが一番心強い味方だよ」と言われた。このカンフル注射は実に有りがたかった。お察しのとおり、出国の時に持ち出した五〇〇ドルはこの三か月の間にほとんど底をついていたのだ。数年後、深田さんの遺著『ヒマラヤの高峰』を編んだ時、月報に水野博士にアフガン体験の執筆を依頼し、わずかにこの日の返礼が出来たのであるが。

その後の一週間は日中は市内やバーミアン石窟などの名所へ智垂嬢と車で出かけ、夕食は毎晩のように押尾邸でごちそうになった。ある晩おそく、虎雄氏としたたか飲み、先々のことを話し合っているうちに押尾さんは突然、落涙された（本当は男泣きに泣いたと言った方が良いのだが）。外交官として外交の檜舞台で活躍する場もなく、辺境の地で朽ち果てるかも知れぬと思うと無念だと言うのだ。私は慰める言葉もなく、ひたすら酒を黙して飲むばかりであった。

カブール滞在中に、必ず現れると思っていたオーストリー隊の連中が、やがて或る晩カイバル・レストランに勢揃いしているのに再会。この隊が最後にペチュスを出た隊なので、二人の友がその後下山した様子が全くないと再確認した。最後の日、私はひとりスタインの墓を訪れた。「誰からも愛されし人」という碑銘の一節が、何故か忘れ得ぬものとなった。

〔一九九八年、歌誌「林泉」に連載した文章より抜粋〕

バーミアンの大仏〈O. Kamei 1980〉

同右頭部からのバーミアン渓谷
〈O. Kamei 1980〉

2 カフィリスタン探訪記——中央アジアに現存するアレキサンダー大王の末裔の謎

「アフガニスタンの東部ヌリスタンは、もとはカフィリスタンといい、その住民はイスラム教徒によって異教徒《カフィール》と呼ばれている。このいわゆるカフィール族は、現在アジアに残っている疑問の民族の一つである」

（岩村忍『「モゴール族をたずねて」』）*

*木原均編『砂漠と氷河の探検』所収、朝日新聞社、一九五八年刊。

カフィリスタンへ向かって

「サーブ、ピストルを用意して来ましたか」とのっけから、通訳のシェルウラー青年は物騒なことを聞いたものだ。ここはパキスタン北西辺境のチトラール。これから探訪しようとするカフィリスタン（異教徒の国の意）はチトラールの南西端、三つの隠れ谷から成り立つ。

私たちがピストルを携帯していないと知った青年は早速バザールから護身用のナイフを買って来た。私はカラチの国立博物館で見たカフィール人（一般的にはカラッシュと言われている）が使っていた鋭利な刀槍の数々を思い出し、大変な所だなと思った。今から七十年前、この辺り一帯は血なまぐさい戦乱に明けくれていたのだ。

私と妻の二人はチトラールの奥で、半月ほど山登りをして、その帰り、長い間いろいろな意味で気がかりだったカラッシュの国を訪れようとしているのだ。

私たちを含め十人の客をのせた乗り合いジープはあえぎながらもチトラール川の断崖ぞいの凸凹道を突走る。振り返るとヒンドゥ・クシュ山脈中の最高峰、ティリチ・ミール（七七〇八ｍ）は真白い氷雪をまとい、谷の上空にその名の如く、どっかり横たわっていた。

チトラールの町から二時間ほど走り、アユーンというオアシスでジープと別れた。この村はカフィリスタン最大の谷ボンボレットへの入り口にあたる。カフィリスタン三谷のうち、一番下のビリール谷は早くからジープ道が通じ、最近は夏の間の訪問客で、大部俗化してきている。といっても観光客の数など大したものではない。それよりも奥にあるルムブールやボンボレットの深い谷へは、八時間以上歩かねばならず、観光客はほとんど入って来ないのだ。

私たちはチトラールには珍しく澄んだ谷川の岸辺をかなり早いピッチで進んだ。アユーンでやとったポーターが重いキスリングを背負って先頭に立つ。これから十日分の食糧、衣類、その他一切合切入れてある。私と妻はサブ・ザックだけの軽装、シェルウラーは手提げ袋一つで、鼻うたを歌いながら楽しげだ。

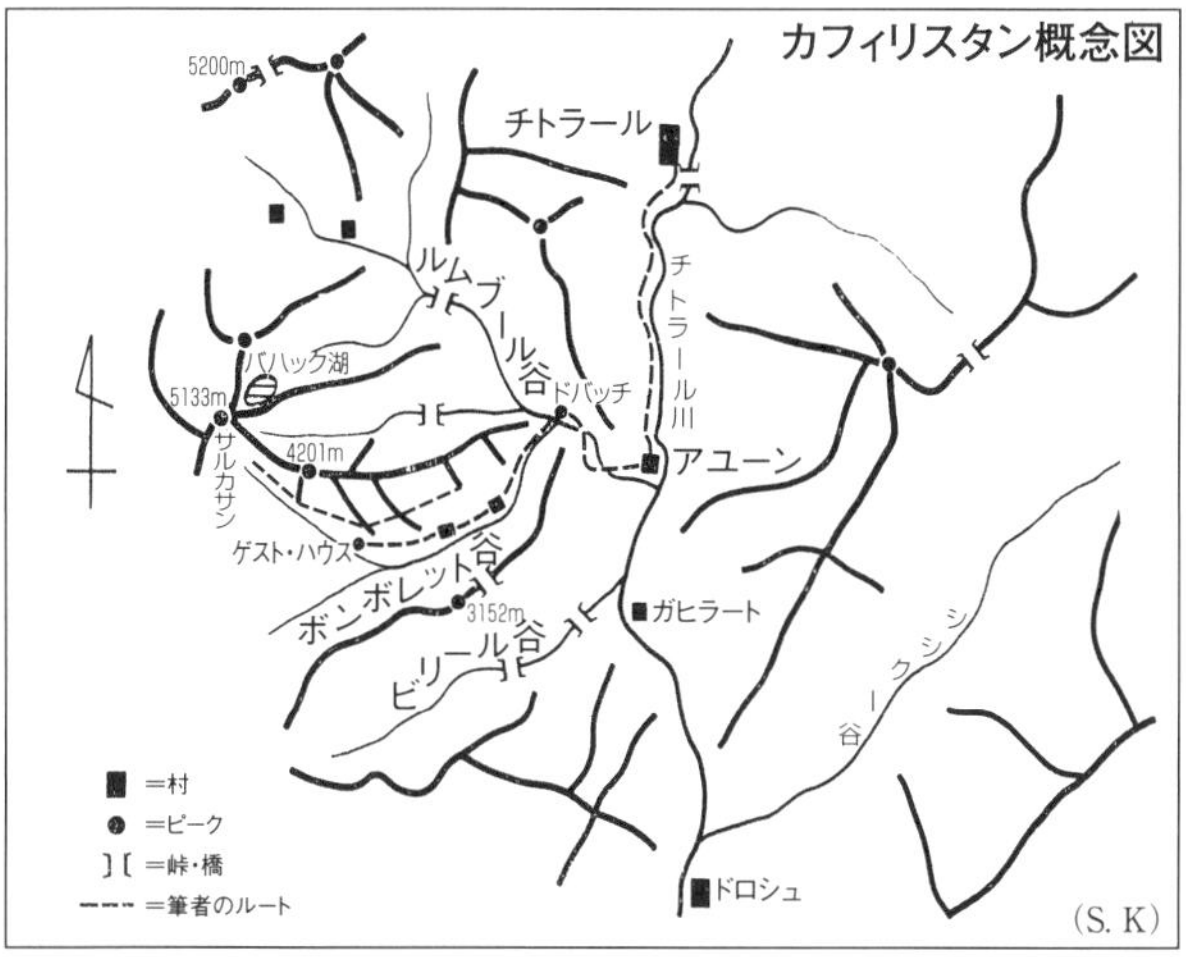

それもそのはず、〝敬けんな〟回教徒である彼が通訳を無報酬で引き受けたのにはわけがある。いわく、ボンボレットへ行けばベールをかぶらない美しい顔立ちの娘たちを沢山見られるというわけなのだ。

午後の強烈な日ざしを浴びながら、激しい流れの上すれすれにわたした一枚板の橋を、何度ともなくわたり返す。それは次から次へと際限もなく続いた。「見ろ！」、右手の山腹をポーターが指さした。はるかな高みにカラッシュの作った水路の石積みが見える。彼らはその優秀な土木技術をもって近隣に知られている。チトラールの有名なチュー・ブリッジも彼らが作ったものだという。

ドバッチ（ルムブール谷とボンボレット谷の合流点）の近くで何人もの男たちが勇壮な丸太流しをやっていた。木の豊富なカフィリスタンならではの光景だ。

道がボンボレット谷へ入るとにわかに緑が増した。両側の山の斜面には神聖な樹、ホーリイ・オーク（ひいらぎ）が圧倒的に多い。ここで妙な建造物に出くわした。大きな石積みの土台の上に四方に木のわく組みが伸びている。おそらくは水路として使われたものだろうが、今はその骨組みだけが残っている。やがて、よく耕作された「異教徒」の谷が行く手にその全容を見せはじめた。

夕やみが迫ってくる頃、この谷最初の村へ着いた。このあたりは、もう回教に改宗しているらしく、新しいモスク（寺院）があり村の男たちが夕べの祈りに集まっているところだった。回教化は何も今に始まったわけではなく何百年か前にチトラールのほぼ全土が回教一色にぬりつぶされて以来行なわれていたようだ。それだけに、この谷に今なお、頑強に改宗を肯じないカラッシュの存在はその特異な信仰、生活様式と相まって興味深いものだ。

私たちはさらに暗闇の中を歩き続け、谷の中ほどの、ホテルと称する建物にたどりついた。チトラールに多い石や泥づくりの家ではなく、ふんだんに材木を使っているのがいかにもカラッシュの土地らしい。二階建てのこの小屋の下に小さな雑貨屋があり、雑多なプリント布地、マッチ、タバコその他の日用雑貨品が、わびしげに、ランプに照らされていた。この谷には数少ない店の一つで、ここが外界の〝文明〟との接触点となっている。傍らにハッシシの塊が無雑作に置かれていた。

私は今までにいくつかの書物から数多くの予備知識を仕入れていたが、まだ探求心を満たすような事がらには、ほとんどお目にかかっていない。カラッシュとは一体いかなる民族なのか？　日常生活は？　信仰は？　明日からの探訪ではたして何をつかむことが出来るのだろうか。

めいめいのベッドに入る前、シェルウラーは戸口に大きな錠をかけるのを忘れていなかった。

カフィリスタンを探った人々

私がチトラールへやって来たのは今度で三度目だ。チトラールにはヒンドゥ・クシュ山脈中最も高い山々が集まっていて、七〇〇〇mを越えるピークが二十近くあり、六〇〇〇m級なら数百あるという山の宝庫なのだ。そんなチトラールで何度か山登りをやっているうちに、私はチトラールとカフィリスタンの間に重大なかかわりがあるのを知った。

たとえばこのあたりを最も広く、かつ詳細に踏査した、R・ションバーグは名著“Kafirs and Glaciers”*（1938）の中で、チトラールの地名の起源はカフィール語に発するものが多いといっている。また、今チトラールに住んでいる者の祖先はカラッシュと同じ民族だという重大な発言もしている。このような見方は、今までの日本ではほとんど知られていない。それどころか、彼らの社会や生活の実態は明らかにされていないのだ。

私自身、ションバーグの説を裏付けるような例をいくつか知っているが、次のような例もその一つだ。

チトラールの北、半日行程の所にカリという集落がある。七年前、チトラールで初めて登山活動を行なった日本人として、私は行く先ざきで歓待されたが、その帰途、この集落に立ち寄った。ちょうど秋祭りの最中だった。この時期はどんな旅人も自由にブドウを取っても良いという話で、普段なら人前に姿を現わさぬ女たちが、ベールもかぶらず、道行く人にブドウを配っていた。

＊邦訳『異教徒と氷河』雁部貞夫訳、白水社、一九七六年刊。

これと同じ風習がカラッシュの本拠ボンボレット谷にも残っていた。そこでは、八月末の秋祭りまでは、絶対ブドウを取って食べてはいけない。しかし秋祭りが始まれば誰がこの谷のどこのブドウを取って食おうが自由なのだ。その他にも、カラッシュの神信仰の名残りがチトラール全体にいろいろな伝説となって残っていることも興味深い例だ。

チトラールとカフィリスタンの関係は後で詳しく触れるが、ここではカフィリスタン探検史上逸することの出来ない二人の探検家について述べておこう。

一人は約八十年前、カフィリスタン全域を探検したインド北西辺境の行政官、G・ロバートソンである。彼は一八九五年アフガン国王アブドゥル・ラーマンにより武力制圧される以前にこの地方を広く歩き、『ヒンドゥ・クシュのカフィール族』（本邦未訳）という大著をまとめあげた。カラッシュの人々がその本来の姿で発らつと振る舞っていた時代をえがいたのはこのロバートソンだけだ。というのは、彼が踏査した数年後にはアフガン側に居住していた二十万人の「異教徒《カフィール》」たちは、強制的に改宗させられ、彼ら固有の信仰のシンボルである巨大な木偶はことごとく焼却されてしまったからである。それ以後アフガン側のカラッシュの国はヌリスタン（新しい光の国の意）と改称され、宗教はもちろん、彼らの文化そのものも変質してしまった。

しかしながら、パキスタン側のチトラール地方では改宗などの強制的な干渉がなかったため、カラッシュの古い文化がそのまま残存しているわけである。

高名な東洋史家の岩村忍はこう記している。

「アフガニスタンの東部ヌリスタンは、もとはカフィリスタンといい、その住民は、イスラム教徒によってカフィールと呼ばれている。このいわゆるカフィール族は現在アジアに残っている疑問の民族の一つである」（『モゴール族をたずねて』）

このパキスタン側の地域を広く探った探検家がR・ションバーグである。一九三五年の春、彼はカラッシュの三つの谷およびその周辺を精査、彼らの信仰、生活を詳細に描いた魅力的な一書『異教徒と氷河』（四八ページ参照）を刊行。この書はロバートソンの調査から現在に到るまでの四十年間のカラッシュの生活の変遷を教えてくれる。カフィリスタン探検家としてはこの二人が双璧である。

その後、日本にもおなじみの探検的登山家F・マライーニ氏*がサラグラール登山の後、この地を訪れた。『パルパミソ』（本邦未訳）という著書の後半にその折の踏査が美しい写真と共に紹介されているが、その内容を見ると、ションバーグの踏査には及ばない点が多い。

私が、この地に魅かれるようになったのはションバーグによるところが多い。彼が観察してから三十五年後の現在、カフィリスタンははたしてどんな変化を遂げたのか、そんなことを探るのも今回の踏査の目的の一つだった。

*F・マライーニ　二四一ページ参照。

ボンボレット谷

谷の下流で一泊した私たちは、翌朝そこから二時間ほど上流にあるゲスト・ハウス（民情視察の役人が泊まる小屋）に根拠地を移すことにした。幅一kmぐらいの谷には意外に水量の多い澄んだ流れがあり、その両側はよく耕された畑、水田になっていた。点在する胡桃の樹間は美しい牧草地で牛や羊がのんびり草を喰んでいた。

マライーニ氏の写真で見知っていた、例の貫頭衣のカラッシュの女がいよいよ登場、野良で何人も働いているのをみると、谷の中心部へ来たようだ。道の右手にすばらしく大きな木造家屋が現われた。木組みのがっちりした二階造り。羽目板や軒には一面アラベスクふうの木彫がほどこされていた。相当古い家らしく壁板はもう真っ黒くなっている。奥まった、大きな門構えの一軒が族長の家で、二階の格子窓など、わが国の王朝時代のしとみ戸でも見るようで面白い。その向かいでは新築中の家があり、間取りがよくわかるので見物。三人の年寄りが骨組みの柱を立てているところだった。シェルウラーを介して、ゲスト・ハウスでしばらく暮らすことを伝えた。こうしておけば日本人の夫婦がボンボレット谷にいるという話が伝わって、無用のトラブルが防げる。

村の中心から一時間も歩くと谷は北西と西南に向かって二分する。ゲスト・ハウスは初めの方の谷川のほとりにひっそりと建っていた。このあたりはボンボレット谷の回教化の前進基地らしく、州政府が造った養鱒場があり、チトラールの町からやって来た責任者が家族と一緒に住んでいる、外来者の通訳をする人らしく、バブー・サーブと土地の者から言われていた。

先刻の谷の合流点にはモスクがあったが、回教化は大部進んでいるらしい。ゲスト・ハウスの番人はモスクの管理人も兼ねていて、マスジット（寺院の意）・ハーン（男）といわれている。近くの山腹にある彼の家はいくつかの棟が重なり合うように建てられ、一つの小集落を形成している。何十年か昔は彼らもカラッシュだったはずである。

谷の入り口よりも、奥の方が回教化が進んでいるというのも興味ある現象である。

これは中心部はまだカラッシュの伝統的な力が強固なので比較的抵抗の少ない奥――というよりは周辺部から徐々に回教が浸透していっているのだろう。このあたりの墓地を見ると、墓の両端にかぶとのくわ形のような石を二つ並べ立てた、完全な回教スタイルになっていた。モスクの対岸の集落には小学校も出来ていた。

現在、チトラールの人口は十三万人内外、それに対するカラッシュの人口はたかだか二千人弱である。チトラール当局は改宗を強要したりしていないが、もはやこの谷も回教一色に塗りつぶされる日もそう遠いことではなさそうだ。今、正確な調査をしておかなければこのユニークな民族の実態は秘められたまま消滅してしまうに相違ない。

カラッシュの女たち

ゲスト・ハウスに落ち着いた翌日から私たちは、毎朝一時間ほど下手のカラッシュの村まで出かけていった。途中でカラッシュの女と子供の一団に出会った。何人かの女は柳の小枝で編んだ円錐状の籠を背負っていたが、その中にはまだ小さな赤ん坊が入っていた。これを木の枝につるし、ゆり籠にするのである。

子安貝やコインを一面にちりばめた被り物（カプスイという）も貫頭衣も、すべて黒褐色の毛織物で出来ている。

一般には、チトラール側に居住しているカラッシュを黒カフィール、アフガン側のヌリスタン地方の種族を赤カフィールと、あたかも別々の種族のように言っているが、これは誤りである。黒とか赤とかいうのは、種族の別を表わす語ではなく、回教に改宗した者と改宗していない者を区別するためにイギリス人が考え出した言葉である。カラッシュの住民たちは、いわゆる改宗した赤カフィールを「カティ」と呼んでいる。

カラッシュの女たちがリーン、リーンと鈴の音（カプスイの先についている）をひびかせながら遠ざかるのを見送り、私たちはぶらぶらと村の方へ進んで行った。そして、ある草地で牛の群れを見守っている一人の若い女に会った。彼女と私の妻とはしばらくの間、お互いに物珍しそうに観察し合っていた。やがて、打ちとけて来た様子を見はからって、妻は彼女のポートレートを何枚かス

カラッシュの少女たち〈雁部輝子画〉

ケッチして、「ビビ」という名前だということまで聞き出した。

ビビからカラッシュの生活をいろいろ聞いてみて、三十年前にションバーグが記している女たちのいろいろなタブーは今日なお生きていることを確認することが出来た。

中でも特色のあるのは日本で言えば、「赤不浄」に関する話だ。これはプリミティブな社会には必ず存在することなのだが、ボンボレット谷には、「バシャレニ」と呼ばれる特殊な小屋が厳として存在していた。彼女らは、生理や出産等の期間、家族の住んでいる家を離れ、この「バシャレニ」にこもるのだ。後にその小屋の外見は見ることが出来たが（錠がかかっていた）。小屋自体は石積みの小さな変哲もないものだった。日本にも山形県の山間の村落などにこれと同じような「産屋《うぶや》」というのが残っている。

何日か後、私は次のようなことを経験した。いつものように川のほとりを歩いていた時、シェルウラーが急に立ち止まり、「サーブ、カメラ！　カメラ！」というのである。何事かと見ると、対岸の茂みのそばで、若いカラッシュの女が水浴みの最中だった。シェルウラーが口笛ではやした瞬間、私の妻が彼の頬を平手打ちしていた。彼はそれですっかり、しょげ返ってしまい、若い女もあわてて着物をかぶって茂みにかくれてしまった。

私がシャッターを切るのをためらったのは、妻のように同じ女性をいたわる気持ちから発したのではなく、その若い女が、生理の期間を終え「バシャレニ」

を出て、家へ戻るための「みそぎ」をしていたことを知っていたためだ。

私の妻の友となったビビがある日の午後、仲間たちを集め、彼女たちの歌を聞かせてくれた。そこは畑に囲まれた胡桃の木陰の草地で、女たちが、柳の枝で籠を編んだり、野良仕事の休憩をする場所だった。若い女が五人、年寄りの女が三人、その他に子供たちが集まっていた。

彼女たちは例外なく歌がうまかった。竪笛を巧みに吹いた。ほとんどの曲は、彼女たちの故地アフガン最東部のバシュガルのメロディと言葉によるものだった。彼女たちが組んで踊りながら、荘重なひびきの歌をうたった時、妻は「まるで、ご詠歌みたい」とささやいた。この歌はカラッシュの軍神ギシに奉げられる戦捷の歌なのだ。彼女たちの属する社会の命運をかけた戦いに奉げられた儀式の歌なのだから、シリアスな調子になるのは当然のことだろう。

私たちはこの場所で毎日彼女たちの歌をテープレコーダーに収録した。その数は数十曲にのぼった。この機械から再現された音を彼女たちが好奇のまなざしで聞きいっていたことはいうまでもない。

私はまた、カラッシュの女たちのくつろいだ姿にも身近に接した。カプスイをぬいだ下は、老いも若きも一様に「お下げ髪」に髪を編んであった。そと目には、碧眼、金髪、色白で彫りの深い神秘的な感じすらする彼女たちが、実は意外に快活で開放的であることも知った。

日本を出る前に、ヒマラヤ研究の先達、諏訪多栄蔵さんから、「子安貝を持

カラッシュの女性たち〈S. Karibe 1971〉

カラッシュの少女
〈S. Karibe 1971〉

っていって、彼女たちがどう反応するか見て来たら」と入れ知恵されていた。そこで私は、デパートの貝殻売り場から仕入れて来た。立派な宝貝をいくつもカラッシュの女たちに示してみた。

反応は意外にも鈍かった。物珍しそうには見ていたが、本当に欲しいのはもっと小粒の貝だと話していた。小さい貝をカプスイにびっしり飾りつけるのが彼女たちの手法であった。パキスタンを旅行している時、いろいろな場所でこの子安貝にお目にかかった。

この子安貝はアラビア海産のもので、ペシャーワルのバザールを経由して、カラッシュの谷へやって来る。そのペシャーワルのキサハニ・バザールは「千夜一夜」の世界がそのまま残っている面白いバザールだが、そこでは店頭に積んだ紅茶の山の上に一つだけ、ぽつんとお呪いのようにのっていた。スワートでは子供の髪飾りに使われていた。ディールの滅法威勢のいい運ちゃんは、フロント・ガラスに子安貝をぶら下げ、ローワライ峠をぶっとばした。

神殿を訪ねる

何日か村をぶらついているうちに、私たちはすっかり村人たちと顔なじみになった。シェルウラー青年の心配も杞憂に終わったのだが、それでも彼は、「カフィールはデンジャラス・ピープルだ」といってきかなかった。夜、ゲスト・ハウスの戸じまりを厳重にするのは彼の日課の一つだった。そんな彼を口説いて、私たちはカラッシュの神殿《マハドウ》を探訪に出かけた。

谷の左岸の山腹に幅五〇cmぐらいの水路がある。そのほとりを急いだ。あたりはホーリイ・オークが茂り、谷の全ぼうが見渡せた。西方には遠く、アフガン国境の稜線の岩山が白く輝いていた。

二時間後、私たちは森閑とした暗い木立の中の神殿の前に立っていた。縦、横二mほどの石組みの祠（マハンデオ・ダールという）の上に三つの馬頭を形どった木彫が並んでいた。傍らのチナール（篠懸）の大木には神の託宣を伺う時の犠牲にした山羊や羊の角が何十対も枝に掛けてある。この樹をサジゴールと呼ぶ。

祭りの儀式は、ここでは巫女の代わりに童貞の少年が仲立ちをする。火は不浄なものを清めるものとして祭りにつきものだが、この谷では、神聖視している西洋杉やホーリイ・オークの枝を聖火とする。そこへ、少年のたおした動物の血がそそがれる。神殿の壁にも血の痕が生々しかった。そして特別の能力を持った男が神の託宣を告げるしくみになっている。

村人同士のいさかいごとも、ここでその黒白を神の託宣により決める。その神の託宣を実行しないと二年以内に死ぬという信仰がある。

何人かの研究者も言及しているように、彼らの信仰の原形は拝火教（ゾロアスター教）とバラモン教の混交したような多神教である。それぞれの信仰を持つ異民族の大帝国が、各時代にこの地方一帯を支配した歴史がある。カラッシ

マハンデオ・ダール
〈1935年，R. ションバーグによる〉

サジゴール
〈1935年，R. ションバーグによる〉

ュの祭事には、神聖な火をたくことと犠牲を奉げるプリミティブな形が残っている。

カラッシュの墓場

ゲスト・ハウスの近くにアブドゥル・カリムという少年が住んでいる。親は何十年も前にチトラールのマスツジから移住して来た回教徒だという。十二、三歳ぐらいのその少年は始終私たちの小屋に遊びに来て、こまごました仕事を手伝ったり、下の谷からブドウを探して来てくれたりした。ある時、そのカリム少年が、私たちがぜひとも探りたかったカラッシュの墓地へ案内してくれた。

村の道から大分はずれた川のそばに、ホーリイ・オークの森がある。中央にこれも神聖な樹、ヒマラヤ杉の大木が数本そびえている。その大木を囲むように、カラッシュたちの遺骸を収めた数百の木棺が累々と地に横たえてあった。そのうす暗い沈黙の世界に足を一歩踏み入れた途端、私は木棺が折り重なるようにひしめいている異様な光景に息をのんだ。

棺は長さ二m、幅は八〇cmぐらいで、二cm近い厚い一枚板で出来ていた。古い朽ちかかった棺のふたは半ば開いたままになっていた。のぞいてみると、中には、白いサレコウベ、衣服の織物の断片が散乱していた。

ヒマラヤ杉の根元にそう古くはない一体の木像（ガンダオ）が立ててある。

カラッシュの墓場（ボンボレット谷）
〈S. Karibe 1971〉

シャンベという族長を記念したものだ。反対側のホーリイ・オークの幹に立ててあるのは、ティンゲルとビヤドゥルという、これも族長一族の父子のガンダオだった。この二体はごく新しいもので、大きさは縦二ｍぐらい、恐らくは三年ほど前のものだろう。

これらのガンダオはカラッシュが死ぬと一年後に必ず作られたもので、以前は谷のいたる所に見られたとションバーグも記している。しかし、今では世界各地の博物館や好事家の手に渡り、ボンボレットで私たちが見たのは四体だけであった。一本の木から彫り出すその手法はわが国の円空仏にも似た、おおらかな素朴さを持っていた。

期待していた騎馬木像はもうこの谷から姿を消し、最奥のルムブール谷へ入らないと見ることが出来ない。この谷からガンダオが一体もなくなる時、それは彼らが、「カラッシュ」から「カティ」に変質する日なのだろう。なぜなら、偶像崇拝を否定する回教徒にとって、ガンダオなどというものは邪教を認める以外の何物でもないのだから。

ガンダオ二体〈S. Karibe 1971〉

カフィール人とは何ものだろうか

今まで記して来たことで、読者は、いわゆるカフィール人についてのアウトラインを描けたであろうか。ここで私は、この特色ある民族の「出自」について考え、この小文のまとめとしたい。

カフィール人の祖先が中央アジアから大陸の諸方へ大移動したアーリア人であったことはまず間違いのないところであろう。

アーリア人がインドへ侵入したのは紀元前十五世紀という悠久の昔であった。宗教的にみれば、今のインド大陸北西部では紀元前六世紀まではバラモン教、その後はペルシャ国教の拝火教がアレキサンダー大王によるペルシャ帝国征服の時代まで続いた。おそらく、カラッシュの宗教の原形を形成するものは、この頃発生したものだろう。

インド北西辺境一帯にはアレキサンダー大王の遠征軍の子孫といわれる種族が沢山いる。その代表的なものが、ギルギット一帯の山地民であり、このカラッシュ族である。

今、カラッシュ絶滅の原因となっている回教が、この辺に入って来たのは十世紀以後のことだから比較的新しい事柄に属する。

カラッシュの出自について新しい光を与えたのは、今までにたびたびひいている、R・ションバーグの説だ。彼の説は一般にはほとんど知られていないが、魅力的な考え方だ。その概略を言えば、「今、チトラールに住んでいる民族とカラッシュの原形は同一」という説だ。

カラッシュの風俗、習慣の特殊性にだけとらわれていると、この説がよく理解できないだろうが、私は、ションバーグの説を取る。

次のような例は、その決め手になるかもしれない。まず言葉の問題がある。

61—2　カフィリスタン探訪記

今のアフガンのヌリスタン地方からギルギット方面にかけて、今まで別々の民族のように見られていたが、彼らの主要な言語、シーナ語（ギルギットの西一帯で使う）、チトラール語（別称・コワール語　チトラール）、カフィール語（今のカフィリスタンとアフガン側のバシュガル地方）には共通した要素が多い。現にチトラール各地に残っている地名はほとんどカフィール語系の言葉である。

　チトラール各地に残る不思議な力を持つ魔女伝説も、今のカラッシュの間に伝承されている女神たちへの信仰が変形したものに違いない。

　たとえば何代か前のチトラール王《メーター》が魔女を王妃として迎えた話がある。これは逆に言えば、当時、チトラール国内に濃厚に残っていた、カラッシュ的なものの記憶に対する懐柔策の反映だったのではあるまいか。

　チトラール王家の子孫、ブルハーン・ウッディーン氏はチトラールにおける私の庇護者であるが、彼の話では、今の王家（カトール王統）一族は十四世紀ごろ、アフガンのガズニからスワートを経てチトラールへやって来たという。その頃、チトラール一帯に版図を有していたカラッシュの多くは新来の侵入者に対し武力的に敗退した。カラッシュの多くはそのまま、新しい支配者の下で農奴（ムシュキンという）として土着していった。同時に、新しい支配者の一団が信奉していた宗教、つまり回教へ徐々に改宗して行った。そして、カトール家の腹心の部下たちは今もチトラールに存在する貴族（アザムザダ）として繁栄を続けた。

一方、どうしても新来の支配者や宗教に服することを肯じない者だけが、今のカフィリスタン三谷に結集し、今日まで生きのびて来たというのが真相だと思う。これを以て彼らカラッシュの出自の結論としたい。

さて、今後、カラッシュの人たちはどうなっていくのだろうか。

まず、周囲のチトラール人との接触は閉鎖的な自給自足の経済から、貨幣による経済への変化をもたらすだろう。村に雑貨屋が出来たこともこの一例だ。カラッシュの女たちは、自分の衣服がぼろぼろになるまで同じ服を着ている。一つの服を三年から五年は着つづけるのだ。ところが、雑貨屋にはきれいで、軽いプリントの生地が沢山入っている。これは女にとって魅惑的なものにちがいない。彼女たちが伝統的な貫頭衣を捨て去る日が来ないとは断言出来ない。現に改宗したカティの女たちは同じ村の中で、チトラールの女性と同様に、プリント地の布で軽やかな衣服を作っている。

加えるに、谷の数箇所に見られる小学校とモスクの存在は新しい世代に回教化への拍車をかけている。この流れを「逆行」させることはもはや不可能に思える。

しかし、日に日に近代化の波が押し寄せているとは言え、カラッシュの生活が一挙に変質するような不幸は起きないだろう。なぜならば、チトラール自体が、中世的世界から目覚めたばかりの状態であり、カラッシュの生活水準とそれほどの違いがないからだ。カラッシュの谷も、周囲の変化に追従して、おそらく、漸進的に、いわゆる文明化されていくことだろう。

ボンボレットの谷を立ち去る日、私たちは山羊の一群を引きつれた、たくましい牧人に会った。山羊の皮ごろもをまとい、同じ山羊のなめし皮で足ごしらえをした典型的なカラッシュの山男である。山上の牧草地で何日も暮らすその若者は、あるいは最後のカラッシュの世代になるのかもしれぬ。私は、哀しみとも感傷ともつかぬ気持で、その男の後ろ姿を見送った。

カラッシュの伝説では、ボンボレットは、「神がこの世を創造した時、神が自分自身のため取っておいた谷」だという。神が愛でたという、この美しい谷は、文明とは何か、近代化とは何なのかという基本的な問いをわれわれに投げかけている。私は再び、この谷へ戻ってくるだろう。この谷が投げかけた問いに対する答えを求めに！

〔一九七一年、「現代の探検」第七号所収〕

〔追記〕　本章の末尾で予測したように、私たちが踏査してからしばらく後に、カフィリスタンでは急激にその生活や文化が変化した。一九八〇年以降とくに著しい。この地に長期滞在して、民俗や音楽を精査した丸山純・令子夫妻もそのように証言している。なお、現地の人と結婚して定住した和田エミ氏らの尽力により、同地に発電所が出来ている。

3 氷河を越えて——チアンタール氷河の縦断(一九九七年)とカランバール峠越え(一九九九年)

チアンタール氷河の縦断とダルコット峠——一九九七年

(1)

一九九七年夏、私たちフラッテロ第二次ヤルフーン川源流域踏査隊はチトラール最大のチアンタール氷河の縦断を目指してチトラールに入った。メンバーは雁部貞夫、曽根脩《おさむ》、岩切岑泰《いわきりみねやす》、関口磐夫《いわお》、市川ノゾム、山崎和敏、永原幹夫、佐藤純一の八名。全て都立高校の教師(既に定年退職した者も含む)である。

七月二十六日、マスツジ上流の村パワールで、一行八人は三台のジープをのり捨てた。翌日から徒歩によるキャラバン。この先四日行程のキシマンジャの少し先までは、三十年前に辿った道だ。その時の平均年齢は約二十五歳。今回は五十数歳である。

今回の旅で特記すべきは、三十年前にコヨ・ゾムのベースで約一か月共に過ごしたバブーことゴオーラン・モハメットが同行して、キャラバン中のあらゆる雑事を取り仕切ってくれたことだ。毎日のキャンプ地の選定、ポーターの手配、三度三度の食事の世話などなど。私たちは身の回りの品々と貴重品の入ったサブ・ザックを肩にするだけで、安んじて氷河縦断のためのコンディション作りに専念することが出来たのである。バブーは今では当地出身の、北方山域一帯を熟知する最優秀なガイドとして知られている。

キャラバン三日目、ヤルフーン川が最も広がっている部分（幅一km）にさしかかった。道はこの先、ヤルフーン河源の有名なカランバール峠へ至るまで北岸についている。その日の泊まり場キシマンジャの手前で山側のガラ場の高捲きとなるが、そこでなつかしい光景に出合った。河の対岸にコヨ・ゾムの真っ白い北壁、その東に登路としたペチュス氷河、そしてさらに東に三十年前に二人の仲間と共に初登したフラッテロ・ゾムとイシュペル・ドームの大きな雪の山体が現われた。

この二つの雪嶺は約六二〇〇mの山だが、インド測量局の地図に記載されていない無名峰であり、一九六八年の初登時に私たちが命名した。六八〇〇mを越えるコヨ・ゾムがこの山域の最高峰だが、この山は頭抜けて高く、大きく、その後も各所から望見できた。しかし、私たちの登った山は、その後は前山に

*この年のコヨ・ゾム登山については、三〇ページの「わが友、バブー」および二五一ページ「コヨ・ゾム」の項を参照。

隠れてしまい二度と見ることはなかった。

キャラバン第四日。ヴィディンコットの一軒家の少し先で、北側からの山すそが広い台地となる。河を挟んで南正面に右手にトゥイ山塊、中央にコヨ・ゾム、その東にチャテボイ氷河の高差三〇mはあろうかという分厚い氷河断面が河へのしかかるように切り立っている。この光景を見るのも三十年ぶりだ。コヨ・ゾムの北麓にペチュスの小村落の緑地が見え、ルートにしたペチュス氷河へ入る道さえ、肉眼ではっきりと見える。すばらしい晴天。かつての日々のように山々も氷河もギラギラと光を反し、陽炎にゆれる。ここは高度三三〇〇m、しかし猛烈な直射日光にさらされている。

しばらく先行していたバブーが声をかけて来た。「カリベ・サーブ、ここへあの時の二人のケルンを建てましょう」。付近には手頃の平たい石が沢山あり、七〇㎝くらいの高さのケルンがすぐ出来上がった。太軸のフェルト・ペンで「一九六八年八月、日本人クライマー、ハシノとケンモツ、コヨ・ゾムに眠る」と英文で記し、しばらくその前で額ずいた。二人の若い笑顔が目に浮かんだ。なぜか、モンゴルの諺「悪く生きるよりも、善く死ね」を思い出す。自分がもしかしたら「悪く生きているのではあるまいか」という想念が胸をよぎる。

その夜は上流のイスカルワルツの国境警備隊の駐屯地近くの草原に幕営。降雨と強風。一晩中私はテントのポールを押さえていた。この辺り一帯からが、私の初めて足を踏み入れる地域である。

チャテボイ氷河の断面〈S. Karibe 1997〉

翌日は早立ちして、一気にベース・ハウスを建てる予定地コイ・コルディの大高原を目ざす。中央アジアとインド平原を結ぶ有名なバロギール峠のすぐ南麓の道が、アフガン国境との分水嶺のすそをぬうように一筋続く。時どき湖底のような円形の平地が現われ、大小の湖沼がある。かつては、このヤルフーン上流は一つの巨大な湖であったのかも知れない。

先行していた市川と山崎が、何と温泉を見つけ、四、五人は入れそうな湯つぼから首を出している。満足そうな表情。今日は曇天、うすら寒いので、大事をとって先を急ぐ。温泉（三五四五ｍ地点）も湖沼も地図には全くない。午後三時半、コイ・コルディ高原の広大な褐色の大地の一角に到着。まばらな草が生えているだけだ。

先着していたバブーの指揮よろしきを得て、食堂用の大テント、炊事用《キッチン》テント、下方にはなれてトイレ用テントを建てている。我々も二人用のテント四張りを建て、これで立派なベース・キャンプが出来上がった。

八月一日、ベースで一息ついたのも束の間、私は山崎、市川と共に六日間の予定で、カラコルム以西で最大のチアンタール氷河縦断を試みることにした。残りのメンバーはヤルフーン川源流のカランバール峠と高山湖（峠と同名）を探るのである。共に現代の秘境。数年前までは、国境地域につき、立入禁止だったのである。

七時五十分、われわれはポーター四人を引き連れて出発。初めに一つの山稜

チアンタール氷河左岸の山
〈S. Karibe 1977〉

のコル（約四二〇〇ｍ）を越えて、氷河側の斜面へ出た。十一時四十分。氷河の奥のチアンタール山群の六〇〇〇ｍの峰々が見える。ピラミッド形の氷雪の鋭鋒群。ここまで見送りに来てくれた関口が、昼食を共にした後もどって行った。「ベルグ・ハイル」のエールを交わしつつ。

氷河右岸の斜面の踏み跡を辿り、さらに前進して手頃な草地に細流のある所をＡＣ（前進キャンプ）とした。午後一時、私たちは氷河上にさらに前進したかったのだが、ポーターたちは氷の上を歩くことに同意せず、ここに二張りのテントを建てた。

八月二日、各自三十kg程の装備、食糧を背負い、八時出発。氷河のへりを越えるのに大苦労。そこを下ると大クレヴァス帯が待っていた。何十というクレヴァスを左右に迂回、ようやく氷河の真中へ出る。表面は程良く氷化しているので、山靴のままで歩ける。午後四時、クレヴァスの少ない地点を選び、テント二張りを建ててＣＩとした。高度四四〇〇ｍ。

八月三日、一日中降雪。天気のよい（ということで定評ある）ヒンドゥ・クシュもこんなに奥深くへ来ると、やはり雪が降る。視界不良、一日停滞。山崎が時々いれてくれるコーヒーが美味。私は一人でテントを独占。時々は外へ出てテントの屋根の雪を払う。夜かなり冷え込む、しかし満天の星。流星しきりなり。コニャックをひそかにふくみ、天地の静寂にひとり酔う。

八月四日、果たせるかな飛び切りの晴天となった。七時十八分出発。氷河の

チアンタール氷河源頭のカルカ・ムーズ・サール北壁（6220m）
〈S. Karibe 1997〉

中心の土石が少し堆積している所を通って前進。幅一km以上ある堂々たる氷河だ。大きな氷河卓（テーブル・ストーン）のかげで直射日光を避ける。汗がすうっと引いていくのがわかる。やがて氷河の正面にこの山群の主峰＊コー・イ・チアンタール（六四一六m）をはじめとする氷雪のピラミッドが目前に迫る。正面も右も、左も六〇〇〇mの山々のオンパレード。紺青の空と雪山の対比が実に鮮やかだ。ほとんど夢心地で氷河を溯上し続けて、午後二時首尾よくその源頭の一角に立った。

(2)

ヤルフーン川上流の中心地、コイ・コルディ大平原のベース・キャンプに八人（カランバール峠越えの五人と氷河行の三人）の全メンバー（ヤルフーン源流域踏査隊）が集結したのは、八月六日（一九九七年）午後のことであった。七月三十一日にここにベースを建ててから、一週間が過ぎていた。

その貴重な七日の間、私は隊を二手に分けて、私を含め三人の比較的に元気のいい者が、東の山並みの奥に三十三kmに及ぶヒンドゥ・クシュ山系中最大のチアンタール氷河へ入り、その初縦断を試みることとし、残り五人は、ヤルクンの真の源流部にあるカランバール峠（四三四三m）を究めることにしたのだ。

この二つの場所は、現在ではカラコルムとヒンドゥ・クシュ山系に残された秘境で、未踏の六〇〇〇m級の山々、多くの氷河や高山湖があり、多様な高山

＊コー・イ・チアンタール
二八四ページ参照。

コイ・コルディ大平原で〈S. Karibe 1997〉

植物の咲き乱れているさまも目のあたりにした。

コイ・コルディの平原は、標高約三八〇〇m、長さ約一〇km、幅三kmほどの大高原で、北西のアフガン国境の分水山稜の山裾から東へ緩やかに傾斜し、まばらに丈の短い草が生えているだけだ。しかし、そんな貧弱な草地でも面積が広い分、チトラール領で最大の牧草地となっている。河の西岸一帯に幅一〇〇mくらいの稠密なグリーン・ベルトが、特別に涵養され、ここは古来ショワール・ショールの放牧地として聞こえている。平原全体を潤すだけの水が得られないためである。

それぞれの目的を何とか果たしたわれわれには（私は氷河下降中、クレヴァス帯を脱出する際に肋骨を負傷）、最後の山場であるダルコット峠越えが残されていた。明日の旅立ちを前に、わずかに残っていたウイスキーで乾杯していると年長のメンバー曽根脩（六十五歳）が、突然「アララギはどうなるのか」と切り出した。彼の義父は戦前のアララギの有力会員だったので、この問題に関心を抱いていたし、他のメンバーも終刊のことを知っていた。八世紀に高仙芝が数千の将兵と共に、幕営していたに違いない、この辺境の地でアララギの終刊問題を語り合うとは、運命の悪戯なのか。

八月七日九時、八頭のヤクに数百kmの全隊荷を満載し、八人のヤク引き、二人の料理番がバブー（現地人通訳、書記の意）に統率されて出発。静かな平原

コイ・コルディ出発の朝〈S. Karibe 1997〉

がにわかに活気を帯びる一刻。バブーと私は一九六六年に初めてチトラール入りした時からの友で、今回の旅の全てを整えてくれた。一切の雑事から解放され、行程はほぼ予定通り進捗していた。

　初めにチアンタール氷河の、丸ビル程の高さの舌端をヤクに乗って越えた。この動物は足が短く馬よりも安定感があり、その後も数十回の徒渉、荷役にと活躍してくれた。数日前に入った氷河の周囲の未踏の雪嶺がバラ色に輝き、われわれを見送っていた。

　峠の北の登路であるズンディ・ハーラム氷河を上ること二日、四一〇〇m地点の岩棚で最後の幕営。寒い一夜だが満天の星。これで、明日の峠からの大展望は約束された。傍らにうずくまるヤクたちがにれ噛む鈍い音。

　八月九日八時、朝焼けの光と共に出発。氷河左岸のザラザラに氷化した雪面を直登。かなりの傾斜、しかし足許は締まった雪で、歩きいい。誰かが言った、「高仙芝の軍勢が越えたのは数百どまりだろう。千人を超えれば犠牲者の数も増えるしね」。

　ぜいぜい息を切らし、峠直下の大雪面を辿ること二時間。目もくらむばかりの陽光に輝くダルコット峠（四五七五m）の雪原に立った。「万　歳《ジンダバット》・ダルコット」の声が期せずしてわき上がった。

カランバール峠越え――一九九九年

(1)

一九九九年八月六日の昼すぎに、成田の空港をＰＩＡ（パキスタン航空）の八八一便で出発。その前に待合室で当分飲めなくなる生ビールを一行六名で一気に飲み乾した。これから行こうとするのは回教国、酒はご法度のお国柄だ。外国人が一本くらい自分のために持って入国するのは、これまで大目に見られていたが、今年はどうなのだろう。六人とも酒瓶を密かに持っている。私も「新アララギ」の尾部論と森良子夫妻が、はるばるスイスから送ってくれた赤ワインと、先年（九七年）参加して今回は病気のため不参、しかし、空港までわざわざ見送りに来てくれた関口磐夫君差し入れの十七年もののウイスキー一本を持っている。しかも、銀のスキットルに気付け薬と称するコニャックさえしのばせているのだ。

北京で給油、その間当局の指示で乗客は機内にとどまる。期待していたタクラマカン沙漠は、夕闇の中にまぎれて定かではなく、その後のカラコルムの大氷河地帯にさしかかる頃には漆黒の闇となる。こうなれば寝酒代わりのコニャックを少々楽しみ、ウトウトとまどろむのみ。

現地時間夜の八時半にイスラマバード空港（以前のラワルピンディ空港、首都の名をその後転用した）に安着。いよいよ回教国への第一歩を踏みしめる。そして問題の通関だ。不安気に後ろに続く五人の仲間の視線を一身に受けて、リーダーたる私は気立ての良さそうな係官の前へ行き、チトラールの奥地へ還暦祝いのトレッキングに行くための大荷物を抱えているのだがと言うと、「ＯＫ、日本人は世界で一番問題のない民族だ。通りなさい」ということで無事に通過。案ずるよりも生むが易しか。

空港出口のゲートには、これから三週間にわたり雑事万端を取りしきる三十年来の友、バブー・モハメッドが待っていた。トレッキングの今日の隆盛を数十年前から予見し、チトラール人として最初に政府公認のガイドとなった男だ。二年前のダルコット峠（四五七五ｍ）行では四週間にわたり、寝食を共にして実に愉しい、忘れ難い山行の思い出がある。旅の成否の八〇パーセントは、バブー（元来は、インド人の書記を表す普通名詞）の双肩にかかっていると言っても良いのだ。

四つ星ホテル（五つ星が最高級）のシャリマールに落ち着く。先年泊まった所で気心が知れている。今回の旅では各地のホテルに八泊する予定だが、その中ではこのシャリマールが一番いいホテル（近代的な設備がととのっているという意味では）だ。この市街は元々はイギリス植民地時代の軍都で、街の一角に

シャリマール・ホテルで仲間らと〈S. Karibe 1999〉

イスラマバード空港で
バブー・モハメッドと著者
〈S. Karibe 1997〉

は今でもパキスタン陸軍や空軍の兵舎《バラック》がある。そして、このホテルの近くには、パール・インター・コンチネンタルという高級ホテルもあり、静かな区域だ。

メンバーが六人なので、二人一組で三部屋に分かれた。その組み合わせは雁部（国語）と近石（工務店経営）、曽根（国語）と市川（日本史）、山崎（物理）と永原（数学）のコンビで、最後までこのコンビを崩さなかった。日々の行動や連絡をスムーズに行なう必要があるからだ。われわれ六十歳コンビの部屋は広い寝室ともう一部屋リビングが付いていて、ゆったりしたものだ。ちなみに最年長は曽根の六十六歳、平均年齢五十七歳の老童？チームである。夜おそく、スコール降り、雷鳴とどろく。明日は少しは涼しくなるだろう。

翌七日、午前中にバブーと連れ立って、ピンディ市街から北にタクシーで一時間近くかかるイスラマバードへ行く。ここに首都機能が集中し、各官庁、公的機関の建物が緑の中に整然と建ち並ぶ。その中の一つ、観光省に出向きお墨付きをもらう。トレッキング・パーミッションだ。この書類なしには国境近くの山地を歩くことは出来ない。行く先々の国境警備隊などの駐屯地などで、これを提示しなければならない。何しろ国境一〇マイル（一六㎞）以内へ立ち入る者（外国人）は警告なしに発砲されても文句は言えないことになっているのだ。幸いなことに先年と同じ局長がいて、即座にパーミッションが発給された。

帰途、イスラマバードの高級住宅街の中にあるヒンドゥ・クシュ・トレイル社へ立ち寄り、社主のマクスード・ウル・ムルク氏に会う。バブーはここのチーフ・ガイドとして多年にわたり尽力しているのだ。マクスードはチトラール王家の一員で、わが恩人ブルハーン・ウッディーン殿下の甥に当たり、五十歳くらいのソフトな感じの人物で話し易い。

ところで、チトラール王家の人々の名の末の方に付ける名称には二通りのタイプがある。一つはウルムルク（ul-Mulk）もう一つはウッ・ディーン（ud-Din）である。このことは長い間私の疑問となっていたが、バブーの言う所では、前者は嫡子を意味し、後者は庶子の意であること。十九世紀末にイギリスの後押しでチトラール王家を継いだ少年シュジャ・ウル・ムルク（Shuja ul-Mulk）は、その後長い間王権を握り、大王とうたわれた人物。この人は複数の王妃との間に数十人の子息を設けた。わがブルハーン殿下もその一人だが、私が三十年にわたってチトラールで自由に暮らすことの出来た殿下の館は、城とは言えない。彼ほど活動的で優秀な人物でも、五・六箇所の要地に現存する城砦の主となり得なかったことの最大の理由は、庶子であったことによるものと思われる。そういえば東の要地マスツジの城主はフシュワクト・ウル・ムルク氏で、その子息シカンデル・ウル・ムルクは、ブルハーン殿下の片腕として働き、今では殿下の孫娘と結婚しているが、二人ともウル・ムルク（ul-Mulk）である。チトラールのことなら何でも知っていたつもりだが、実際には知らないことも多い。旅をいく度となく重ねるうちにはからずも、長い間疑問として

マクスード・ウル・ムルク氏と著者
〈Babu Mohamed 1999〉

いたが氷解する。これも旅の持つ効用であろう。

その日の午後は各自が自由に行動しさらに翌朝のチトラールへの出発を前に隊荷の再点検をしたり、旅装をととのえたりした。夕食は出発の前祝いとして、バーベキュー・ガーデンで、焼き肉を中心とした豪勢な夕食を楽しんだ。カバブーや地鶏のスパイシーなローストなど絶品。デザートのマンゴーやハルブーザ（アフガン産、マスク・メロンの原形といわれる）もたらふく食べた。皆旺盛な食欲で、最後には皿に山のように盛ってくれるアイス・クリームまで平らげてしまった。

さいごにおまけの話を一つ。この庭の入り口にBAR-be-cueの標示を見た仲間の一人が入ってくる時に、おい、ここでは一杯ありつけそうだぜ、と得意然とした顔で言うので、おかしくなってそのBARというのは、バーベキューの「バー」だよというと、何だそうだったのかと大笑いした。実は私もここにはBARが有るのかと、だまされかかったのであったが。

(2)

八月九日、夜中の二時に目覚めた。今日はいよいよチトラールへ向けて出発する日だ。やはり興奮しているのだろうか。葉書十枚ほど、ひたすら書く。単純になっている頭には、これがなかなかの難事業なのだ。当地第一のタバコ

「ゴールド・リーフ（黄金の葉）」を数本吸って、ひと落着きしてから一時間ほど眠る。四時半に起床、五時に朝食。六時にはトヨタ・ハイ・エース（ワゴン車）に乗り込んで出発した。

パンジャブ平原をひた走り、北西辺境州への入り口アトックでインダス河を渡る。ここには古いムガール王朝の城砦があり、今でも陸軍が駐屯している。町はずれの茶店（現地ではチャイハナと呼ぶ）で一服。ここから見るインダス河は実に広大。対岸が見えないくらい川幅が広い。こちら側の岸辺にはユーカリや柳の樹林の緑があざやかだ。チャイハナでは例によって羊肉のカレー汁をおかずに焼きたてのチャパティと紅茶数杯で二回目の朝食とした。

さて、この後はパキスタン陸軍の大駐屯地であるノーシャラからマルダンを経てマルダン街道をひたすら北上し、マラカンド峠へ至り、スワート領を通過して、ディール領へ入り、ディールの町へという次第なのだが、この部分はすでに拙著『辺境の星』所収の紀行文「チトラール風まかせ」で書いているので、くり返さない。ただし、あの頃から七年たったので現地事情はかなり変化している。この町まで舗装道路が延びているので、ピンディを朝出発すれば、丁度ここで昼食というタイミングになる。我々は先年のホテル兼食堂へ入り、しっかりと食事をとった。

ディールの町を出発して、本日第一の難所ローワライ峠越えにかかる。チトラールへ入る南の関門、表玄関といった感じである。下界は連日四十度を超え

インダス河（アトックの近くで）〈S. Karibe 1999〉

ローワライ峠（南側）〈S. Karibe 1999〉

る暑さなのに、三〇〇〇mを越える峠は曇天のせいもあるが、さすがに肌寒い。私は半袖シャツの上にセーターを着込んで峠を越えた。北のパミールの乾燥した風土と、南の湿潤アジア、つまりインド平原の境が丁度この峠を以て二分される。ローワライ峠とはそのような峠だ。われわれの北に延びるチトラールの長大な谷の上空は、峠付近では霧雨が肌を冷たく打っているにもかかわらず、すでに青空の領分となっているのだ。

峠の九十九折りの難所もスイスイ飛ばして、一時間ほどで下り切り、あとは舗装された道を、一路今夜の宿所であるナガル（城砦という意の地名）の古城へ向かう。左手はチトラール川（下流はカブール川へ合流）の濁流がとうとうと流れる。

一時間半ほど走り、ナガルの城へ着いた。先年一泊した所だが、城の外壁（木材と石を組んだ表面に泥がけしてある）は高さ四〜五mくらいの堂々たる構えで、その外側に二寝室のゆったりしたゲスト・ハウスが二棟建っている。期待していたワインは出ず仕舞い、昨年の葡萄は不出来だった由。しかし、メンバーのうちの誰かがウイスキーを出してくれたので、チトラール第一夜を乾杯して締めくくった。

八月十日、チトラールの町へ向かう前に城の南側の果樹園に案内された。よく手入れされた千坪ほどの敷地に数百本の西洋梨が沢山の実を付けていた。まだ未熟で食えぬが、収穫期には連日チトラールのバザールへ出荷するそうだ。

ナガル城のゲスト・ハウス〈S. Karibe 1997〉

ナガルの城砦の住人たちに見送られて、いよいよチトラールの町へ向かう。気分の良い朝だが、北の高山地帯（ヒンドゥ・クシュ主稜）に雲が湧いていて、この地方を象徴する名峰ティリチ・ミール（七七〇八m）は、残念なことに膨大な山体の上半分は雲の中。この高峰は、駿河の国、いや日本国の山にたとえると富士山に匹敵する（もっとも高さは二倍だが）ヒンドゥ・クシュ第一の高峰なのである。

一時間ほどの走行でチトラールの町へ入る。直ちに今日の宿、マウンテン・インに車を横付けし、例の如く二人のペアが三部屋に分かれて陣取る。各自が明日からの奥地入りに備えて旅装、装備の点検。そのあと三々五々バザールへくり出す。

相棒の近石氏がチトラールの民族服をあつらえたいと言うので、昔からの知り合いザファーの店へ連れて行く。ザファーのことは前（一〇ページ）にも書いたように、私とは昔から丁々発止とやり合った仲だが、何でも腹蔵なく話し合える友でもある。他の人に聞けないような事でも、この服地屋の店主になら聞けるのだ。近石氏の採寸が始まった所へ曽根さんもやって来て、やはり服をあつらえることになった。こうなれば、私も又、指をくわえて見ているわけには行かない。ザファーが暗緑色のしなやかな織りの綿の生地を選んでくれた。仕立ては近くの別の店の主人がやって来て、三人の服を徹夜してでも作ってくれるという。我々は明日の朝早く奥地へ出発するからである。

チトラールの歴史、民俗のアウト・ラインは、私の既刊の二つの歌集『崑崙行』と『辺境の星』に収めた文章や本書所収の「チトラール風物誌」（二一～四三ページ）に記したので、繰り返すのは止めよう。要するに歴史的には、十四、五世紀以来この山国は、メーター（Mehtar）と称する支配者（先祖はタメルランでチムールの系統に発する）によって治められ、十七世紀頃から十九世紀まで内訌に次ぐ内訌の歴史がある。その内訌のピリオドは、一八九五年に打たれた。チトラール攻圍戦の結果、幼王シュジャ・ウル・ムルクを擁立したイギリス（インド政庁）の保護下に入り、チトラールはインド帝国傘下の一藩王国となって、第二次大戦後のパキスタン建国に加わる。メーター以下住民の多くは回教徒だったのである。

八月十日、八時半に出発。バザールでザファーから服（上・下）を受け取った。生地代と仕立て代を含めて、一人分約千円。これはべら棒に安いと言うべきであろう。

今回は日程が二十一日と短いので、ドロムツのブルハーン邸は訪問せず、ひたすら奥地へと先を急ぐ。三台のジープに、日本人六名、バブーと料理人二名の計九人が分乗。それぞれのジープには運転手の他に助手が各一名乗り込む。

今夜の泊まり場は、ジープで六時間先のミラグラム村。途中にマスツジの城があり、そこには先年泊まった（二〇ページ参照）が、今回は残念ながら素通りして、マスツジ川（少し上流からヤルフーン川と名称が変わる）の右岸の崖道をすっとばす。冷や冷や冷やの連続だ。しかし左岸のオアシスの村々の奥には、おなじみのブニ・ゾム（六五五一ｍ）の雪ぶすまが、まばゆく輝く。一九六六年の夏、ザイル・パートナーの小田川兵吉とただ二人で、最北西部のサラグラール峰（七三四九ｍ）を偵察した帰りに、無謀にも、もうひと山を狙って、北側のブニ・ゴル（谷）から北壁に取り付き、五〇〇〇ｍまで達したが、時間切れ、食糧切れで下山。しかし、そこから夜明けのサラグラール峰とティリチ・ミール峰を撮った写真は珍しい角度からのもので、今でも牧潤一氏ら二、三の画家や写真家に、一度はそこからのヒンドゥ・クシュの山々を描きたいと言わしめているのだ、と自慢の種になった代物である（「暮しの手帖」一九六七年春号）。*

シュウインジ（二三〇〇ｍ）の村の近くで対岸に移り、四十分ほどの所で水量たっぷりの、大きな泉に出合い休憩した。清冽な水に出くわすのが、旅中の最大の楽しみであり、一日に一回は必ずそうした泉がある。灼けつくような陽光の下を走行していると、汗はかかないが、体の水分は自然と発散するので、泉々でたっぷり水分補給をする必要がある。そのあとの、「ゴールド・リーフ」の一服はこよなく美味。人生の至福の時を感じさせるのだ。六人のうち、この至福を味わうのは私ひとりだ。

その夜はミラグラム村（二四五〇ｍ）の美しいポロ・グラウンドの草地に個人テントでゆっくり眠った。近くのポプラの樹々のそよぎが、何よりの子守唄

*二一八ページ「ティリチ・ミール」の項参照。

であった。

(3)

八月十一日晴天。チトラールでは当たり前のことだが。夜明けの気温は十数度。それが出発する頃には二十七度に跳ね上がった。先年は、このミラグラムの少し先のパワールの村で車を捨て、キャラバンを始めたのだが、今年はヤルフーン川の北から東へ転ずる大屈曲部（そこから東へ長大な谷が開ける）の主邑ラシトまでジープが走行可能の由。小躍りして皆よろこぶ。キャラバンが二日も短縮できる。これは二十一日間の旅が二十三日間も実質的に楽しめることになるのだから。二、三箇所で沢を徒渉、ジープは水没している道の跡を倒れそうになりながらも、どうにか渡りきった。ラシトまで辿りつけるかどうかは、道路の様子次第、要するに「運」頼みなのだ。

屈曲部へ出るまでは、両側（東と西）に山が迫る峡谷で、ダルバンド（ペルシア語で、扉とか門の意）と呼ばれている。約四時間の走行で、谷の幅約一kmもあろうかと思われる開けたヤルフーン主谷へ出た。住民も北のワハン谷から古く移住して来たワヒ族の世界となる。その主邑ラシトまで、チトラールから、何と二日で来てしまった。ジープ道のなかった頃は、八日もかかって歩いた道なのに。

村の東端の緑したたる牧地にテントを張った。北にカン・クンの円味を帯びた山々、南西の下流をさえぎるように雪の鋭鋒を聳立させたシャヤーズ（六〇五〇m）の夕映えの絶景。広々と眺望の開けた気分のよい所だ。北の山地（アフガン国境）から流れ出す清流に恵まれ、水車小屋あり、湧水あり、牛羊が群れ遊ぶ。すこぶる牧歌的な所で気分よく食堂の大テントで和気あいあいの夕食をとった。誰かがウイスキーを提供してくれ、皆すぐにほろ酔い気分になった。

十二日、いよいよ今日から徒歩によるキャラバン開始。対岸のヒンドゥ・ラージ山脈きっての鋭峰のツイⅡ峰（六五二三m）が今日最大の見もの。碧空をつんざくように聳える雪の尖塔が何とも美しい。数本の氷河がヤルフーンの谷へ相当の斜度で落ち込んでくる。徐々にこの谷の核心部へさしかかって来ているのだ。

今日の泊まり場キシマンジャの小集落の手前で、先年は大迂回して高捲きの道を採ったが、二時間のロスというので、今回は河岸に張り出した岩場をトラヴァース。その岩場の裂け目《クラック》を斜上して行くと、先行していた近石君から声がかかった。「未だまだ十分やれるよ」と。彼の言によると、この岩場の難度は第三級の上。第五級ともなると相当の難しさがあるので、三級なら中級のルートだ。足の下は、はるかに下方にヤルフーンのいかにも冷たそうな流れが逆巻いている。

ヤルフーン川の岩場をトラヴァースする筆者

〈M. Chikaishi 1999〉

四十分程続いたトラヴァースが終わると、ルートはヤルフーン川の岸へ合し、川べりの道を辿るのだが、今は融氷期の絶頂とあって、大部分は水没している。ズボンがぬれるのも気にせず、トレッキング・シューズのまま水の中を歩く。氷河からの水が集まった川なので、すこぶる冷たい。おまけに波さえ打ち寄せてくる。足が冷え切ったところで、キシマンジャ一帯の林（ヤナギの類）が現われて来た。

集落の長《おさ》は、バブーの縁筋の翁で、三十二年前に私がここの草原で一晩、テントも張らず野天で寝袋に入る所を見ていたそうだ。今夜は一行六人のテント三張りをバラ垣で囲った特別の草地に張らせてくれた。南正面にヤルフーン川を挟んで、コヨ・ゾム（六八七二mまたは六八八九m）の巨大な北壁の上半分が蒼く凍りついているのが見える。さすがに一日のアルバイトに疲れが出たか、私を始めとして、夕食もそこそこで寝てしまった。

八月十三日、昨夜ぐっすり眠ったせいか、すっきりとした目覚め。テントの中からコヨ・ゾムの屋根形の北壁がよく見える。今日も快晴。雲量はゼロ。頂上の雪の帽子から旺んな雪煙が上がり、東へたなびいている。恐らくあの辺りは秒速五十mを越すジェット気流にさらされる世界なのだろう。たった三人であの山に挑んだ三十数年前のことが鮮やかによみがえってくる。

さわやかな冷気の中で出発。すでに三〇〇〇mを越えたレベルのキャラバンだ。先年と同じルートで上流のイスカルワルツを目指すが、何処に何があるか、写真のシャッター・ポイントの地点まで頭に入っている。

　ヴィディンコットの手前の河岸に北の山側からの伏流水が湧いていて、ヤルフーン川の濁流へ注ぐ。近石君とここで大休止。かつてのコヨ・ゾム登山のパートナーで、山の西側のコタルカッシュ氷河で散華した共通の友人、橋野禎助と剣持博功両君のためにケルンを建てた。その時のリーダーは私で、その時以来十数度に及ぶチトラール行と私の数百首の短歌作品は、すべてここに発源するものである。

　*ケルンを建てて、そこに近石は持参の古い写真とメモを記し、ナイロンの袋でおおって納めた。私がタバコ数本に火を付けて供えると、近石もキャンディ数個を供えた。手近に咲く紅色の*バラを一枝碑に飾り、ぬかずく。ケルンを立ち去る時に近石が河の対岸正面にそびえるコヨ・ゾムに向かって叫んだ。

　ハシノー、ケンモツー、またやってくるぞー

　谺が長く尾を引くように水面を、山々を伝わって行く。果たして何時またやって来ることが出来るのか。晴れわたった空の下にコヨ・ゾムと、その東にかつて私たちが立ったイシュペル・ドーム（六二〇〇m）とフラッテロ・ゾム（六二〇〇m）の純白の雪が輝いていた。

　宿り場イスカルワルツへは、午後早く着いた。やはり先年の経験が大いに役立っているのだ。国境パトロール隊の駐屯地だが、この前訪ねて来た話好きの若いキャプテンは姿を現わさなかった。高度四〇〇〇m近いので極めて涼し

コヨ・ゾム北壁とケルン〈S. Karibe 1999〉

*前出（六六ページ）のものとは別のケルン。

*ヒンドゥ・クシュ一帯にはこの種の一重咲きのバラが多く、原生種の一つウェッブ・バラと呼ばれる。

い。背の低い柳の茂み近くに幕営。流水もあり、よい飲料水が得られた。夕方から小雨。ウイスキーを一杯（沢山の意にあらず）飲んで眠る。

翌十四日、朝立ちする。コイ・コルディの大平原までの長丁場だ。歩き始めの所でヤルフーンの最狭部を渡る。幅四～五mの所に危なっかしい板橋（手すりのない）が渡してあるが、一五mほど下にすさまじい奔流がわき返って、背筋が寒くなりそうだ。橋は今朝の寒さで霜におおわれていた。

ここからコイ・コルディまで右岸通しに進む。草原が断続的にあり、小さな花々も咲いていて気分がよい。小集落が点々とあるだけで静かな道だ。「軍団《ラシュカ》の草地《ル・ガース》」という古くからの宿営地（恐らくは古代からの）の少し手前の緑地に温泉があった。先年は寒すぎたのでそのまま通過したが、今年は最初からそのつもりで来た。「たたえ」は十人近く楽に入れる程の大きさで、しかも深い。温度は三十度くらいの澄み切った明礬泉と見た。一週間ぶりに頭髪も洗い、実にさっぱりした。対岸の山々をはじめ、大空間を眼前にした野天の湯、こんな贅沢があってよいのか。近石、曽根両氏とそんなことを語り合って、再び先を急いだ。さすがにコイ・コルディの大平原には夕暮れ時にやっと到着。

八月十五日、奇しくも第二次世界大戦終結の日に念願のカランバール峠を越えることになった。私は土地の少年が引いて来た馬に乗ることにした。木造の乗りにくい鞍だったが、歩くよりははるかに速い。私にとってここからが未踏の地。草のまばらな大草原をどんどん上って行く。緩やかな傾斜で、行けば行

ヤルフーン川のほとりの温泉〈S. Karibe 1999〉

くほど視界が広がる。チトラール領のどん詰りにこんなに大きな平原が続いているとは驚きだ。

　数時間進むと前方の大岩の上に、かなり大きなしっかりとしたケルンが建ててあるのが見える。もう峠なのだ。数百頭のヤクの群が草を食んでいる。八月十五日正午、カランバール峠（四三四三ｍ）に私たちは到着した。

（4）

「カランバール峠を以てカラコルムとヒンドゥ・クシュ山脈の境とする」というのが、前世紀以来の地理学上の定説である。この地域は十八世紀から政治的には、ロシア帝国の南下政策とそれを阻止しようとするイギリス・インド帝国が激しくぶつかり合った所である。その二大勢力が直接対決を回避して妥協した結果産まれたのが、現在のパキスタン北部山岳地帯とロシアの間に割り込むような妙な形で（よく盲腸の形にたとえられる）、オクサス川を中心に国境が策定されたアフガンのワハン谷一帯である。

「グレート・ゲーム」の産物とされる前世紀からの華々しい中央アジアの探検は、こうした政治的、軍事的必要に拍車をかけられた側面を持つ。地道で正確な路線調査を行ない、地図の空白部を埋めるための各種の情報を得ようと、英露とも選り抜きの人物を派遣している。

　日本人によるこの地域のパイオニアとしては昭和三十年代の京都大学探検隊

（今西錦司ら）の分遣チーム（藤田和夫ら）が最初である。このチームに若き日の本多勝一が加わっていた。先年、東京赤坂で行われた拙著『辺境の星』の出版記念会に姿を現わした本多氏は、その後さまざまな地域、さまざまな事件、戦場のルポを公にしたが、最も忘れ難いのが、この辺境の旅であったと述懐していた。

本多氏らのチームはギルギットを発足して、カランバール谷を溯上し、峠を目指したが、中途のカランバール氷河を踏査するに止まった。長い前置きになってしまったが、ここからが本題である。

一九九九年八月十五日、私たち一行（六名）は、峠の西側の長大なヤルフーン川（下流はカブール川となる）を、つまりチトラール領を上って、四三四三mのカランバール峠に立った。私にとっては、コヨ・ゾム（六八七二m）登山以来、三十二年に及ぶ宿願を果したのであった。峠周辺は草のまばらな大平原で、一千頭近いヤクの大群と、それに匹敵する数の山羊や羊の群が放牧されていた。先年のダルコット峠（四五七五m）越えで、十頭ほどのヤクを使ったが、これ程沢山のヤクがチトラールにいようとは思ってもいなかった。チベット世界が本場の動物だからである。

峠の大きな岩の上に、これも大きなしっかりとしたケルンが建っている。恐らく測量の基準点とした箇所に違いない。これまで辿って来たヤルフーンの源流を振り返ると、かつて死力を尽くして挑んだコヨ・ゾム山群が碧空の下に白

カランバール湖とチアンタール山群北東面〈S. Karibe 1999〉

い頂を聳立させている。登山ルートが指摘できる程はっきりと見える。M・スタインの大著に丁度ここから撮った、その頃の唯一のコヨ・ゾムの写真がある。そのことを思い出して、私も何枚か写真を撮った。

峠のすぐ西側に、中央アジア探検史上知る人ぞしるカランバール湖（ゾー・エ・サール）がある。周辺の雪の山々の影を映して実に美しい。周囲七、八kmはあろうかと思われる大きな高山湖だ。その湖尻の東南端から小さな川が流れ出して下方の谷へ注ぐ。カランバール谷の、ここが水源だ。

湖岸西の草地に幕営するが、峠に着いたのが丁度正午で、珍しくたっぷり時間のゆとりがある。私はここまで大切に持ち歩いて来た赤葡萄酒を夕食前に取り出した。スイス在住の新アララギ会員の尾部論、森良子夫妻が送ってくれたものだ。酒好きは味は勿論のこと、時、場所、つまりはその場の雰囲気を大事にするものだ。そこに酒さえあれば良いというものでもない。今この海抜四三〇〇mほどの高さにある高山湖のほとりに、大の男が六人肩を並べてワインをくみ交わしている。最年長は曽根の六十六歳、最年少は永原の四十七歳。平均年齢五十七歳の老童チームといって良いのかもしれない。全員が酒を好む。

第二次大戦前に、というより今から百年前にインド総督のG・カーゾン、F・ヤングハズバンド、中ア探検家として最大の存在であったM・スタインらが、その後にはわが仮想のライバルであるR・ションバーグといった探検史上の大立者が次々とここへ現われ、何日か過ごしている。そうした歴史的背景を

カランバール峠（中央の小さな岩の辺り）と同名の湖，背後にコヨ・ゾム山群の北東面を望む〈S. Karibe 1999〉

語り、眼前に夕暮れの雪の山々の姿を映す湖を眺めつつ、人生至福の時を実感しながら飲むワインだ。不味かろう筈がない。満天の星空をテントの小窓から仰ぎ見て、寝袋にくるまれば「テントも御殿」なのだ。

　夜中に目が覚めた。寒い。用を足しに外へ出てみると相変わらず空には満天の星。じっと天心を凝視していると、視界の思わぬ所から次々に星が流れる。時々は飛び交っていると言った方が良い状況に出くわすのだ。

　現代科学の落とし子、*フィールド・メッセが現在の気温マイナス二度を標示している。天幕も地表の草生も薄雪か霜かで、真白におおわれている。この程度の気温なら夜の山中では当たり前だが、この地域は夏の日中の気温は四十度近くなるので、長期間のトレッキングでは体調を崩す者が多い。高度馴化のうまくいかない人もいる。幸いなるかな、私はこの二つの障害になやまされたことは、チトラールへ入ること二十シーズンになるが、一度としてない。石巻の漁師として若い頃はカムチャツカへ鮭漁にも行ったという祖父の頑丈なＤＮＡに感謝しよう。

　翌日から五日間にわたるカランバール谷の下降が始まった。たっぷり四時間もかかったチャテボイ氷河の横断、足首が痛くなるほど続く一枚岩のトラヴァース、すぐ下は氷河生まれの奔流が岩を捲き込んで轟く。この流れに沿って行きつく所は、かつての仏教の一中心地ギルギットだ。パミール越えした求法僧の多くは、今われわれの経験している険峻な山谷を辿って、インドの平原へ

*高度、気温、時刻、天候の変化をデジタル標示する機器。

チャテボイ氷河の横断〈S. Karibe 1999〉

出た。五世紀の法顕は往路もう少し東のミンタカ峠辺りを越えた。七世紀の玄奘は多分、旅の安全を考慮してか、西のアフガンと中央アジアを結ぶルートで往復した。こうした求法僧が単独で行動することは考えられない。強力なキャラバンに加わるか、優れた案内者を雇うか、ともかく周到な準備をして行動した筈だ。例えば玄奘が、旅の初めに、高昌国王から数年間の旅の資金を得たように。

バド・スワートの村の手前では橋が流失していた。迎えのジープが二台対岸に待っているのが見える。しかし、滝のように東から流入する谷の水勢が激しい。川の中に四、五箇所ほど岩の露出している所を足場にすると、何とか渉れそうだ。だが、跳び損ねると命は無い。緑の楽園を目前にして、一日停滞。水かさの減るのを待つ。そして翌朝、何とか全員が無事に渡渉し得た。旅は終わったのだ。バブーが言った。「いい旅でした。さて、この次はどこへ行きましょうか」と。

〔本章の紀行文は、一九九八年から一九九九年にかけて、歌誌「新アララギ」、「北海道アララギ」、「原石」に発表した文章を以て再構成した〕

バド・スワート谷を渡渉する〈S. Karibe 1999〉

4　西域の秘宝――不思議老人の話

不思議老人の話　その一

一九八四年八月下旬、東京銀座で大がかりな「安南古陶磁展」が開かれた。風月堂の向かい側のファッション・ビルの階上のワン・フロアを埋めるように数百点の安南の古陶が展示され、圧倒される思いで僕は珍しく無傷に近い優品の群れに見入っていた。安南の緑釉の、淡くやさしい緑色を僕はずい分前から好んでいた。

茶陶を好む人々には江戸初期から安南トンボ手と称する極めて高台の高い染め付け（今は青花と呼ぶことが多い）茶碗が珍重されて来た。深い器形の碗は使いよいものではないだろうが、ブルーの釉が滲んだような簡素な文様が却ってエキゾチズムを好んだ桃山＝江戸初期の時代の好尚とマッチしたのであろう。柿のヘタと呼ばれる茶入れも安南物だが、実際は柿ではなく、現地特産のマンゴスチンを形どったもの。しかし、これは今でも「柿のヘタ」と呼ばれ、茶人は珍重していよう。

列品の中では、高さ一〇cm程の「緑釉シノギ深碗」と題した逸品に、僕はすっかり魅せられてしまった。鎬《しのぎ》の盛り上がった部分は釉が流れるから白い筋となって残る。そのシノギの間は、うす緑の釉がたまり、白と緑の諧調が実に快い。安南にしてはやや堅手に焼きしまった滑らかな肌と極めて高台の低い、安定感に満ちた碗の前から離れようとしない僕の後ろから声をかけた人がいる。「安南の緑釉、お気に入りましたか」という、ややさびのある声に振り返ると、日焼けした引き締まった顔の老人（老いた人という感じではないが）がいた。新劇の小沢栄太郎をもっと品良くしたという風貌の人だった。話を聞けばこのコレクションの所有者にして、このビルのオーナーである。

こうして僕はK（としておこう）老人と知り合った。この人ただの老人ではなかった。その日の列品は『安南陶磁図譜』（瑠璃書房、一九八三年刊）というしっかりした図録に、主だった品が美しい写真となって収録されていた。この書物は前の年の暮れに出版されていたが、安南陶磁の図録が出版されるのは、極めて異例のことで、K老は中国陶磁や茶陶を偏重する日本の古美術界に一石を投じようとしたのであった。

このゆったりとした会場への来場者の数は多からず少なからず、僕とK老はその一隅でコーヒーを飲みながら、南海（海のシルクロードと呼ばれる）、東南アジアで現に得られる中国古陶磁の話に興じていた。そこへ和服の着流しだったと思うが、もうひとりの人品いやしからぬ老人が加わった。陶磁研究で知ら

安南緑釉シノギ深碗

安南陶磁図譜（一九八三年刊）

れる伊東祐淳氏であった。

僕は翌年の夏、写真家の風見武秀氏（山岳写真）と約一か月にわたり中国の西域地方に行くことになっていたが、話は自然にシルクロードのことになった。これが実に僕にとってK老その人が日本の西域史研究や西域文物（出土品）の研究に、大きなつながりを持つ人物だと知るきっかけをもたらした。

この展覧会の会期中、僕は三度もその会場に足を運んだ。日頃シルクロードの美術やヒマラヤの山地に興味を持っている妻も一度同行した。彼女は古い陶磁器にもしきりに関心を示し始めていたのである。

この展覧会の直後にK老からハガキをもらった。ちなみに発信場所は銀座六丁目七—十九となっている。

「尊書只今拝受。磐手県三陸海岸を放浪して只今帰着しました。これより楽しみに貴著拝見したく存じ居ります。思えば体力不足のため、中近東地帯の旅に望みを絶って以来相当の時間があり、又往時の感動が再び得られる自信がありませんが、ご芳情忘れません。向後ともご好誼のほど祈り上げます」（84・8・28）

文中の「貴著」は勿論拙著の一つだったが、何だったろうか。これは、次のハガキですぐにわかった。九月七日付けのもの。

「ションバーグ『異教徒と氷河』大変趣き深く拝読。往年のスワート・ギルギットの旅を回想してカフィリスタンに思いを馳せています。ご労作で大変だったと思います。ワハン回廊などその後どうなって居りますでしょうか。何しろ大変なところらしいですから、取りあえず重ねて御礼まで。」

K老はこの年に七十五歳のはずであったが、東南アジアは勿論のこと、世界の各地へ旺盛な旅を試みているらしいことは話のはしばしに滲んでいた。僕は誘われるままに、銀座六丁目の彼のビルを時々訪れた。或る時K老の私室へ招じ入れられたことがある。奥さんらしき年配の女性と娘さんらしい四十歳前後の女性が茶菓を運んで来ると、あとは例によって、中央アジアのあれこれを二人で語り合う数時間が待っていた。

その時、談たまたまM・スタインに及んだ。二十五年前に僕もスタインと同じ道を辿って、ダルコット峠（四五七五m）へ立ったと話すと、K老はひどく興味をそそられたらしく、その写真が欲しいと言った。ここにスタインの本があれば、すぐ見ることが出来るのだがと答えると、それならあるが、何という書名かと言う。

老人は立ち上がって部屋のしきりのカーテンを開けた。幾本かの書架が並んでいたが、その一つに、朱色のクロース装の背表紙が目についた。一瞬僕はわが目を疑った。スタインの稀覯本が全部揃っている。巨帙といってもよい大型本のセットである。『古代ホータン』（一九〇七年、二巻）、『セリンディア』（一九二一年、五巻）、『内陸アジア』（一九二八年、四巻）といった西北インドから中央

スタインの稀覯本三種
左から『古代ホータン』（2巻　1907年）
『セリンディア』（5巻　1921年）
『内陸アジア』　（4巻　1928年）

アジア一帯にかけての、踏査、発掘調査記録の豪華な書物群。それぞれのセットが数百万円もする代物である。その他に一般向きにかかれた旅行記などなど。

例のダルコット峠の写真は最初の本『古代ホータン』の中に入っているが、この写真はそれよりも前に、一般向きにかかれた『砂に埋もれたホータン遺跡』（一九〇四年）の中にパノラマ写真として入っている。そこには、僕が一九六八年に挑んだコヨ・ゾム（六八七二m）がすでに、その山名と共に登場する。この本や、写真を、僕は深田久弥氏の書斎（九山山房）で何度も見せてもらった。コヨ・ゾム登山の唯一の具体的資料といっても良いものだったのである。

九山山房にも例の豪華本のセットは完全には揃っていなかったが、深田さんは苦労してかなりの部分を入手していた。

ついでながら、『日本百名山』が読売文学賞を得た昭和四十年に、深田さんはかねて熱望していたシュラーギントワイト兄弟の『印度および高地アジア』という稀覯本を購入した。文学賞の副賞二十万円に三十万円も足し前をして手に入れたのであった。この本の別巻はたてよこ一mを越える超大型本*として知られるが、これは日本に数点しかない貴重本で、著者による中央アジア山域の景観の色彩画の図版からなる。

スタインの大型本もそれに負けぬくらい立派なもので、K老はその貴重本を無造作に書架から運び出し見せてくれるのであった。タクラマカン沙漠の話題

＊松崎中正氏の所蔵本が近年、日本山岳会に寄贈されて話題となった。三〇三ページの書影参照。

になれば、スタインの作成した見事な地図の数々を床の上に広げ、僕らは人生至福の時を謳歌したのであった。

不思議老人の話　その二

一九八五年（昭和六十）に僕は念願だった中国西域の地を踏んだ。写真家の風見武秀氏夫妻に同行し、北京、ウルムチ、トルファン、クチャ、カシュガル、小カラクル湖、ムスターグ・アタ（七五四六m）のベースまで行き、一度ウルムチへ戻り、蘭州へ入り、西寧から青海湖（ココ・ノール）を往復し、蘭州から汽車（中国では火車という）で北京へ長駆して帰着。ずい分長い旅となり、ジープに乗った距離だけでも八〇〇〇km、約一か月に及ぶ踏査行であった。

その間、当時は未解放地域であったクチャ（庫車）のキジル千仏洞をつぶさに見ることが出来た。そこで印象的だったのは研究所所長の陳世良氏が非常に厚遇してくれ、何かと

スタイン本の中央アジア地図（南西端）

入窟の便宜をはかってくれたことだ。キジルを去る時、陳氏は「北京から帰国される時は、お見送りしますよ」と言った。そして、それは実現した。八月の末に北京空港で、全く奇跡的に僕らは再会した。「中国人も義に厚いということを先生方（ご存じの如く中国では一般的な敬称）にわかってもらいたかったのです」と彼は言った。最近、陳氏がＮＨＫのシルクロード関係の放送に登場しているのを見たが、あれから十五年たっているので、歳相応の顔になっていた。しかし相変わらず元気で、キジル遺跡を保護し研究を拡充するための予算が乏しいことを訴えていた。

帰国後しばらくして、僕は銀座のＫ老をたずねた。

「玄奘が西域で最初に長逗留した高昌国に行って来ましたよ」と語りかけると、Ｋ老は「それは良かった。何しろホッチョウですからね」といい、例の書棚の前で「ホッチョウ、ホッチョウ」としばらく呪文を唱えていた。僕にはその呪文が何を意味するか、わかっていた。

やがて、老人は一冊の大きな図録を手にして、床上にどさりと広げ、次々に高昌出土の品々のカラー図版を見せてくれた。ドイツの中央アジア探検家では有名なル・コックの大著《Chotscho《ホッチョウ》》（ベルリン・一九一三年刊）は百点ばかりの大型写真が収められている稀覯本である。神保町の一誠堂で、時々は飾り棚に収まっていた高嶺の花を、その時はじめて僕は心ゆくまで手にすることができたのだった。

高昌国、交河故城から西へ進み、西域石窟美術の宝庫クチャ（亀茲国）の話となった。K老は早速ドイツの中ア探検家としてル・コックと双璧と言ってもいいグリンヴェーデル*の《Alt-Kutscha》（ベルリン・一九二〇年刊）のみごとな図録を持ち出して来た。その中には何とキジル千仏洞のある石窟で、グリンヴェーデル隊が切り取ったために、土壁が露出していたその本体が何点もあった。また、窟に現存する壁画の数々の写真も収録されていた。

西域行の初めの段階で見たベゼクリック千仏洞の壁画は破壊や自然剝落の度が進み、保存状態も良くないが、キジルのそれは、非常に良好で、まるで昨日描いたかと思われるほど色あざやかな壁画が多かったと話すと、「敦煌の仏はだいぶ中国化されているようだが、クチャ（キジル）の仏たちは西方的、ガンダーラ仏に近いお顔をしているのでしょうな」とK老。その言葉で、僕はある窟の壁画一杯に描かれていた諸仏立像のふくよかで、目鼻立ちのはっきりした顔を思い浮かべた。

「ところで、今年いただいた年賀状の版画（妻輝子の作品）は、クチャの出土品の童子（天使）像にヒントを得たのでしょうか」とたずねられて、僕は「そうです。大谷探検隊がクチャで入手した最良の出土品。木製容器の表面に漆で密陀絵を描いているものです」と答えると、老人は思いがけない話をした。

「あの容器が発見された時、勿論のことですが、全体が泥で覆われていた。

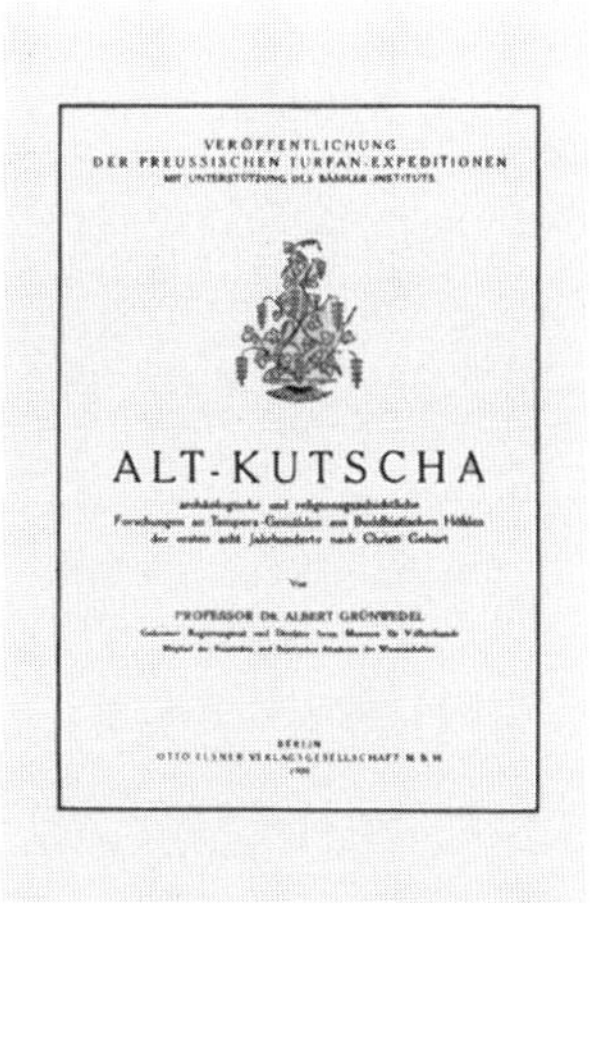
VERÖFFENTLICHUNG
DER PREUSSISCHEN TURFAN-EXPEDITIONEN
ALT-KUTSCHA
PROFESSOR DR. ALBERT GRÜNWEDEL
BERLIN

グリンヴェーデル『古代クチャ』

しかし、丁寧に表面の泥をぬぐい去ってみると、あの朱漆をベースにした画像が、さん然と現われた。しかも、ふたを開けて見ると、ミイラ化した頭骨が入っていたというのです」。K老のこの言葉を聞いた途端、僕はあるエピソードを想い出した。

周知のように、大谷探検隊の数次にわたる踏査行で将来した発掘品は数千点にのぼる。さまざまな経過をへて、おおよそ次の三箇所*に分割収蔵された。一つは言うまでもなく、東京は上野の国立博物館、次は京城の博物館、そして大連の博物館である。法主の大谷光瑞は莫大な探検費用を使い果たした（そればかりが理由ではないが）かどにより早くから引退を余儀なくされ、日本にあるコレクションは戦前、神戸六甲山の別邸（二楽荘、のちに焼失）に収蔵。戦中から戦後すぐ、そのコレクションの大部分は、さまざまな経緯をへてある実業家の手許に移され（大谷家でもまとまった金が必要であったと思われる）、のちに一括して東京国立博物館へ持ち込まれたらしい。この実業家こそK老ではないか。専門学者でもあまり実物を持っていないスタインの稀覯本のコレクションを見た時にちらりと感じとった考えは、この時はっきりと確信に変わった。この謎に満ちたストーリーの細部を、僕は老人に聞いてみたい誘惑にかられたのだが、恐らくはタブーの話。僕は喉元まで出かかった言葉をぐっとこらえた。

その頃、白水社の企画のシリーズ物の一冊として、大谷探検隊に参加した年

*正確には四箇所。光瑞の没後、西本願寺の倉から主として、古文書、古写経の類が発見された。現在では京都の龍谷大学が所蔵し、展示している。

少の隊員、堀賢雄の日記を本にまとめようとしていた。編集担当の藤原一晃さん（のちに会長）に稀代のスタイン本蒐集家であるK老のことを話すと、最近読んだパンフレットに、どうもその人物らしい人のことがのっていましたよと教えてくれた。後日その印刷物を貸してもらったところ、それは龍谷大学主催の西域展のパンフレットで、大谷家の収集品が東博へ収蔵されるようになったいきさつのアウト・ラインが記され、K老の名前がそこにはっきり出ていたのであった。

こうした出来事があった後でも、以前と同じように時折り僕は銀座のK老を訪れ、中央アジアや陶磁の話をして、そのつど楽しい数時間を過ごすのだった。あのいきさつはK老自身が話す気になる時まで待とう。決してこちらから聞いてはいけないと決めていたのである。相変わらず老人は小まめに方々へ旅行している様子だった。その年（昭和六十年）の秋のハガキ。

「芳信拝見。ご高配多謝。早速、『アレキサンダーの道』（スタイン著、白水社刊）取りよせましたが、まだ読むに至りません。目下低山の紅葉最盛期。八ヶ岳高原、信州峠へでも行くつもりです」（十一月七日付）

時は好景気のさなか、方々の百貨店でも古美術品の展示即売会があり、安南物は、新宿の小田急デパートが熱心に展示していた。その地味な会場へ行くと大ていK老も姿を現わし玉石混交といった展示品に見入っていた。Kさんは安南優品の大コレクターなのだから、この程度の物では心をうごかされないのではないかと言うと、「いや、安南物の研究は始まったばかりで、何が出てくるかわからない世界なのです」と答えが返って来た。

K老から最後にもらった葉書は、昭和六十二年五月十四日付のもの。

「拝啓　思い掛けなく、副島次郎『アジアを跨ぐ』拝受しました。貴方がご苦労されて校閲した本。偶々中央アメリカのヴェネズエラから、オリノコ河を経て、ガラパゴス諸島を遍歴して来ました。御礼状がおくれ申訳ありません。

アルマ・アタ、タシケント、サマルカンドなど曽遊の地。又いつの日か再遊を果たしたいと考えます。お閑な時またお目にかかれればと考えて居ります。ご連絡下さい。」

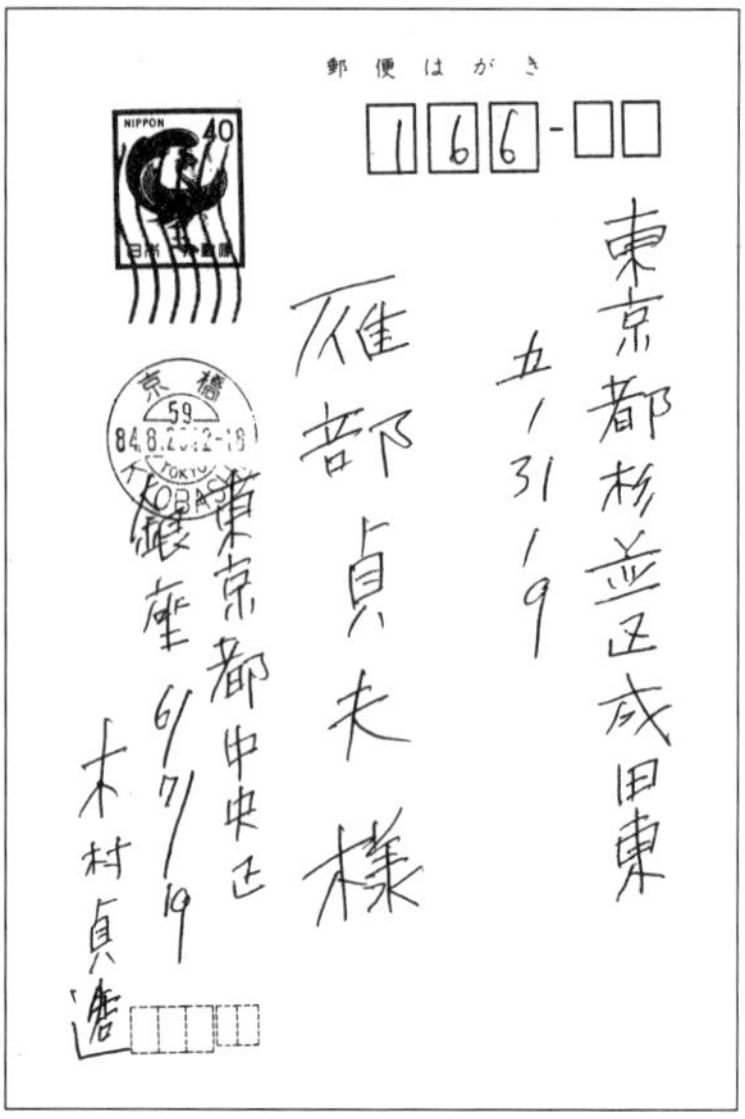
郵便はがき
166-00
東京都杉並区成田東
五ノ31ノ9
雁部貞夫様
東京都中央区
銀座6ノ7ノ14
木村真造

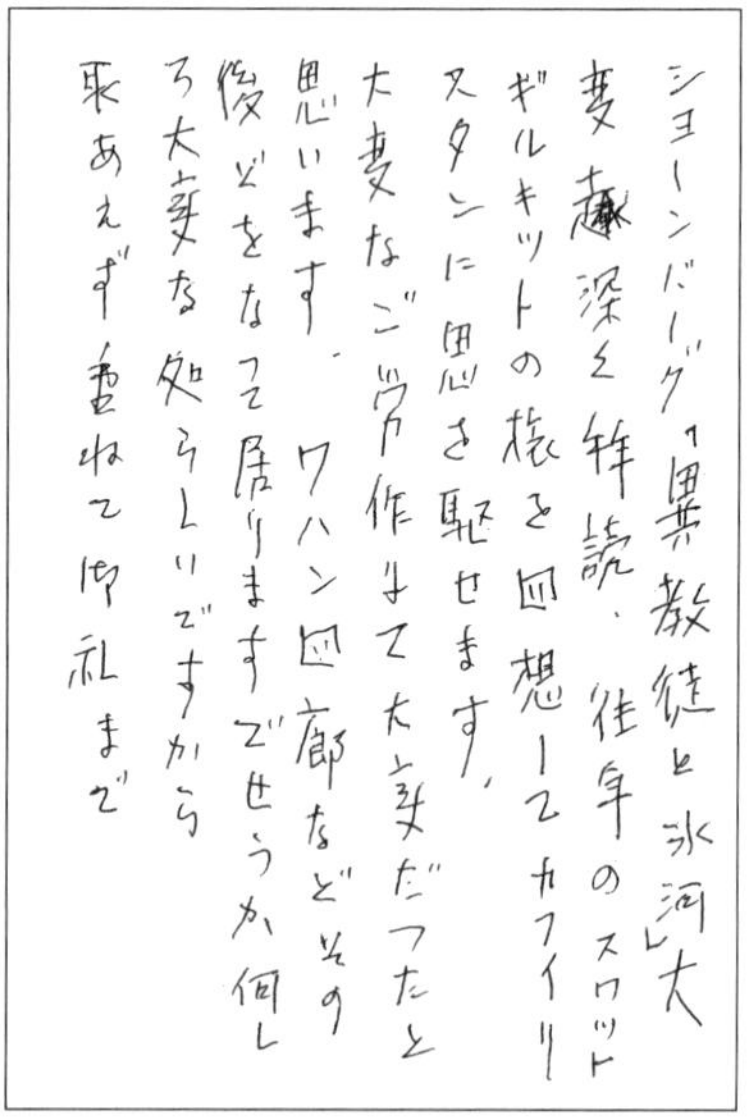
シヨーンバーグ「異教徒と氷河」大
変深く拝読、往年のスワット
ギルギットの旅を回想してカフィリ
スタンに思を馳せます。
大変なご労作にて大変だったと
思います。ワハン回廊などその
後どうなって居りますでせうか何し
ろ大変な処らしいですから
取あえず重ねて御礼まで

木村老人からのハガキ

その他にも大部ハガキをもらっているが、今手許に有るのでは右の一枚がさいごのもの。数年前の正月に賀状を出したのに返事がない。しばらくして病気でなくなったという通知が送られて来た。僕はしばし、茫然自失の態だった。

手許に一つ、ある時K老が「貴方は緑釉が好きだから、これを差し上げましょう」と送ってくれた湯呑み大の「しのぎ手」碗がある。その淡い緑と白のだんだらがほのぼのとしたいい感じだ。例の「安南陶磁図録」の奥付には「明治四十五年大阪生。法大卒。昭和十六〜二十年佐那具窯経営。現在、会社経営。木村貞造」とあった。

〔歌誌「原石」一九九九年六〜七月号所収〕

〔追記〕　木村貞造翁のビルは、同氏の没後しばらくして、外国の高級ブランドのファッション・ビルに変身した。今でも私は時々この辺りを散歩するが、そのビルの中へ入ることはない。昭和の末年に遭遇したこの不思議な出会いを限りなく、なつかしく思い出すのである。

〔二〇〇八年八月〕

5 ヒマラヤの漂泊者——ティッヒー、ティルマン、ションバーグ、ホルディック

ヘルベルト・V・ティッヒー

ヒマラヤの漂泊者の生と死

昨年（一九八九年）の歌誌「新アララギ」に、ヒマラヤ地質学の山田哲雄教授（信州大学）の死を悼んだ飯田在住の平松とみゑさん（山田氏は甥にあたる）の短歌があり、そのことは私も選歌後記で記した。山田氏の登山隊は当時としては珍しく地域の高校を母体にした小遠征隊で、当初はネパールの難峰として知られるランタン・ルリン（七二四五m）を目標としていたが、小部隊が立ち向かうのには、余りに手ごわすぎるので、すぐ近くのサルバチュム（プルール・ランジェン・リ　六九一八m）に転進し、その山の初登頂に成功したものである。

H. V. ティッヒー

右の飯田隊はランタン谷（花の美しい谷として知られる）で「転進」を決定した時、一人のオーストリーの登山家に出会っている。そのベテランは、山田氏が「転進」を決意したと告げると、「それは良かった。ランタン・ルリンは難しすぎる山だ」と、その時初めて感想を述べたという。その奥床しい態度に感激したと山田氏は語っているが、そのヒマラヤのベテランこそ、本稿で取り上げる、ヘルベルト・フォン・ティッヒーその人である。

一九八八年だったと思うが、フランクフルト在住のドイツ人の女流画家で、古書も扱っている知人から、新年の挨拶と共に、ティッヒーの死を告げる手紙をもらった。その前年の秋に七十五歳で亡くなったという。ティッヒーは一九一二年生まれ、生涯独身を貫き、探検家、登山家として有名である。

私がしきりに足跡を記したパキスタン北西辺境にも早くから現われたパイオニーアの一人なので、このユニークなヒマラヤのワンダラーの生涯の軌跡を、ここで振り返ってみたい。何しろ、一九五四年秋、未踏の八〇〇〇m峰チョー・オユーに少人数で果敢に挑み、初登頂者としての栄光に輝く人物なのである。

ボンベイを目指す

一九三三年、若い地質学徒であったティッヒーは、排気量二五〇ccのオートバイにまたがり、僚友マックス・ライシュと故郷ウィーンを出発し、長駆してインドのボンベイ（現・ムンバイ）を目指した。

オートバイにまたがりM. ライシュ（運転席）と出発
〈Tichy 1937〉

『天国・地獄・ヒマラヤ』というユニークな本を書いたレッヒエンペルクによれば「のっぽで少々のろま」と評されているが、同行したマックスによれば「ティッヒーは、同行者として最も理想的な男であった」と『アジアの隊商の道』（一九七九年刊、本邦未訳）で回想している。

次いでだが、このマックスの本は大型のすばらしい写真集で、五十年前に二人が走行したルートを再度、自動車で辿り、かつてと同じ地点で撮影した沢山の写真を並置した興味深いものだ。

その本の中で、マックスは彼らのオリエント走行は一九三一年のシトロエン探検隊のシルクロード走行（特殊自動車による）に刺激されたものと語っているのが、注目される。その時に使用したティッヒーらのオートバイのイラストがあるので、ここに揚げておこう。

さて、この大走行はティッヒーとヒマラヤを結び付ける点で重要な契機を作った。シムラの丘陵から、彼は北に立ち並ぶヒマラヤの大観に接する。このことが新しい夢を彼に与えることになったのだ。その後の五十年に及ぶ東洋とのかかわりは、まさにこの瞬間に始まった。彼にとっては天の与えた啓示といってもよい。

ウィーンに戻ったティッヒーは、地質学の博士論文のテーマをヒマラヤにすえ、それを仕上げるために一九三五年再びインド亜大陸に現われた。インドで越年した彼は、翌三六年四月に密かにチベットに入った。そして中部ヒマラヤ

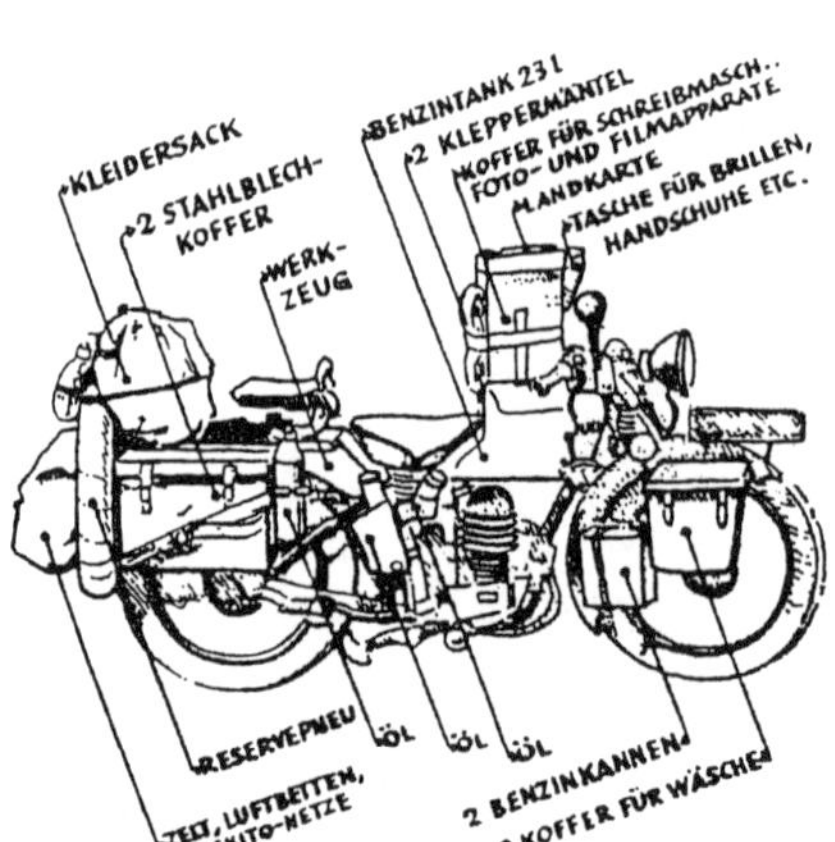

の北にあるグルラ・マンダータ（七七二八m、中国では現在、ナムナニと呼ぶ）の登山を試み、ほとんど単身で七〇〇〇mラインを越えている。

奇しくもその五十年後、私が北京に滞在中に、中国各地ではナムナニ峰の日中友好登山の話題で持ちきりだった。ナムナニの記念切手も発行されていた。私たちも世話になった中国登山協会のスタッフは、この友好登山の準備とその後の世話で忙殺されていた。登山が個人レベルの楽しみという段階をはるかに越えたところで、国家的事業に変貌してしまったという感が深かった。しかし、その時にナムナニ峰を話題とした人々のうち、この山とティッヒーの名を結び付けて考えた人は果たして何人いただろうか。

オリエンタリズム志向

ティッヒーのオリエンタリズム志向について、私はここで一つの仮説を提出しよう。それは当時のオーストリアが置かれていた社会的、文化的背景である。ティッヒーの故郷ウィーンは世紀末文化の花開いた都であった。

絢爛たる色彩の絵画で、今日再評価の高いクリムトには、浮世絵をはじめとして東洋の影響が濃厚であり、同じ系列のエゴン・シーレはあれほど絶望に引き裂かれた作品を制作したにもかかわらず、死ぬまでボヘミアの森を愛し続けていたという。

また、オーストリアの小説家として、これまた再評価されているシュティッフターにしてもボヘミアの自然を抜きにしては論ぜられない。「大自然」は世紀末の芸術家たちの慰藉の場でもあったのだ。

さらに世紀末に出現したおびただしい数の個性的な、独墺派の登山家たちの存在——彼らそれぞれが独自の哲学を持っていた。

例えば以前に千坂正郎が論じたウィーンの生んだユニークな登山家ギド・ランマー（一八六二〜一九四五年）や天才的な単独登攀者ウインクラー（十九歳で遭難死）にしても、世紀末の思潮の中で己れの登山を開花させたのである。

このような社会的、文化的背景の中に育った生粋のウィーン子であるティッヒーが、東洋の「神秘の国々」にユートピアを求め、巨大なヒマラヤの谷々をさすらい、そこに孤独な心を慰藉しようとしても不思議ではない。特に彼の生きた青年期は、ナチズムによってその祖国は勿論、ヨーロッパ中が蹂躙《じゅうりん》された時代なのである。

試みに一九三〇年代のP・バウワー率いるドイツのナンガ・パルバット隊の記録写真を見てみよう。彼らがハーケン・クロイツ（鉤十字）の旗を掲げている写真が随所に見られる。はしなくも、そこに大戦前夜の時代の姿が投影されているのだ。

こうした時世の中で、自由を愛し動乱前夜のヨーロッパから遠く離れた辺境の地で、漂泊の旅に身をゆだねようとする孤独な魂があっても、何の不思議もない。私の提出した仮説が、まんざら見当はずれと言い切れぬ所以である。

漂泊の軌跡

チベットからインドへ戻ったティッヒーは、その後アッサム、ビルマ、アフガニスタンなどを広範に歩き、アジア体験を我がものとした。ここまでの旅は彼の初期の代表作である“Zum heiligsten Berg der Welt”（'37, Wien・邦訳『神々の座』村上哲夫訳、鎌倉書房、一九四四年刊）と題して刊行された。彼の最も尊敬する探検家S・ヘディンが好意あふれる序文を寄せた出世作である。

故国へ帰ったティッヒーは、首尾よく博士号を得た。しかし、心はもはや象牙の塔での研究生活とは無縁のものとなっていた。例のレッヒェンペルクによれば「これらすべては、単に一種の休息であり、一種の中継駅にすぎなかった。……（彼は）旅人となり、休みなき放浪者となっていた」のだ。

かくして、彼は旅そのものを己れの棲み家とするようになる。生計は各種の新聞、雑誌へ記事や写真を寄稿することで立てた。ジャーナリストには違いないが、現在のルポ・ライターと言った方が、実情に近かったことだろう。

一九四一年から四八年にかけて、ティッヒーは東アジア一帯を彷徨した。日本や満州にも足跡を残したが、最大の目標はシナ本土、それも東チベットなどのチベット仏教文化圏であった。

その行動の敏速さで、彼は中国人たちから「比馬快一点児《ビマクワイイテェンル》」（馬より早い男）という異名を奉られたのも、この時期のことである。

第二次大戦中の混乱期、彼がなぜ兵役を免れ得たのか定かではないが、ともかくエアー・ポケットのような状態になっていた東チベットあたりをうろついていたのだ。その頃の旅行記“Weisse Wolken über gelber Erde”（'48, Wien）にも、いつどこを歩いていたのか、はっきりとした日付や時間などは記されていない。

もともと彼の人生の大半は、エアー・ポケットになっているような場と共棲していたようなものだった。その中では、もはや日付や時刻など全く問題とはならない。中央アジアの旅のベテランであるR・ションバーグが「アジアに於ては、〝時〟というものは意味を持たない」という名文句を吐いているのが想起される。

西ネパールを横断

何百年もの長い鎖国を解いて間もないネパールへ、ティッヒーが現われたのは一九五三年。エヴェレストなどヒマラヤのジャイアント・ピークが次々と初登されはじめた年だ。そんな中で、ほとんど登山隊が入っていない西ネパールを敢えて横断しようと考えついた点が、いかにもティッヒーらしい。

サーブ（主人）一人にシェルパ四人。現地食主体という、このミニ登山隊は約四か月もかかって、六〇〇kmにわたる西ネパール横断の旅に成功した。しかも、ムスタンではドン・マル（六四〇〇m）、パトラシ・ヒマールではド・タン・チュリ（六一〇〇m）などいくつかの初登も果たした。

この長旅はサーブとシェルパのインチメートな関係が、みごとに融け合った稀な例を示し、その中から翌年の画期的なチョー・オユー行のプランが生まれた。

ネパールの自然と人間にすっかり融け込んで、法悦境にひたり切ったこの旅の記録“Land der Namenlosen Berge”（'54, Wien・邦訳『無名峰の聳える国』あかね書房、一九六八年刊）は約二十冊に及ぶ彼の著作でも、最高傑作といえよう。その本文の末尾は、こんな風に結ばれている。

「先きを進んでいたシェルパたちに追いついたとき、パサンが言った。『明日はカリ川を渡る最後の橋です。明日はインドです』。アジバが言った。『素敵な旅でした』。私はうなずいた。それが素敵な旅だという言葉だけではとうてい言い表わせないものを持っていたことも、もちろん私は知っていた」（福田宏年訳）。

仲間たちとこういう別れ方のできる旅人（登山家）は、実際は少ないものである。ティッヒーならずとも、何度も辺境へ出かける者にはそれぞれの山域や谷筋に気心の知れたバブーたち、そまつな材料の中から気のきいた料理を作るカーナ・ワッサーや、四〇kgの荷物を物ともせず氷河を歩いてくれるポーターたちが待っていてくれればこそ可能なことなのだ。

私はひとりぼっち

記録というものを度外視したティッヒーが唯一「記録」に執着した例がある。それが一九五四年のチョー・オユー登山だった。細かいことは略すが、この弱小登山隊が、八〇〇〇ｍの高峰の厳しさの前に、ほとんど瓦解寸前まで追いつめられたときに、遠くナムチェまで補給に下っていたパサンの超人的な奮闘によりティッヒーは助けられ、ついに初登の栄光を手中にする。

深田久弥さんはその場面を次のように美しく描写した。

「……真青なチベットの空は大きく開けて行った。わずか背中を押すほどの風があった。午後三時ついに頂上に立った。……ティッヒーの眼には涙が浮かんだ。パサンは彼を抱いた。その眼にもまた涙があった。僚友ヨヒラーは母から貰って来た小さな十字架を雪の中に置いた」

（『ヒマラヤの高峰』）

我が国で早くからティッヒーの本質を見抜き、その最も良き理解者だったのは諏訪多栄蔵さんであろう。前述の『無名峰の聳える国』に諏訪多さんは、すばらしい解説を執筆した。その一節を引き、わが「ティッヒー頌」の結びとしよう。

「ティッヒーのような心をもって、ワンダラーとなり、見知らぬ土地を旅する者が常に心に持っていなければならないものは、ナイーブさと孤独さなのではなかろうか。ティッヒーが《Ich war allein》（私はひとりぼっち

『チョー・オユー』の表紙

であった）というように……」。
孤独を恐れずにナイーブな心を保つ。これこそ、われわれの旅、いや日常のさまざまの活動のさなかで常に立ち帰るべき原点なのではないだろうか。
〈歌誌「原石」一九九九年八〜九月号所収〉

ハロルド・W・ティルマン

小遠征隊論者

現代を代表する探検的登山家としてのティルマンの声望はすでに定まったものと見てよいだろう。彼の長い間の僚友シプトンに対して、W・ヤングは「当代最高の探検家であり、平凡な勤めにつかず、開拓者としての生活を選んだ」（E・シプトン著『わが半生の山々』の序文）と語っているが、これは、そっくり、ティルマンにも当てはまる言葉である。

ティルマンはシプトンとともに〈ヒマラヤ小遠征隊論〉の主唱者として知られている。しかも、大遠征方式の確立していたイギリスのエヴェレスト登山に、小遠征隊方式を採用して立派な成果をあげたのも、この二人である。

毎年、おどろくべき数の日本人が、海外の山へ出かけて行く。近年、ようやく海外登山も地に足が着いたかに見える一方、地方岳連や大学という組織の中

H. W. ティルマン
〈諏訪多栄蔵画〉

で、事大主義が幅をきかしている傾向も多くなっている。ティルマンやシプトンの独創性に学ぶときがきているのではなかろうか。

世界の山に足跡を残す

世界の山をまたにかけた感のある、イタリアの登山家ピエロ・ギリオーネのなき現在、ティルマンとシプトンほど、広い足跡を世界の山々に残している者はいない。とくに中央アジア、ヒマラヤ一帯で示した彼らの登山活動は素晴らしい。

ティルマンは一八九八年、英国に生まれ、若き日を軍人（陸軍）としてスタートした。第一次世界大戦に従軍（砲兵隊に勤務）の後、一九一九年からアフリカのケニヤに植民し、コーヒーの栽培をしていた。おもしろいことに、彼の生涯のパートナーとなったシプトンも、そのころケニヤで農園経営を行なっていたのである。二人の出会いはこのアフリカ在住時代にはじまる。一九三〇年がその記念すべき年であった。

アフリカでの最初の登山はキリマンジャロ（五八九五ｍ）であった。シプトンと最初の二人旅だった。シプトンによれば、ティルマンはその当時たいした登山はしていなかったという。シプトンはすでにアルプスの経験もあり、アフリカへ来てから、ケニヤ山塊のネリオン（五一八八ｍ）初登頂に成功している。そのせいか、一九三〇年のケニヤ山塊やキリマンジャロ、一九三二年のルウェンゾリなどの登山ではシプトンがたいていリードしていたようだ。ティルマンの方が九歳年長なのだが。

ティルマン自身はあまり、自己を回想したがらない人のようで、完全な回想記はまだ書いていない。しかし、シプトンの回想記（邦訳『わが半生の山々』吉沢一郎訳、あかね書房、一九六七年刊）には、たびたびティルマンについて、ヴィヴィドな描写が点綴されていて、興味深い。彼はティルマンの人となりを次のように語っている。

「ティルマンほど、肉体的にも気質的にも山登りに適している人間に会ったことがない」。

「寡黙だが、いったん口を開くと、必ず傾聴に値することをいう」。

「ユーモアのセンスがある」云々。

アフリカの山で登山技術を

多くの人がティルマンのへそ曲がりぶりや意固地な点、文明ぎらいなどを指摘しているが、その性格は生来のものだったらしく、アフリカ時代を回想して、僚友シプトンはかく語っている。

「彼に初めて会ったときに、彼は隠遁的な生活をやっていたのだが、わたし流に考えると、小説を読んだり、映画をみたり、あるいは社交といったような、人間的な柔らかい楽しみといった面に対し、あまりに反感をもち過ぎているように思う。二人が争いになったのは、たいがい、これらのことに関連した意見の食い違いがもとになっていたと思う」（吉沢一郎訳『わが半生の山々』）と。

アフリカの山で登山技術や、探検術をみがいたのは、ティルマンにとって幸せなことであった。他のイギリスの登山家たちがとっていたオーソドックスな方法、つまり、アルプスで登山の階梯を一歩一歩体得していくより、アフリカでの経験は、後のヒマラヤ登山へ直結できる要素が多かったはずだ。たとえば、キャラバンの方法、ポーターの禦し方、未知のルートに対する判断力、高度への順化等々において。

この時代の、いかにも彼らしい挿話を一つ紹介しよう。登山中に色々の〈物をなくす〉癖がもうこのころからはじまっている。ケニヤ山での手強い登山中、スリップしてピッケルを失ったり、ルウエンゾリ山群では、岩場を下降中、時計やカメラまでなくしてしまった。スリップして命までなくしかけたとき、正気にかえった彼は、持ち前のユーモアを発揮している。

いわく、「舞台で、女主役が失神から回復すると、いつもこう喘ぐのだ。〝わたしはどこにいるのでしょう〟とね。そして、もう一度もうろう状態に逆戻りし、彼女の愛人の腕に倒れかかるのである」（吉沢一郎訳『赤道の雪』）。

ヒマラヤに登場

アフリカでの修業時代を終えて、ティルマンは、ヒマラヤ登山史上に初めて登場してくる。彼はシプトンとともに一九三四年、ガルワルのナンダ・デヴィ（七八一七ｍ）内院を目指した。

彼は故国へ帰るため、カカメガから、自転車でアフリカを横断、西海岸へ出て貨物船に乗った。インドへ行くときも、この手を使い、ヨーロッパから自転車でインドまで突っ走ろうと思いついたが、これは結局断念、貨物船に乗った。

彼らは最少の費用と、装備——しかし、必要なものは皆そろっていた——で約半年もヒマラヤで楽しく暮らし、見事、ナンダ・デヴィの内院にも達した。彼らの唱えた〈小エクスペディション〉論が実践されたのである。

この遠征では、通過不能といわれていたリシ峡谷を突破して、美しい無人のアルプ、ナンダ・デヴィ内院に入り、六一〇〇ｍ以上のコル三つと六四〇〇ｍの一峰に登るという成果をあげた。しかし、ティルマン個人にとっては、高度順化がなかなかうまくいかないという弱点が指摘された。同行のシプトンも「彼は高所ではなかなか順化できず、その上限は六一〇〇ｍ～六四〇〇ｍぐらいのように思えた。もちろん、それ以上のところへ何度も登ったことがあったが、彼はそのたびにぐあいが悪くなっていた」と評している。翌一九三五年、ティルマンは第五次エヴェレスト登山隊（隊長はシプトン）に参加したが、またしても高度順化の不調で苦しんだ。このため、翌年の第六次隊には参加できなかった。

この第五次隊はエヴェレストの偵察が主な任務だったのだが、傍ら周辺の六七〇〇m以上の山、二六座に登り、ティルマンもそのうち一七座以上に登頂したほどの稼ぎようだった。高度順化の能力は七〇〇〇mを越えるまでには至っていなかったようだ。

一九三六年は彼の生涯でももっとも輝かしい年だ。二年前に試登したナンダ・デヴィの初登頂にオデルとともに首尾良く成功したのだ。同行のシェルパたちがほとんど全員病気になり、サーブらが全部自分たちで荷揚げを行なう苦労もあったが、八月二十九日に当時、人間が立ち得た最高のピーク（七八一七m）に足跡を印した。この記録は長い間やぶられず、一九五〇年にアンナプルナ（八〇七八m）にフランス隊が登頂するまで続いた。このとき、ティルマンは高度順化がうまくいったが、強い意志の力によるものといわれている。彼はその年、三十八歳、登山家としてはもっとも円熟したときでもあったろう。

地図の空白部を埋める

翌年（一九三七年）彼とシプトンの眼はさらに広いフィールド、カラコルムに向けられた。「地図の空白部」を埋める旅である。目的は三つ。①ズーク・

シャクスガム川の流路の調査　②K２の北にある氷河群の地形学上の解明　③アギール山脈の区域の解明であった。

六か月近い探検行で、彼らはヒマラヤで経験ずみの軽装主義を採用、ほぼその目的を達成した。シプトンの重要な著書『地図の空白部』（一九三八年刊・邦訳—諏訪多栄蔵）にこの旅が詳しく描かれている。ティルマンはその中で「伝説」という一章を記しているだけである。この旅で、高い山に足跡を残さなかった理由は、次のシプトンの言葉に言いつくされている。

「地図の上では、まだ空白部である広大なヒマラヤの多くでは、第一番目の特典とは、登ることよりも探査することにある。二〇年たって、ヒマラヤがわかったとき、それから峯々に登って山々を楽しむだろう」

（諏訪多栄蔵訳）

一九三八年、ティルマンは第七次エヴェレスト隊のリーダーに選ばれた。前年のカラコルム行とは逆に今度はシプトンがその補佐をつとめる番だった。「形影相伴う」といった言葉にぴったりするコンビぶりである。完成されたヒマラヤニストとしては、この二人にまさるパートナーシップの発揮は存在しないのではあるまいか。多くの場合、半年近い月日が一度の探検登山で費やされているが、シプトンと行をともにした前後九回ほどの探検登山行のうち、六回は一九三〇年代に行なわれ、しかも、大半は後続者に多くの示唆を与えたパイオニア・ワークであった。

秘峰スカムリ（『地図の空白部』から）〈E. Shipton 1938〉

ヒマラヤニストとして

一九三九年に、知られざるアッサム・ヒマラヤを探検。その後世界中が第二次世界大戦の渦中に巻き込まれ、彼も少佐として従軍。中近東からアルバニアなどでゲリラ戦を指揮した。

戦争後、一九四七年に当時、カシュガル総領事だったシプトンとトルキスタンのムスターグ・アタ（七五四六m）に登り、ほとんど頂上付近に達した。このとき、シプトンの方は新妻を同行したが、彼はいぜん気ままな独身者だった。ティルマンは一九三〇年から一九五〇年まで、戦争中をのぞき、毎年、探検の旅に出かけている。これでは結婚する暇もなかったろう。もっとも彼は生温い家庭生活などというものに安住できるような人ではなかったようだ。

ティルマンは一九四九—五〇年にネパールに行った。ランタン谷、ジュガール・ヒマール、アンナプルナ、マナスルなど日本人にもなじみ深い土地を踏査した。ランタン谷へ行ったときは地図を作る羽目になり、トランシットを持ち歩いたが、機械ぎらいの彼にはたいした地図はできなかった。戦前のカラコルム行のときも、ある日、トランシットを谷底へ落としかけ、「しめた」と思ったらしいが、岩棚にその代物が無事なのを見てがっかりしていたと同行のシプトンがスッパ抜いている。

周知の如く、日本人のヒマラヤ熱は世界に冠たるものがある。しかし、この国では、一人のティルマン、一人のティッヒーに比肩し得る真の意味での〈ヒマラヤニスト〉は育っていないのではないか。個人としてヒマラヤに本当に取り組んでいる人があまりに少ないのが現状ではあるまいか。もっとも、美酒が熟成するにときを要するように、日本のヒマラヤニストの豊かな創造力も醗酵するときを待っているのかも知れぬが。

ヒマラヤから姿を消す

一九五〇年のエヴェレスト南面の踏査を最後にヒマラヤから姿を消したティルマンは、一九五五年から、最近に至るまで、毎年のように、パタゴニアやグリーンランドの無人の氷雪の山と極洋に近い海のさすらいに、楽しみを見出した。おそらく、ヒマラヤが急に人くさくなったためであろう。彼はミスチーフ（いたずら）号と呼ぶ小機帆船をあやつり、その気軽な海洋のさすらいを、五冊の著書に書き残した。

ごく最近、ティルマンはミスチーフ号を手放したという。日本流にいえば古稀を過ぎた彼がふたたびヒマラヤへかえることはあるまい。エヴェレストにおける酸素補給器無用論に見られる一種の人間主義。通俗を排する痛烈な言辞。苛酷な自然を誰よりも知っているに違いない逞しい風貌の野人。ヒマラヤ登山史に独自の位置を占める豊かな個性が、今、われわれの視野を去ろうとしている。

〔一九七〇年十二月、「岳人」二八二号所収〕

〔追記〕

ヒマラヤを去ってから、ティルマンは「ミスチーフ（いたずら）号」という小機帆船を手に入れ、大西洋や南北極圏の海を航行することに楽しみを見出した。島でもあれば、そこで小登山を試みたりして、自由な人生を謳歌した。

一九八〇年にJ・アンダーソンによるティルマンの評伝が出た。

J. R. L. Anderson : High Mountains & Cold Seas. Victor Gollancz, London. 1980.（邦訳『高い山はるかな海――探検家ティルマンの生涯』水野勉訳、山と溪谷社、一九八二年刊）

右の本によれば、ティルマンの愛用したミスチーフ号は、船体の全長約十四mのタグ・ボートで、この船による航海記を彼は五冊も出版した。しかし、一九六八年に、この船は北極海のジャン・マイエン島で難破、沈没した。

その後、ティルマンはいくつかの四十トンクラスの船に乗ったが、最後は一九七七年、アナヴァン号に乗り、フォークランド諸島を目指し、十一月一日に南米のリオ・デ・ジャネイロを出港。その後、消息を絶った。この時、ティルマンは七十九歳。あと数か月で満八十歳の誕生日を迎えるところであった。

〔二〇〇八年八月〕

氷海のミスチーフ号〈J. Anderson 1980〉

レジナルド・F・ションバーグ

生涯、ヒマラヤのピークには立たず

＊レジナルド・ションバーグをヒマラヤニストと呼ぶ時、人はあるいは奇異な感じを抱くかもしれない。ションバーグはたしかに、その長い探検歴の中で天山やカラコルムの高い峠はいくつも越えてはいるが、ただの一度もヒマラヤの高峰に立ったことはなかった。彼は地味な存在でありヒマラヤのピーク・ハンター達のようにその業績が華々しい脚光を浴びたこともない。しかし、彼が北部カラコルムで行なった〈地図の空白部〉を埋めた探検一つを取って見ても、カラコルム探検史上にユニークな地位を占めるものだと思う。ションバーグは、中央アジア（トルキスタン）やカラコルムを中心に何度も長い探検に出かけたが、それらはいずれもパイオニアとしての探検であった。

ションバーグはインド駐在のイギリス陸軍の武官で、その著書には「大佐」という肩書きがついている。彼が亡くなったという話も聞いていないので、健在だとすれば相当な老齢だと思われる。今日に到るまで、数々の彼のパイオニア・ワークはその業績にふさわしい評価を与えられていない。例えば、ヒマラ

＊一三九〜一七六ページ参照。

ヤ研究の権威ケネス・メイスンの『ヒマラヤ——その探検と登山の歴史』（望月達夫訳、白水社、一九五七年刊）にも、カラコルム探検史に多くのページをさいているにもかかわらず、ことションバーグについては一行の記述もなく、黙殺されている。ションバーグがこのように冷遇されている理由として、彼の立場が軍事目的や諜報活動にあったからだといわれている。彼の著書にはその土地の自然や住民の写真は何枚も挿入されているが、彼自身のポートレイトが一枚もないのは、そうした立場を反映しているのだろうか。彼のとった行動が別に非合法というわけでもないのに、ケネス・メイスンや、マルセル・クルツのようなヒマラヤ研究家はなぜ、正当な評価をしていないのだろうか。*

＊この問題については、一四二ページおよび一七六ページの「追記」を参照。

天山山脈を縦横に跋渉

彼の活動時期とその舞台は㈠トルキスタン（一九二七〜一九三一年）、㈡北部カラコルムと東部ヒンドゥ・クシュ（一九三二〜一九三五年）、㈢一九三四年以降のカラコルム探検の三つに大別できる。

ここでしばらくその足跡を追ってみよう。ションバーグが初めて中央アジア探検史上に登場してくるのは一九二七年のことである。彼はまずギルギットからカシュガールへ入った。ここにはイギリスの総領事館がある。彼の目的地は新疆省の首都ウルムチとその周辺の地域の踏査である。天山南道をたどれば、ウルムチまでの行程は約一三〇〇㎞である。カシュガールを十月に出発、ソ連との国境に近い美しい町ウチ・トルファン（温宿）を通り、天山山脈中の最も高い、雪峰の連なりを見ながらアクス（阿克蘇）を経て、大谷探検隊の仏教遺跡発掘で有名なクチャ（庫車）に向かった。ここで彼は新しい年を迎えたのである。そして、冬の酷寒のさなか、旅をつづけ、一九二八年二月中旬にウルムチへ到着した。彼はウルムチに滞在することで満足せず、その月末には次の目的地ハミ（哈密）へ出発した。このオアシスはトルキスタンへの東方の「門」といわれる重要な町で、住民のほとんどはウイグル人の回教徒である。ションバーグは三月十七日、暖かい春の日に到着。それまでの苦しい旅のつかれをいやした。ハミからは北のバラクルの山地を探り、四月になって再びウルムチへ戻った。

その後、彼は再び北方に向かい、ジュンガリア草原を越えて、アルタイ山脈の南をさぐり、さらにソ連との国境の町チュグチャクへ抜け、その足で国境沿いに南下、七月二十二日にクルジャ（イリ）に着いた。例の日野少佐の『伊犁《イリ》*紀行』の舞台となった町である。そこから東進して、三たびウルムチへ戻ったのは九月半ばのことであった。その後も彼は倦むこともなく天山を東西、南北とそれこそ縦横に跋渉し、初めの発足地カシュガールへ一九二九年九月に帰着した。その間、四度目にウルムチに戻った時、大探検家*S・ヘディンの組織した《西北中国科学考査団》のメンバー達と会って交歓している。

＊「伊犁紀行」は参謀本部から新疆省視察の密命を受けた日野強《つとむ》少佐がシナ・トルキスタン踏査から帰国後、出版した旅行記。

＊一一ページ参照。

未知のカラコルムを探検

ションバーグが二度目にトルキスタン入りをしたのは一九三〇年十月のことで、この時は、ラダクからカラコルム峠を越えたのである。そして、翌年の十月まで、ちょうど一年間を西域南道に沿う旅や、天山への四度目の旅に過ごした。以上のトルキスタンの旅は彼の初めての著書『中央アジアの山々と平原』*（一九三三年、ロンドン刊）に詳しく述べられている。ションバーグがトルキスタンを歩いた頃は伝統的なキャラバンの旅だったが、その後、一九三二年のシトロエン隊や一九三四年のヘディン、続いて一九三五年のE・タイクマンの行なった旅は主に自動車を利用したものに変わった。その頃から新疆一帯は、戦乱の地になる。ヘディンの愛読者なら、馬仲英の率いる反乱軍と中国政府軍との攻防をよくご存知と思う。

一九三二年からションバーグは北部カラコルムや東部ヒンドゥ・クシュへの精力的な踏査活動を開始した。一九三五年までそれはほとんど途切れることなく続けられた。多くの場合、彼はわずかのポーターを従えただけの身軽さで探検に出かけている。彼の行なった探検のうちで最も輝かしい業績は、一九三四年の二度にわたる北部カラコルム行だが、それをまとめた主著『未知のカラコルム』（一九三六年、ロンドン刊、邦訳――志摩碌郎）には、民族学的、地理学的、さらに言語学的に豊富で正確な観察が行なわれ、類書の少ない貴重な文献となっている。ことにカラコルムの地名学を志す者にとって、必読の書である。この

＊邦訳『中央アジア騎馬行』雁部貞夫訳、白水社、一九七六年刊。

一九三四年の探検目的は、その当時、明確にされていなかったカラコルム北辺の地、ムスターグ川地域（ケネス・メイスンはムスターグ＝氷の山という名称を河に用いるのはおかしいといっている）、つまりシャクスガム渓谷を解明することだった。

『未知のカラコルム』の序文からションバーグの自信に満ちた言葉を引用してみよう。

「私は本書にあえて〈未知のカラコルム〉の名を付した。私の訪ねた少数の場処では、ただグロムチェフスキーまたはヤングハズバンドのみが先行者であった。ラスカム渓谷の一部では私の前に行ったのはディージー大尉であった。大部分の地域はたしかに未だかつてヨーロッパ人の訪れたことのないところであり、ある場処の如きは、おそらく土民すら訪れなかった地であった。……私はあえて、私の旅行はこの広大且つ困難な地方の問題中のあるものを説明し得た、と叫ぶことができる」（志摩碌郎訳）

一九三四年四月末、彼はスリナガルからギルギットへ向かった。ギルギットはカラコルムへの西の入り口である。その探検のはじめのところで、彼はこんなことも語っている。

「……篠つく雨をついて出発しなければならなかったが、滞留はできないのだった。私の後方には、巨費を費やしながら成果の少ないかの外国の大探検隊の一つがひかえていたからである。その隊員の荷物を運ぶには六百人の苦力が必要で、もし探検隊の後から進めば、虐待されるに違いないと知っていた」

と。彼の探検に対する考え方や自信がよくうかがわれるではないか。

五月下旬、彼はフンザからその谷を溯り、六月一日カールーン峠（四八七三m）をムルフーン谷から上り、南の急斜面をシムシャール川へ下った。そして、その川を東に溯り、六月十日には、当時の英領インドと中央アジアの分水界のシムシャール峠（四七三五m）を越え、東側のブラルド川に下った。最初の計画では、彼のいう「ムスターグ川」を溯行し、遠くサルポラゴ氷河に出るつもりだったが、食糧の補給の失敗と増水で渡河がうまくいかず、計画を変更して、これも未知の「ムスターグ川」の下流南オプラン川を溯行し、オプラン峠を越え、北のフンジェラーブ峠（五三九六m）から西側のフンジェラーブ渓谷を下った。六月の末だった。

彼はこの辺りのパミール的光景にいささか失望の色を示してこう語っている。

「パミールを構成する山々は、カラコルムでは慣れてしまう位の偉容と気品とに欠けているというのは真実である。オプラン河は美しい谷だが、その水源地にあるまがいものの雪のピークは、これにふさわしからぬ終点である。……眺望は失望的で、無味乾燥で救い難いものであった。どこを見ても、わびしい谷ばかりであった」（志摩碌郎訳）

フンジェラーブ川からフンザの西部渓谷へ出て第一回目のカラコルム探検を終えたションバーグは、フンザの谷でしばらく休養したのち、再びシャクスガム渓谷を目指した。八月五日にフンザ本谷のギルチャを出発、この度はグジェラーブ峠（ジェラーブは渓谷の意）に新しいコースを取り、前回のシムシャール川へ下り、シャクスガム川へ出て、さらに東のラスカム川を探った。帰途は再びシムシャール峠を越え、シムシャール川から、フンザの谷へ出て、彼にとっては二度目のカラコルム探検が終わった。もう冬が近づいていた。

この探検は二度とも、彼の意図した目的には充分ではなかったようだが、彼の著書からわれわれは実に多くのものを学び取ることができる。訳書では省略されたが巻末のトルコ語、ワーフ語、パルティ語などを使いこなした地名の解説や、地図（シャクスガムを中心としたディグリ・マップ）も貴重な資料である。原典の地図は多色刷りで詳細なものである。

シャクスガム渓谷を探ろうとした多くの探検家の中で、特に一九二五年のフィッサー隊と一九三七年のシプトン隊（『地図の空白部』—諏訪多栄蔵訳参照）の記録が注目されるが、その間にションバーグを置くとき、彼のユニークな存在が改めて認識される。その後、ションバーグは初志を貫徹し、一九四五年、未踏査だったブラルド川合流点からサルボ・ラゴ氷河までのシャクスガムを踏査し、さらに長駆して、カラコルムの三大氷河を一度に全部トレースするという快挙をやってのけた。

冷静に対象を観察

ションバーグには前に挙げた二つの著書の他に、『オクサスとインダスの間』（一九三五年・ロンドン刊、邦訳・広島三朗）と『異教徒と氷河』（一九三八年・ロンドン刊、邦訳・雁部貞夫）の二つの著書がある。前者はヤシン・フンザ地区、後者はチトラールの歴史、風俗、自然を知る上に不可欠の書である。一九五六年の京都大学の奥ヒンドゥ・クシュ探検隊の記録『知られざるヒマラヤ』（本多勝一著）にションバーグの書が引用されているのを覚えている人も多いだろう。

筆者は、ションバーグを考える時、対照的な人物として孤独なワンダラーであったティッヒーを思う。ティッヒーの文章は常に若々しくナイーブな心情を発露させて文学的ですらある。ションバーグはそれに対して、もっと意志的である。常に孤独な旅であったのに、感傷におぼれることなく、冷静に対象を観察している。こういうところに、二人の国民性の相違が表れていはしまいか。

〔一九六九年九月、「岳人」二六六号所収〕

〔追記〕　ションバーグは一九四五年のカラコルム行ののち、探検史上から姿を消すが、六十七歳の老齢になってから、ローマで正式の牧師となった。熱心なローマン・カトリック教徒であったという。その後オックスフォードのセント・ヨセフ療養院の専属牧師として過ごし、一九五八年に死去。享年七十八歳であった。

〔二〇〇八年八月〕

トーマス・H・ホルディック

測量が生涯の仕事

トーマス・ハンガーフォード・ホルディックは、旧英領インドの北西辺境地区〈N・W・F〉についての権威であった。

十九世紀後半、パミールから〈N・W・F〉一帯は南進するロシアと、北へ向かおうとする英国の二大勢力の角逐する場となっていた。政治的に不安定で紛争が絶えなかった。この地域一帯の国境線が今日の形をとるようになったのは、数次にわたる国境画定委員会で測量を担当したホルディックの力によるところが大きいのである。

ホルディックは、いわゆる登山家ではなかった。測量という地味で根気のいる仕事を生涯の業として終始した人である。アルピニズム論議のやかましい日本の「登山家」のなかには、いまさら測量だの、民族学だのを登山にからめて議論するのはアナクロニズムだ、という人も多い。しかし、ことヒマラヤに関するかぎり、その地域の歴史や民族、社会、自然などについて無知だったとしたら、貧弱な「山登り」以外、なにももたらされるものはない。

ホルディックとは縁の深い〈N・W・F〉の――とくにヒンドゥ・クシュの

ホルディック〈諏訪多栄蔵画〉

中心地ともいえるチトラール地方の——実状を日本人がつぶさに知るようになったのは、ほんの、この二、三年来のことである。ホルディックが〈N・W・F〉の調査測量を手がけてから約一世紀を経過した今日、この先駆者の足跡をふり返ってみることも必要なのではあるまいか。

インド測量局へ

一八六二年（十九歳）、英国工兵隊勤務に任ぜられたホルディックは、その三年後、早くもインドへ赴任、直ちにインド測量局に配属された。彼とインドの長い付き合いはこのときにはじまる。一八六五年の冬、ブータン遠征の際、野戦部隊の測量助士として従軍。一八六七年のアビシニア戦争のとき、測量士官の一人に選抜された。

一八七八年十二月、賜暇で帰国していたが、南アフガン野戦隊参加のために呼び戻され、以後二十年にわたって辺境での仕事に従事した。第二次アフガン戦争がはじまったとき、イギリス側の、部族地区に関する知識は不充分であり、拡大した地図も作られていなかった。戦争は測量官たちにアフガンを測量する最初の機会を与えた。インド測量局から派遣された士官たちはすべての部隊に配属され、インドからアフガンの心臓部に達する三角測量網に基づく正しい測量が行なわれた。ホルディックはカンダハル部隊に配属され、カンダハル（アフガン南東部）とその周辺の地図を作った。このとき、彼の部隊は、ボーラン峠

出陣するカラッシュの戦士
〈T. Holdich 1900年〉

の苦しい行軍で数千頭のラクダを失ったという。その後、和平交渉が行なわれ、しばらくの間、インドへ戻っていたが、一八七九年の秋、キャバナリ使節団の交渉も決裂状態となり、戦争が再開した。ホルディックは、アフガン国境近くのカイバル部隊に加わった。このときの仲間にウッドソープ（のちに、一八八六年のロックハート使節団に加わり、オクサス川水源地帯を踏査した）がいた。アフガン軍の攻撃は熾烈を極め、戦闘のはじめの段階で、主な測量官たちはほとんど戦傷を負い、動きがとれなかったが、戦争の進展とともに測量と偵察はカブールからすべての方向へ拡げられた。ホルディックは主としてパグマン山脈（カブールの北に当たる）の北側で働いていたが、シェルプール攻囲戦で仕事は中断された。ついで、ロバート将軍（『インドにおける四十一年』―一八九七年・ロンドン刊の著者）の有名なカンダハル行軍にも従った。彼は二度のアフガン戦役の功により一八八一年、少佐に昇進した。

アフガンとの戦争はすぐ、国境に近いワジリスタン山地（インダス中流の西）の紛争となり、ホルディックは測量官として、軍と行動をともにして、測量のため、ワジリスタン山地のいくつかのピークへ登っている。恐らく、ヨーロッパ人によってこの辺りの山が登られたのは、これが初めてのことだったろう。ワジリスタンやバルチスタンには、そんなに高い山はないが、スレイマン山脈中には、いくつかの亜ヒマラヤ的な山も見出される。この付近は、現在、パキスタンでももっとも好戦的といわれる部族居住区《トライバル・テリトリー》であり、詳しいことは知られていない。

一八八三年、ホルディックは軍の遠征に同行し、バルチスタン北東部を広く探検した。タクト・イ・スレイマンに登ったのもこのときのことである。

翌一八八四年、彼は一つの重要な任務を与えられた。「ロシア・アフガン国境委員会」が設置され、アフガン国境ぞいのロシア帝国の南限を設定するように指示された。このとき、ホルディックはインド側の首席測量官となり、クェッタからアフガンに入った。当時、アフガンとトルキスタンの古い国境は漠としたもので、地図も完全に空白だった。交渉の延長で委員会は無為の月日を過ごし、ロシアと英国は決裂状態になっていた。しかし、測量はホルディックにより完成し、三角測量網はカンダハルから西アフガンを通し、ヘラト近くのヒンドゥ・クシュへ引かれ、その後国境ぞいの東にサラックからふたたびヒンドゥ・クシュ越えに戻り、以前行なわれたカブール周辺の仕事に結合された。この委員会に対する功として、彼は中佐に昇進、英国王立地理学協会から金メダルが与えられた。

辺境測量のチーフ

その後の数年をバルチスタンの測量で過ごしたのち一八九一年大佐に昇進、翌一八九二年には辺境測量局のチーフとなった。

一八九三年、第三次アフガン戦争の結末として、アブドゥル・ラーマン（アフガン国王）とイギリス側のモルティマー・デュランド卿の間で基本的な問題の合意が行なわれ、十一月十三日調印。今日のようなチトラールからペシャーワルを経由してバルチスタンにいたる問題の多い〈N・W・F〉の部族居住地の国境の画定が実現した。この国境は〈デュランド線〉と呼ばれている。ホルディックはこのとき、国境各地区の境界の細部を定めるため、測量隊を組織し、彼自身は測量官のコールドストリームを伴って、アフガンのジャララバードからクナール川を溯った。カフィリスタンとチトラールとの間の北方の国境を決めるためである。この川は上流へいくに従ってチトラール川、マスツジ川、ヤルフーン川と名を変えるインダスの支流である。ヒンドゥ・ラージ山脈の主稜がそびえるヤルフーン上流へは、一九六八年に筆者を含めて数人の日本人が訪れている。

さて、ホルディックは係争中の国境であるアルナワイでチトラール代表部のガードン大尉の到着を待った。しかし、ガードンは来なかった。その頃チトラールでは、一時小康を保っていた領主一族の内紛に次ぐ内紛がふたたび起こり、有名な「チトラール攻囲戦」が行なわれていたのである。ホルディックはそのまま測量を続けて、一八九五年四月にチトラールの西、ドラー峠までの国境が画定された。いま、手許にある、〈デュランド線〉画定直前の状態を示す地図（ダンモア卿の『パミール』――一八九二～九三にかけての探検記の付図）には、現在のアフガン領内のヌリスタン地方一帯はカフィリスタンとして、イギリス領に

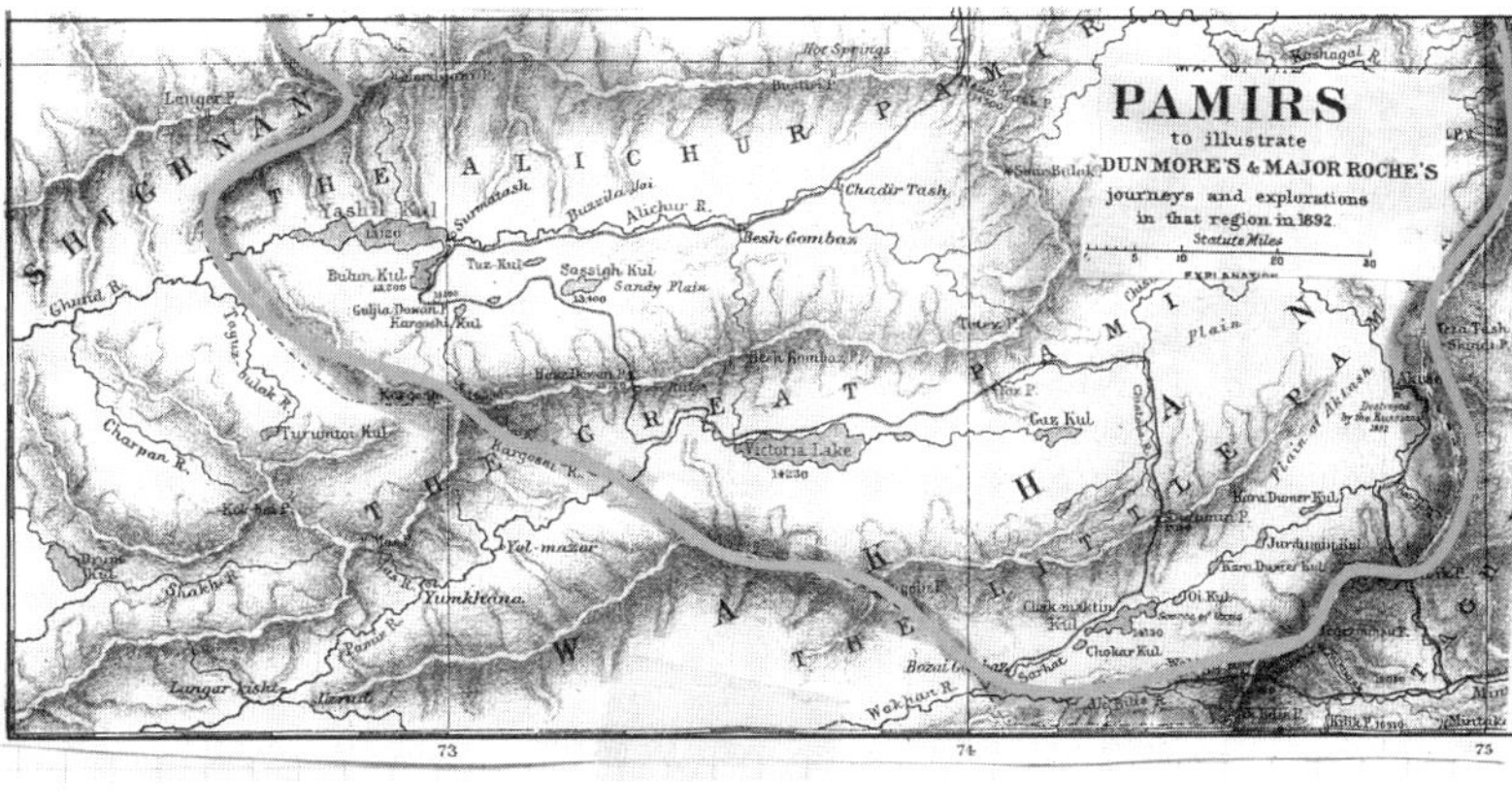

ダンモアのパミール地図（ヴィクトリア湖周辺）
＊太線の上がロシア領，下がアフガン領。ワハン谷の国境策定以前の地図〈Dunmor 1893〉

くみ入れられているのは興味深い。

いわゆる〈デゥランド線〉一帯はパターン族（アフガンではパシトゥーンともいう）の居住区で、現在でも国境紛争の絶えない地域である。ある時期にはアフガンとパキスタンの国境地域に「パクトゥーニスタン」という独立国ができそうな気配すらあった。インダス以西からアフガンの南半分の広大な地域にはこのパターン人が広く居住しているのだ。

一八九五年にホルディックの名を高からしめたもう一つのできごとがあった。「パミール国境画定委員会」により、長い間の懸案だったパミールの国境画定が英・露両国間で合意をみた。シベイコフスキー将軍麾下の露使節団とジェラード将軍麾下の英使節団はパミールのヴィクトリア湖畔で会談した。ホルディックは、この合同委員会の測量首席として、大パミール、小パミールなどのオクサス川源流域を詳細に測量し、新しい地理的な知識が豊富に加えられた。この国境画定の結果が、現在の地図に見られるパキスタン（旧英領インド）と、ロシア領パミールの間のアフガン領の細長いベルト地帯（ワハン回廊）となった。ここが政治的な緩衝地帯となったのである。前に引用したダンモア卿の地図ではパミールには、はっきりした国境線が引かれていなかったが、「パミール国境画定」直後の一八九六年、カーゾン卿の命で作成された*パミールの地図では、ワハン回廊一帯の緩衝地帯が今日の地図と同様にアフガン領として記されている。

ダンモア卿（1893年）

＊本章の末尾にその地図を示した。すでにここではワハン回廊がアフガン領として示されている。

国際関係の緊張を調停

ホルディックの存在の意味は、〈デュランド線〉や〈パミール国境〉の画定に見られるように、一介の測量官であることにとどまらず、十九世紀末の中央アジアを中心とする国際関係の緊張に対する調停と、その後のこの地方の政治的方向を決定づける役割を果したしたことである。

一八九七年、ホルディックはワジリスタンからスワートにかけての測量を最後にインドを去ることとなったが、ふたたび国際政局の場に登場してくるのは、しばらく後の一九〇二年で、難問だったチリ・アルゼンチン国境委員会の調停委員として、八か月におよぶ野外活動の結果、その年の十一月、双方の合意により、調印されている。

多くの著作

彼は国境画定の豊富な経験に基づき、いく冊もの著書を残している。これらの書物は日本語に翻訳されたことはない。『印度国境地帯』（一九〇一年刊）、『印度』（一九〇四年刊）、『印度への入り口』（一九〇九年刊）、『辺境および国境の画定』（一九一八年刊）等々。この最後の著書は、長年の経験と広い視野に裏付けされ、国境問題に対する総決算の書となっている。

彼はまた、各種の地理雑誌へも多くの寄稿をしており、「大英百科辞書」の地理に関する項目を執筆している。王立地理学協会の有力な会員であり、一九

チトラール川から見たティリチ・ミール〈Holdich 1910〉

ホルディックの主著『印度国境地帯』

一六年から一九一八年の間、フレッシュフィールドのつぎの会長をつとめた。同時にヒマラヤン・クラブの創設者の一人として、創設基金や図書収集の面でも多くの寄与をしている。

R・フィリィモア（印度測量局の測量記録を集成した人）はホルディックの人となりをつぎのように語っている。

「多分、彼は印度測量局のいかなる経歴の者より、きわだつ存在だった。……彼は結局のところ野外《フィールド》の人であり、小さいが、がっしりした体に偉大な活力を秘めていた。また辺境の民族に対処するすぐれた判断力と指導力を備えていた。そして常に〈thruster〉——突き進む人であった」

と。パミールから〈N・W・F〉へ至る精査をライフ・ワークとした彼は、一九二九年十一月二日、八十六歳の高齢で他界した。

〔一九七〇年二月、「岳人」二七二号所収〕

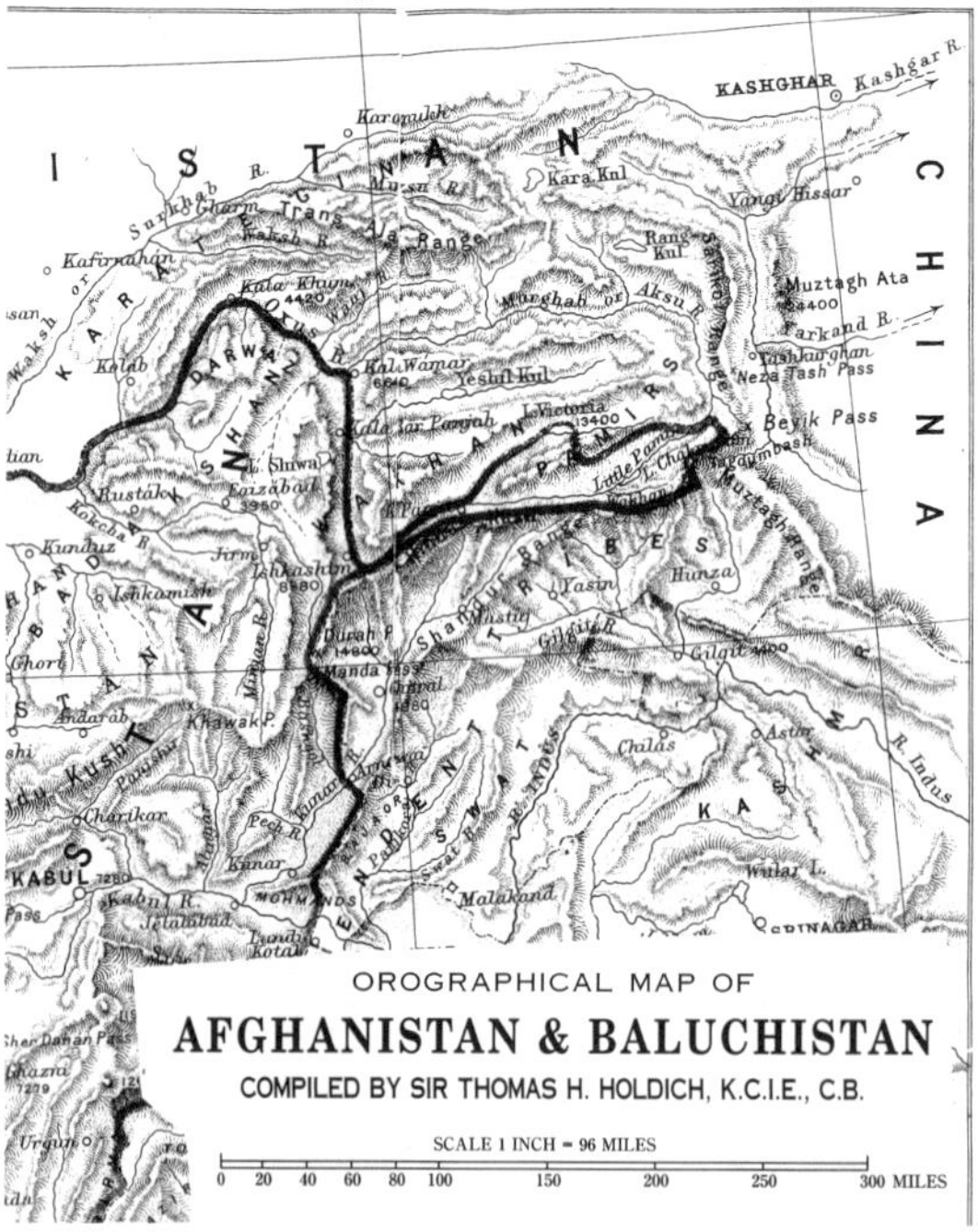

ホルディック作成の「アフガン，インド国境図」（部分）。パミール国境策定直後，カーゾン卿の命により作成。

6 レジナルド・F・ションバーグの足跡——一九三五年のチトラール行

本章に掲載した写真は特に記名のあるもの一六六、一六七ページ以外は全て"Kafirs and Glaciers"所収による。

はじめに

かつて私は山岳雑誌「岳人」にションバーグの小伝*を書いたことがあった。しかし、彼の二十年近い、トルキスタン、カラコルム、ヒンドゥ・クシュを縦横に跋渉した稔り豊かな足跡をわずかなスペースでトレースすることはむろん不可能なことで、その折の文章も意に満たぬものであった。

だが、そんな文章でも何人かの人達の目にとまったらしく、続稿を期待すると励まされたこともあった。それ以後、私はションバーグの足跡の全容を明らかにしたいと願っていた。

幸い、私にはイギリスのある古書店主で、数十年来の知己（手紙のやりとりの上でのことだが）がいて、ションバーグの四冊の著書の中では最も入手が難しい"Kafirs and Glaciers"*を三年がかりで見つけてくれた。その知らせを受けた時の喜びはここに記すまでもなかろう。三年前のことである。諏訪多栄蔵氏から「第二次大戦中に出した本（一九三八年刊）だから、見つかるかどうか」と

＊一二三〜一三〇ページ。

＊邦訳『異教徒と氷河——チトラール紀行』雁部貞夫訳、白水社、一九七六年刊。

聞かされていたこともあり、親身になって探してくれた人の厚意が身にしみた。他の三冊はすでに、その一年前に、神田の一誠堂に揃いで出ていたのを偶然目にし、即座に購入した。登山、探検に類する本の中で、この一連の書物ほど私を虜《とりこ》にした本はない。特に前記の“Kafirs and Glaciers”は、チトラールを歩いたことのある者には全く魅惑的な書で、そのため、一九七一年にカフィリスタンを訪れることにさえなった。この本は旅の間中手ばなすことなく、良い伴侶となった。

私はションバーグの書いたものなら何でも読みたかった。そして、公表されているものはその全部を読んだ。彼の活動した時期と舞台は次の三つに大別される。

(1)トルキスタン　一九二七年から一九三一年。

(2)カラコルムと東部ヒンドゥ・クシュ(H・K)一九三二年から一九三五年。

(3)一九四三年以降のカラコルム探検。

(1)についての文章はジオグラフィカル・ジャーナル(GJ)に発表され、後に“Peakes and Plains of Central Asia”(一九三三年刊)という書物となった。(2)については、アルパイン・ジャーナル(AJ)に記録が発表され(彼は一九二八～一九四六年までACの会員だった)、カラコルム紀行は“Unknown Karakoram”(一九三六年刊、邦訳・志摩碌郎『未知のカラコラム』)として、ヒンド

(右)原典の扉 (左)内容見本の写真

ゥ・クシュ紀行（半分はカフィリスタン紀行）は "Kafirs and Glaciers"（一九三八年刊）、さらにヤシン周辺の探検の記録を "Between the Oxus and the Indus"（一九三五年刊）としてそれぞれ出版した。全部ホプキンソン社の発行で、青いクロース装で統一されている。

つまり、一九三三年以降一～二年ごとに一冊の割合いで次々に探検の記録を公刊したことになる。この時期が彼の探検歴の中で一番油の乗り切った時であるが、年齢的に見れば五十歳を越えてからの行動であることに注目したい。青年客気の行動ではなく、すでに壮年の境を過ぎようとしていた人間の行動だったのである。その頃彼は二十五年近い軍籍を退いていたはずである。何故ならばある資料によれば一九二八年から「年金支給」と記されているからだ。

彼がトルキスタンに初めて旅したのは一九二七年だから、全ての探検行は公務を辞して以後のことになる。この年齢で中央アジア、カラコルム、ヒンドゥ・クシュをこれほど広範囲に歩いたのも特筆に値する。それも「独力」で。「独力」と書いたのは意味がある。*一般にはショーンバーグが軍事密偵であったと考えられているふしがある。私もかつてそう考えていた。それかあらぬか、彼はあれだけユニークな探検を行なっているにもかかわらず、カラコルム探検史でも黙殺されている。この種類の本でショーンバーグにページを割くものはほとんどない。K・メイスンの名著『ヒマラヤ――その探検と登山の歴史――』でも登場してこない。ダイネッリの『カラコラム登山史』に数行にわたって記

＊この文章を書いた一九七〇年代には、私は一応ショーンバーグの身分を通常の退役軍人として扱っていたが、その後むしろイギリスの諜報活動に携わっていた人物と結論づけるに至った。そのことについては、「追記」を参照されたい。

述されているだけだ。

著書には沢山その土地で撮った写真がのっているのに、彼のポートレートが一枚もないのもなにやら秘密めいた感じを与えているのかも知れない。著書にばかりか、アルパイン・クラブにも、英国王立地理学協会にも一枚として存在しない。しかし世の中には頑固な写真ぎらいだっている。S・ヘディンのようにどの著書にもポートレートが出ている人もあるし、M・A・スタインのように肖像写真の極めて少ない人もいる。

中央アジアやヒマラヤの辺境を探検した先駆者の中には確かに軍事的あるいは政治的立場によって行動した人々もいる。例えばF・ヤングハズバンド、G・コッカーリルあるいはN・エライアスのように。半ば公然とあるいは秘密裡に。コッカーリルのカラコルムからヒンドゥ・クシュにかけての探検は数十年たってからヒマラヤン・ジャーナルに公表されたし、エライアスに至っては半世紀以上も経過した一九七二年に評伝が出版され、その行動の全容が一般に公にされたのである。それらの人々に較べると、ションバーグには軍事的色彩といったものは、はるかに稀薄である。大きな探検行が終わると彼は几帳面にジャーナル類にその行動の概要を発表している。著書も次々に公刊した。Secretな密偵とは立場を異にしていたと思わざるを得ない。

したがって、彼の探検は全く個人的であったろうから（本来、探検は個人的なものであるべきであろうが）、探検に要した費用は彼自身が整えていたものだろう。年金の全てが注ぎ込まれたことだろう。彼は一生涯独身を通した人である。彼にとっては「地図の空白部」を旅することが生活の全てだったのだ。

前述のように過去のヒマラヤ、カラコルム探検史ではションバーグの存在は冷遇されてきたが、ヨーロッパにおいても最近は彼のユニークな存在が再認識されてきたようだ。ヒンドゥ・クシュ研究者の論文によく引用されているのが目につく。

翻ってわが国ではどうか。幸い、ションバーグの足跡を積極的に取り上げた人に望月達夫氏がいる。「山岳」（一九四九年）に「ションバーグの天山山脈踏査(1)」を発表され、その後半を「山書研究」（16号・一九七二年）に発表し、ションバーグの足跡を綿密にたどられた。まとまった研究では唯一のもので、“Peaks and Plains of Central Asia”の時期にあたる。薬師義美氏も「ションバーグについて」（一九六七年『ヒマラヤ名著全集・地図の空白部』月報）という文章でションバーグの業績を取り上げ、その存在に対する注意を喚起している。深田久弥氏は『ヒマラヤの高峰』（一九七三年・全三巻）でしばしばションバーグに言及している。吉沢一郎氏も同様である。

さて、前置きが長くなったが、次に本題に入ろう。取り上げるのは一九三五年に彼が行なったチトラール行で、これだけチトラールを広く歩いた人は他にG・コッカーリルただ一人いるにすぎない。その時の記録はAJにも出ているが簡略にすぎるので、彼の主著『異教徒と氷河』によってたどろうと思う。

私もまた過去三度チトラールの土を踏み、その歩いたコースは多くションバーグと交叉する。そこをションバーグは何を考え、どう歩いたか、それをたずねるのが本稿の主題である。

カフィリスタン第一の谷、ボンボレット

一九三五年四月二十四日、ションバーグ一行はペシャーワルからチトラールへ向かった。一行はサーブ一名のほか次の四名の忠実な従者達が同行した。

①Daulat Shah ダウラット・シャー

フンザ人。ションバーグの旅に常に同行し、十年以上もその世話をした。O・ラティモアに忠僕、かつ、有能な先導者モーゼがあったようにションバーグはダウラット（裕福なという意）を得た。ダウラットはインド北西辺境に生を享けたものの通例として、ペルシア語をはじめ、その母国語（ブルシャスキー）、ワヒ、シーナ、コワールなどの各種の地方語に通じていたはずだ。ションバーグは行く先々の土地で地名を採集しているが、ダウラトの存在が大きな役割を果たしていたものと思われる。

②Muhid Ali ムヒッド・アリ

フンザ人。コックとしては非常に有能だが、扱いにくい、難しい性格の持ち主。

③Abdulla Rathar アブドゥラ・ラタール

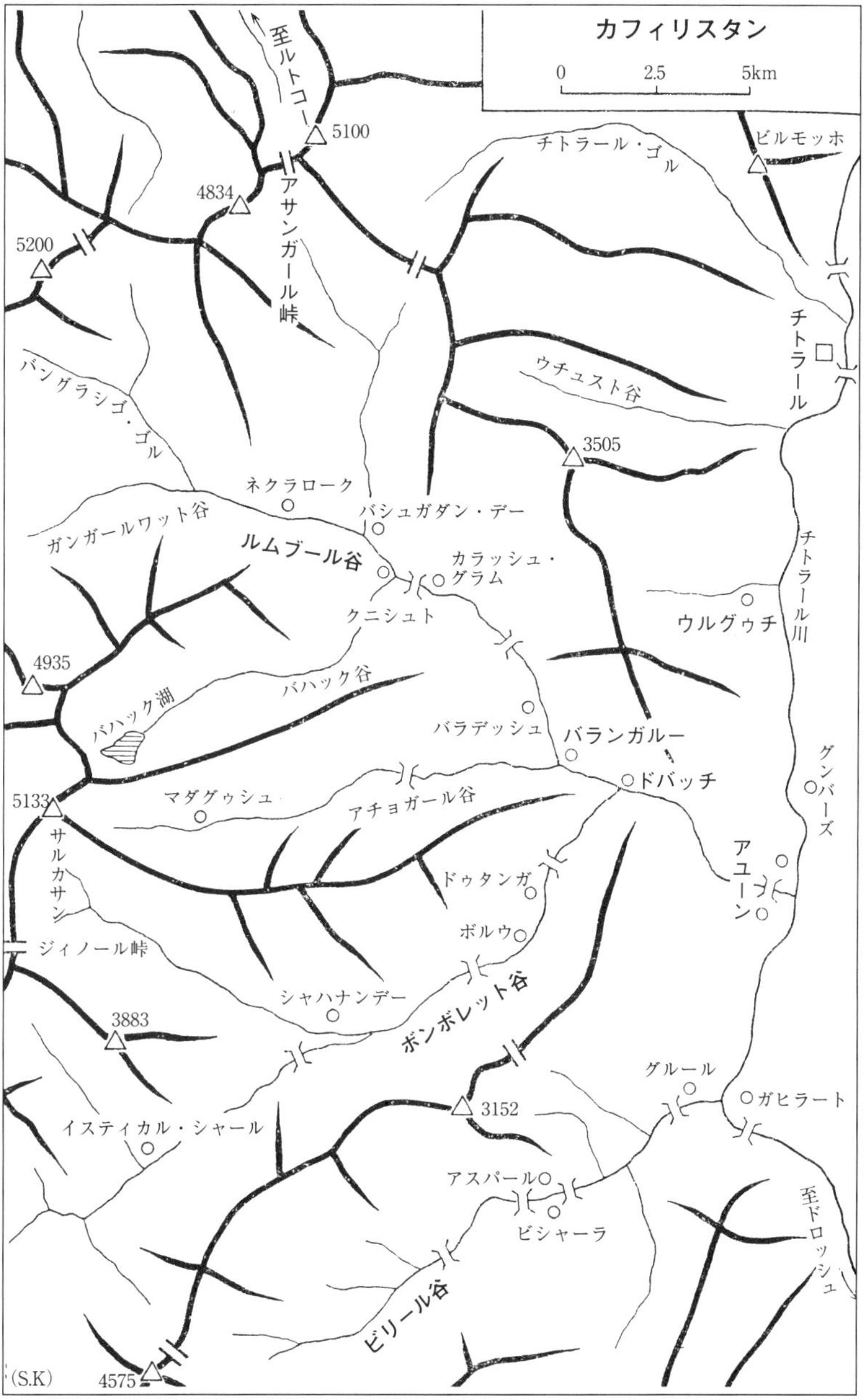

カフィリスタン 三谷概念図〈S. Karibe 1976〉

カシミール人。何シーズンにもわたり、ションバーグ乗用の軽馬車を御して来た。周囲のものには一切目もくれず、よく働く男。別称Subhanaスバーナ。

④Inayat Ullahイナヤト・ウラー

フンザの少年。無口でよく働き、よく食い、よく寝る。

以上がションバーグの従者たちだが、この四人がある時は行動を共にし、ある時は食糧、物資の調達、病気のため別行動を取りながら、チトラールの旅を続ける。土地土地で数名のポーターを雇っていることはもちろんである。

ションバーグは出発に先立って、ペシャーワルのバザールで沢山の子安貝を入手している。カフィール族の女がカプスィと呼ぶ頭衣にびっしりこの貝をぬいつける必需品だったからである。

マラカンド、ディールを経て、一九三五年の四月二十六日に、ローワライ峠(三一一八m)を越えた。そしてチトラール側の初めの休息地ジイアラト(聖地の意)でチトラール太守《メーター》シュジヤ・ウル・ムルク(一八九五〜一九三六年まで統治)の十六人の子息の一人、ガジ・ウッディーンの歓迎を受けた。余談になるが、私は一九七一年の夏、この人の息子のシャーザダ・ナシール・ウッディーンと一緒に旅したことがある。ドロシュの南のミルカニがこの一族の住地である。

五月二日、チトラール入りした一行はそこで、一週間滞在した。時のメーターはその晩年を迎えていたが、宮殿に彼を招待した。メーター、シュジャ・ウル・ムルクの印象を彼はこう語っている。

「メーターはこの時五十六歳。その頬髯も口髭も漆黒で光沢があった。彼は四十年もその玉座に君臨して来た。これは血にまみれた彼の王朝の年代記では先例のないことだった。彼はすばらしいホストぶりで彼の客たちを満足させた。近代文明の産物に興味を持ち、宮殿には無線機のセット、電燈の光、その他のものを設備していた。チトラール滞在中何度もメーターに会ったが、そのたびに彼が近代の政治や世の動向に該博な知識を持っていることを知った。」（雁部貞夫訳『異教徒と氷河』による。以下の引用も同じ）

五月九日、一行はカフィリスタンのボンボレット谷をめざした。しかし、ダウラットは咽喉炎でチトラールの病院に残り、イナヤト少年も都合で残した。ウルグゥチからすばらしいティリチ・ミールの全容を見た。チトラールの町や下流のオユーン（アユーンともいう）の村でもこの山の良い眺めが得られるが、この小さな村からは麓から頂まで隠す所なく見ることができた。

カフィリスタンには南からビリール、ボンボレット、ルムブールと三つの主要な谷があり、ションバーグは第一にボンボレットへ入った。カラッシュ（カフィールとは邪宗または異教を意味する。しかし、いわゆるカフィール人は彼ら自身をカラッシュという）の伝説ではこの谷は神が天地を創造した時、神自身のために取っておいた谷だという。この機会に「カフィリスタンとは何か」ということにつき一言しておこう。以前私は次のように記したことがある。* その要旨を以下に引用する。

「一九八五年アフガン国王アブドゥル・ラーマンはアフガンの東部に居住していた二十万人の「異教徒《カフィール》」たちを強制的に武力制圧した。カラッシュ特有の信仰のシンボルである巨大な木偶（ガンダオという）をことごとく焼却した。その後、この地方はヌリスタン（新しい光の国）と改称され、宗教もその他の文化も変質してしまった。しかし、インド側のチトラール地方では強制的な干渉がなかったため古い文化が継承されている。」

さて、ションバーグはこの谷の特異な信仰、習俗などを詳細に見聞し、それを書き残している。その一端をあげておこう。

彼はいろいろ俗説の多かった黒《ブラック》カフィールと赤《レッド》カフィールの区別を次のように明快に分類している。

「カフィールがレッド・カフィールと呼ばれる理由を彼等が赤く見えたり、どう猛で攻撃的であり、赤い着物をまとっているからだと聞かされていた。私はこれ等の大部分は誤りと思う。レッド・カフィールと呼ばれるのは、彼等を黒カフィール（回教に改宗しないカフィール族＝カラッシュ）と区別するためだ。赤とか黒とかいう語はカフィール族で改宗した者としない者を区別するため、イギリス人の作り出した語だ」

と言っている。

＊四四〜六二ページ参照。

当時、沢山あった木偶《ガンダオ》に注目し、それぞれの像が生前の誰を形どったものか、聞き出している（一九七一年*の私の調査では、ボンボレット谷には、数体のガンダオしかないようだ。主邑にある巨大な墓地には三体見られただけであった。死後一周忌に建立するのが普通だったという）。

彼はカラッシュのガンダオが古いものばかりでなく、新しいものもあることを記している。例えばシニアールという人の騎馬像があるが、この人はバガシャイ（その頃現存した老人、レッド・カフィール）の父だという。またバルモックという、最初にバシュガルの故地から、峠を越えてやってきた人のガンダオが丘の上に傷んだまま放置してあるのは、その子孫たちが回教徒に改宗したためかといっている。

下部ボンボレット谷のバルン集落はカラッシュの集落でラヒム・カーンという人の騎馬木像とラヒム・シャーの坐像がある。そこでションバーグはモゴール・ベグという老人に会い、ラヒム・シャーはその老人の息子で一九三一年に死んだ者だと知った。またラヒム・カーンについては次のような話があった。

「五年前のことである。ラヒム・カーンは谷の上方の小屋で昼のねむりを楽しんでいるところをカティ（レッド・カフィール）により殺害された。騎馬木像の馬首が破損しているのはカティが夜中に来てこわしたからだ」とモゴール・ベグは言い切ったという。チトラール一帯では内訌、反乱、暗殺が盛んに行なわれ、十九世紀まで血なまぐさい戦乱に明け暮れた。カラッシュ族はその

＊五八〜五九ページ参照。

ラヒム・カーン（左）とラヒム・シャー（右）の木像

際、暗殺集団としての役割をになわされていたようである。モゴール・ベグの話も、私には何か、暗殺が「美徳」であった時代の名残が、生々しく伝わっているように思われる。

ショーンバーグはここでもう一つ、墓地をよく観察している。カラッシュ族の葬制は特異なものとして知られているが、レッド・カフィールの墓地の状態を次のように記している。

「棺は大きな長方形の箱で、その下側の両端に十二インチの脚がある。底が地に直接ふれぬようにしてある。ふたには大きな石が乗せてあった。山からの落石で木棺が重なり合い、急な斜面がそれらを支えていた。いくつかの棺はこわれて、中身が散乱し、山腹は一面に骨、板、着衣で覆われていた」

と記している。ショーンバーグの撮った写真を見るとカティの墓はボンボレット谷の流れのほとりにもあったようだが、私が一九七一年*に調べたところでは見あたらず、谷の中流部の左岸の森の中に巨大な墓地があった。川岸にあった木棺の群は、回教に改宗してしまったカティが捨てて省みなくなったため、数十年後の現在すっかり消滅してしまったのではなかろうか。

さて、ボンボレット谷でカラッシュの生活、信仰のあり方を調査したショーンバーグは次に、さらに北の谷、ルムブールへ向かう。その様子を次に記そう。

レッド・カフィールの墓地

*五八ページの写真参照。

第二の谷、ルムブール

ボンボレット谷を辞した彼は約八時間かかってルムブール谷のバランガルーへ入った。道は左岸についていた。ここは別名カラッシュグラムともいわれ、カラッシュの村として知られていた。この村で数日滞在、興味深いものをいろいろ見た。例えばバシャリ(女の忌み小屋)を観察した。日本でも「産屋《うぶや》」などが残存していたように原始的な社会では「赤不浄」的な考え方が強いようだ。

この村ではジェスタカンという建物も見た。これは一室のもので、死の儀礼の行なわれる所だった。人が死ぬとその遺体はこの部屋の中央のベッドに安置され、二日二晩人々が集まり、歌と踊りが続く。死者が女性の場合はただ歌をうたうだけだという。

また、谷の左岸にマンダオジャオ(墓地)があった。マンダオは《木棺》、ジャオは《多い》という意である。

彼はここの墓地とそこにある木偶について次のように述べている。

「この墓場は非常に峻しい丘の中腹にあり、柊と野生のアーモンドの樹々に覆われた興味深いものである。騎馬木偶と馬に乗っていないカラッシュの木偶が沢山ある。死んだ男が非常に裕福だった場合、彼の木偶は双頭の馬に乗っている。例えばアチャヤクという人の木偶では等身大のそれが双頭の馬に乗っている。この男が死んだ時、彼の名誉を彰すため、二百頭の牛が、親類縁者達により捧げられた。その木偶の背後には、馬に乗ってい

ルムブール谷のジェスタカン

アチャヤクの騎馬木像

ない等身大の兄弟や甥の木偶があった。カラッシュの女の木偶は建てられない。しかし、レッド・カフィール（カティ）の女の木偶は建てられる」

五月十八日、彼はジョシJyoshiの祭りを見た。マハンデオ・ダール（大神の神殿）を中心にした儀式を彼は詳しく述べているが省略する。なお、チトラール人はこの神殿をマロスと呼ぶ。カラッシュが祭りの場で神とともにチャパティを共食することも伝えている。

五月二十日が祭りの最後の日だった。ジョシの最後の儀式は悲しみに満ちた、印象深いダギナイの唄で終わる。それはこんな伝説を持った歌だ。

「これは毒薬を飲んで死んだ娘を歌った。その恋人だった青年が捧げた挽歌である。彼女の名はムライック、彼女が死んだ時、毒のききめで体が黄色くなった。それを見た恋人はこう叫んだ。おお、ダギナイ（毒という意か）!! 体がキングサリの花のように黄色になってしまった!!」

カラッシュの春の大祭を見たのち、彼は何日かを費やし、もろもろの禁忌や婚姻、結婚式、離婚などについて詳しく調査した。そして、その後、カフィリスタンからルトコー谷へ向かった。

ルトコー谷とアルカリ谷

五月の末、ルムブール谷のキャンプから九時間のアルバイトののち、ションバーグ一行はアサンガール峠に立った。この峠の名は現今の地図では表現され

カラッシュの春の祭り

春の祭りの男たち

ていないが、その道筋から見て、ウタク峠（四九五三ｍ）のことと思われる。十二時四十五分に峠に着いた一行は十七時にはもうルトコー（大きな谷の意）側のアサンガール・ガリー（ガリーは放牧地の意）の羊飼い小屋に着いた。この谷を下るとマナール・オ・ゴルで、ルトコー本流に合する。豊かな谷で温泉が湧出するので知られている。

ルトコー合流点の近くのイズーという重要な村で三泊した。従者のダウラットと料理人は下流のショゴールへ余分の荷物とともに下った。ションバーグたちはそのままルトコー谷を西へ上った。彼は、この付近の住民はチトラール語とは全く異なるイドガー語を話す、バダクシャンからの移民であると記している。

ルトコー地域はマウライ宗派の地でビルツィンにチトラール・マウライ社会の聖地がある。ここはこの派の創始者ナスール・キスラウが千三百年前やって来たところだという。この聖人がやってきた当座、ライバルのスンニー宗派のムラー（回教僧）達によっておそわれたりしたと伝えられている。

ルトコーでは何人かのバダクシャンからの旅人に会った。彼等は全員岩塩を背負っていた。これはチトラールのバザールで売り、帰りは茶、その他の物資を持ち帰ると語っていた（一九七一年、チトラールで売っている岩塩はパキスタン平原部のサルト・レンジから産出したもの。ドラー峠は閉ざされているのでバダクシャンの岩塩は入らないようだ）。

ルトコー源流の村々の住民はレッド・カフィールであった。彼等の住居はチトラール人のそれとは全く異なる。シャー・サディムで泊まったが、近くに温泉があった。そこからドラー峠を往復した。付近に特に目立つ山は無かったと彼は記している。シャー・サディムからゴボールへ行き、さらにそこから直接アルカリ谷へ出ることにした。なお、ゴボールにもレッド・カフィールが住んでいた。一八九七年アフガンから移住して来た人々だという。

六月一日、アフスィクを二時に出発、十一時にはサト・カラチ・アン(峠)の登り口に着く。翌日、十五時にはアルカリ流域の最高所にある村、オウィール(Owir現今の地図ではOwilと表記している。なお、チトラール語ではRとLの発音の区別は明確ではないようだ)へ着く。そこから、西の枝谷へ入りヌクサン・アン(峠)(四七六九m)に登った。彼はその地名解を次のように記している。

ヌクサンとは《傷つきやすい》意。昔、有名な宗教指導者のデワナ・シャーが峠を越えた時、彼の手が凍傷にかかったので、そう名付けられたという。

なお、ションバーグはガジキスタンへも行き、下部ガジキスタン氷河の眺めが素晴らしいと言っている。グール・ラシュト・ゾム(六六六五m)山群の北西面を眺めた数少ない人であったと思われる。

そこからアルカリ谷を下った。途中に人工の溜池が多かった。水鳥打ちに使うためで、チトラール中にこの種の池が多い。またアフガン、ロシア南部、イ

ゴボールの村

ンド北西辺境にかけてのマウライ派の宗教指導者として有名なシャーザダ・ライス父子の墓があった。その当時、アフガンのゼバックにその息子の一人アブダラ・マアリが存命していたという。

ションバーグは諸方でチトラール人の気質について述べ、「どうしようもない怠け者」と酷評するのが常であるが、ここでも「チトラール人は農耕にあまり関心がなく、シャーザダ・ライスの果樹園の樹は全部フンザ渡来のものだ」といっている。

彼は次いで、すばらしいモミ（一九八七m）のオアシスへ行き、「鶩鳥ダンス」を見た。モミから少し下流にこの流域で最も重要な村ショゴール*（一八〇一m）があり、彼は三日間滞在し、オジョール谷へ入る準備を整えた。ショゴールは古い時代から戦略上の重要拠点になっており、その砦は多くの物語に彩られている。左岸に砦が二つある。一つは一八二〇年頃この辺りを支配していたカーン・バハドールのものだったが、時のメーター（太守）、モートラム・シャー二世（一七八九〜一八三七年まで統治）の軍に追われ、バダクシャンへ逃れた。砦に残されたカーンの妻が六か月もメーター軍に抵抗した《女勇者》譚を彼は伝えている。サンギン・アリ二世（カトール王統の第二代目のメーター。初代をモートラム・シャー一世という）もこの地を好み、狩りの根拠地とした。もう一つの砦は廃墟になっているので、現メーターがその息子のために美しい砦を建てた。ここには電燈がともっていた。

＊ショゴールという地名はチトラール語で「砂岩」という意味である。

彼はこの砦でシャーザダ・ナシール・ウル・ムルク（のちメーターとなり、一九三六〜一九四三年まで統治、チトラールを訪れる日本人が世話になるシャーザダ・ブルハーン・ウッディーンはこの人の実弟である）および二人の弟と会った。人をあまりほめないションバーグもこの兄弟のもてなしに感激し、ホスピタブルな人々と評している。

彼がポロ競技を楽しんでいるとオジョールの実力者で八十六歳の老人モハマッド・シャーがやってきて昔話をした。曰く「私はモートラム・シャー三世（一八五五〜一八五七年統治）を覚えているが、彼は二年間支配しただけの不幸で無価値なメーターだった」。

以前、ガードン大佐のシカリ（狩人）だった老人アシュラート・カーンもやってきていろいろ面白い話をした。チトラールの氷河にすむ蛙の話もその一つ。怪異な伝説を持ち、体長十二インチはあるという。またチトラールの橋はよく洪水の際流失するので、そんな時は川を泳いで渡ったなどと話す。

オジョール谷へ入ったションバーグはハッサナバードを通り、さらに上流を目ざした。ハッサナバードはフンザのマウライ派を支配するピールの住地で、桑酒の産地として知られている。ピールの父親というのが大の果物好きであらゆる新奇な果樹を取り入れ、目下はマンゴーに熱中していると記している。

登路は一面に花が咲き満ちていた。ヒースの黄色い花で丘の斜面は金色に輝いていた。チューリップ、アイリス、野生の青亜麻も目についた。オジョール

シャーザダ・ナシール・ウル・ムルク

谷源域もかなりの住民と耕地があるが、それが充分生かされていないと彼は観察している。そして怠惰なチトラール人と勤勉なフンザ人との比較をする。彼は大変なフンザ人好みなのだ。オジョールからアルカリにかけては非常に水の豊かな所で、こんな話が伝わっている。

モートラム・シャー三世がアスマール（アフガン領）に追放されていた時、よくサーバントにクナール川（チトラール川）の《川底の水》を取ってこさせた。そして曰く「アルカリ川の水は川の底を流れ、他の水と決して混じらない」と語ったそうだ。

六月十八日。午前二時半、三泊したオジョールの村を出発した。彼はいつも早朝、というより夜中に近い時間に歩き始めているが、日中の温度が四十度にも達する初夏のチトラールで、これは賢明な方法といえよう。現在でもチトラールの人々は、この方法で旅をする。

彼は五時間半のアルバイトののち、キヤール峠（現今の地図にオウィール・アン〔峠〕—四三三八mと記されている峠であろう）に立った。そこから東部ヒンドゥ・クシュのパノラマが眼前にあった。バルム（ティリチ・ミールの東の登路になるバルム氷河の入り口）からはティリチ・ミールのすばらしい光景も見たが、しばらくして雲が湧いてきた。その先のロンは貧しげな村で、途中にロイクシュニィという、人間の大量虐殺があったとされる岩のそばを通った。ロンから先はスンニ宗派の地区となる。スンニ派の墓はその両端に一フィートの石を立

ティリチ・ミール南面

てるが、マウライ派の墓は真ん中に平たい石を置くだけである。

その夜、彼のキャンプのそばに一人の男が現れ踊った。ダウラット曰く「おお、チャラス（ハシィシ）のなせるわざだ。彼の目つきを見ればわかる!!」。

その日、ションバーグはD・N・ハント大尉に会った。「このすばらしい士官はイストル・オ・ナール登山から戻って来たばかりだが、その後、一九三五年十月十五日チトラール川で溺死した」と記している。初期のヒンドゥ・クシュ登山史を飾る事実をションバーグの筆は偶然にも見逃さず伝えている。

ウドレン・ゴル谷とロシュ・ゴル谷

ザニ峠（三八八六m）越えをめざす彼は、その前に最高所の村ウトゥルで一泊。そこから振り返るとコシュトの素晴らしいオアシスが見えた。チトラールで一番上等のアプリコットの産地である。

ザニ峠はたやすく越えることが出来た。峠を下った所がティリチ・ゴル（谷）で、ショゴラムにキャンプした。彼によるとこの谷の定住集落としては最高所にあるという。この谷は別称アトラク（又はアタック）谷ともいう。ここに異邦人がやってくると雨が多く降るという言い伝えがある。山に棲む妖精たちが降らせるのだそうだ。ここの住人は元来ヤシンやギザールから来た人たちであり、少数はバダクシャンからの移民である。

ここから先ずウドレン・ゴル（上流でダルバンド氷河とアタック氷河に分かれ

る）を目指し、道案内に狩人《シカリ》を雇った。このシカリは碧眼で紅顔、長い鬚を生やしている。すばらしい骨柄の男だが、うそつきで信用できない、「泥のような心」の持ち主だった。ウドレン谷を上ったが、キャンプ地の三・二kmマイル手前でシカリがうそをついたため泊まるはめとなった。ションバーグのような旅の達人でさえ、チトラール衆には手子摺っている。そこが何となく、おもしろい。四十年後の現今でも、チトラールを旅する日本人は奥地の山の衆にしたたかな目に会わされる。彼等とのかけ引きもまた旅の醍醐味をかもし出す要素の一つであろう。

　翌日、谷を溯って、素晴らしい光景に接した。イストル・オ・ナール北面の誰も知らない姿を見たのである。他の場所からこの山は割合やさしい山のように見えたが、ここからは全面白く輝く断崖となっていた。ウドレン谷は以前耕作されていたようで、イリゲーションの跡があった。しかし、今はデブリに覆われ、全く役に立たない状況だった。昔は収穫豊かな所で家畜が群れていたという。この谷もかつてはバダクシャンとの通路であったが氷河が前進して何もかもぶちこわしたという。その後、氷河は後退しているが、これは西部チトラールの主要氷河の通例だと彼はいっている。

　ウドレン谷からいったんティリチ谷に戻った彼は、今度は上部ティリチ谷へ向かった。途中のシクニャックの地名解を彼はこう説明する。

「これは元来シグナニィ（シグナン人）を意味し、シグナンからの侵入者がムリコーへ入ろうとした時、ここで敗退したので記念にそう命名したのだ。」

上部ティリチ谷では三日間快晴ののち、悪天となり二日間降雪で停滞した。その後、ティリチ氷河をのぼり、イストル・オ・ナールの南面を隈なく見る。そして付近のピーク、氷河などをこう描写する。

「上部ティリチ谷の景色は第一級のものである。ティリチ・ミールそれ自身はとりとめのない山だが、枝谷の奥に恥ずかしげに隠見していた。その下部では一本の氷河が泡立つ氷の大瀑布となって注いだ。近くに一つのドーム状のピークがそびえていた。その他の枝谷の氷河も主谷の氷河に合流していたが、そのずっと先きの源流——ティリチ・ミールやイストル・オ・ナールのさらに西方——は今や日没の最後の光で金色に輝いていた。そこにはヒンドゥ・クシュの栄ある山並みや雪原や氷河が取り囲んでいた。こんな素晴らしい景観が、手軽に接近出来楽しめる場所は世界にもそうざらにはないのだ。」

上部ティリチ谷からベース・キャンプに戻った一行は、ロシュ・ゴル（谷）へ向かうため、七月上旬の暑さの中をティリチ谷を下った。ロシュ・ゴルの入り口の村ラシト（平地の意。チトラールに多い地名で、ちょっとした平地に命名する）で二泊した。果物はまだ熟さず、彼等は久しぶりに衣服や体を洗った。

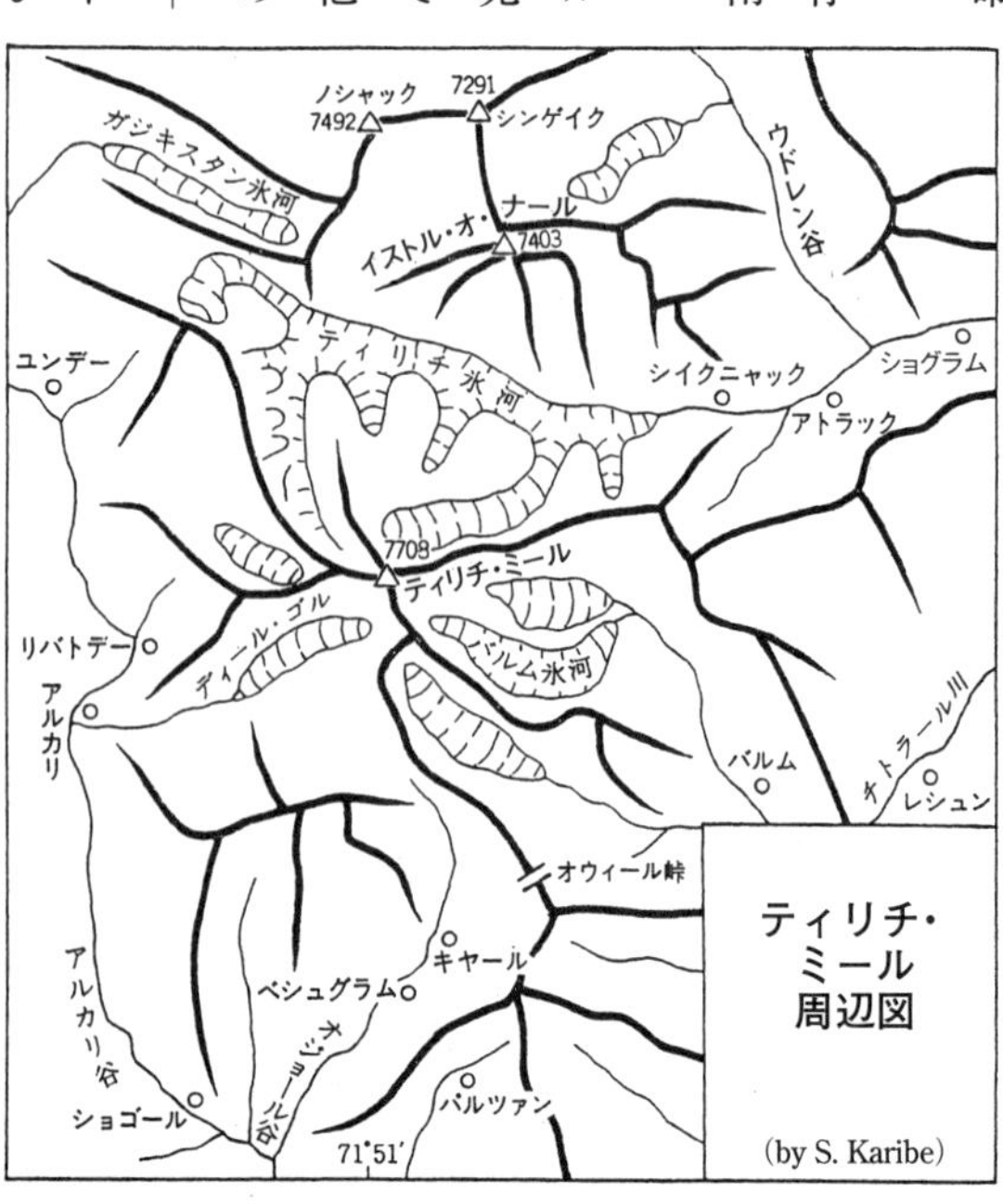

ティリチ・ミール周辺図
(by S. Karibe)

ラシトからロシュ・ゴルを上り、ドルーのキャンプ地へ向かった。この谷は花が豊かで黄色いけし、大輪の白いアネモネ、白と紫のオダマキ、野菜として最適なケマン属のたぐいなどが地面を覆っていた。古い石畳もあった。

ドルーの周囲には源頭の方に七〇〇〇m峰、七三〇〇mを下回るピーク（今のサラグラール周辺の山か）その他沢山の山を見た。ドルーから三キロ先がコトガズとして知られるキャンプ地で、そこから右手に折れるとテトラズ・ノーク（雷鳥の谷の意。一九七一年の日本のサラグラール西壁隊のベースになった所）である。コトガスから北に、石を投げれば届きそうな位置に七三〇〇mのピーク（今のサラグラール）がそびえていた。主谷の対岸はムトリチリ谷（これがムトリチリという名が出てくる最初の記録であろう）があり、二つの五七〇〇mピークと一つの六〇〇〇mのピークがある。ロシュ・ゴル源頭のコトガーズ・アン（峠）は大部以前に大量の雪氷により通過不能となっていた。

ロシュ・ゴル踏査ののち、トリコー川に出るため一行はロンクーに下った。ションバーグはここでもチトラール人の怠惰にふれ、こう述べている。

「チトラールの連中は長い陽光に満ちた日を、無目的、無関心に怠惰のまま、ぶらぶら遊んで暮らしている。畑には彼らの世話が必要なのに少しもその面倒を見ようとしない。何という生の浪費、時を殺すに何という愚かな方法だろう！　カシミールやギルギッドその他の地方では農民は朝早く起き、夕方暗くなって初めてベッドに入るのに！」

ロンクーには砒素を含んだ鉱石の鉱山がある。住民たちが不健康な顔色をしているのはそのためだと彼は思ったが、従者たちはここの水が悪いためだと言った。

ジワル・ゴル谷とウズヌー・ゴル谷

ロンクーからトリコーに出るためにはラズダ峠（三二〇〇ｍ）を越えるのが近道と聞かされていた。そのため悪天のなかを峠へ向かった。峠から嵐の中を難儀してトリコーへ下った。そこから五㎞先がシャグラムの村で、メーターの次男モザファール・ウル・ムルクが住んでいた。その快適な住まいのヴェランダにはアイベックスの角が飾ってあった。

一行は休むいとまもなく、翌日ただちにジワル・ゴル（谷）へ入った。道々今まで見たこともない巨大な大黄*が目についたが食用にはならなかった。この谷には有名な温泉があり（左岸）、シャグラムのシャーザダ（王子の意）の建てたバンガローもあるが、ジワル・ゴルの奔流を渡河することは不可能で入浴することは出来なかった（この温泉は今でも、巨大な噴泉口から、豊富な湯がジワル・ゴルへ流下している。あまり利用者はないらしいが、石積みの小屋が対岸から見えた。ここをジワル・ウツ〔ジワルの泉〕という）。

中流部の泊まり場で一泊（多分、今のイスティチであろう。ちょっとした平で、近くの林の中にすばらしく清冽な泉がある）。翌日は十四㎞のやさしい行程だった

＊ルバーブのこと。近年日本でも栽培して、主としてジャムに加工。甘酸っぱい味がする。

が、ポーターは一・六kmにつき一時間もかかる始末だった。キャンプ・サイトは至る所にあった。

ジワル・ゴルの源頭の左岸にひろがるグラムの高原（今ではグラムシャールと呼ばれることが多い）が、当時未知の境であったサラグラール北方の谷や山を探る絶好の根拠地となった（ここも今では筆者らを含めて三パーティの日本隊が立ち寄っているので簡略に記そう）。ウスコ（真っ直ぐの意）氷河が主氷河で、サラグラール山群（彼は七三二五m峰とだけ記しているが）の東面に迂回しているのがニロギ（曲がったの意）氷河である。二つの氷河はグラムシャールの直下で合流している。周りの山々はヒンドゥ・クシュの心臓部を形成している。ヒンドゥ・クシュ最奥部の一つに足を踏み入れたションバーグはいささか感激した面持ちでこう記している。

「たった十キロ先がアフガン国境とはとても思えなかった。同様にオクサス川やソ連領トルキスタンが二十四キロの距離にあることも……」

何代も前にこの谷はバダクシャンとの主要交通路の一つであった。グラムシャールには今でも二本の長い水路が残っている。小屋も一軒残っていて、シカリがよく利用している（水路の両側には樺や柳の叢林が伸びていて、彼の記録から四十年後の今日でも明確に指摘出来る。シカリの小屋も健在で、すぐ傍らに清流がある。アフガンとの峠はガラチ・コタール〔にせの峠の意〕の語でも知られる通り、今では通過不能である）。

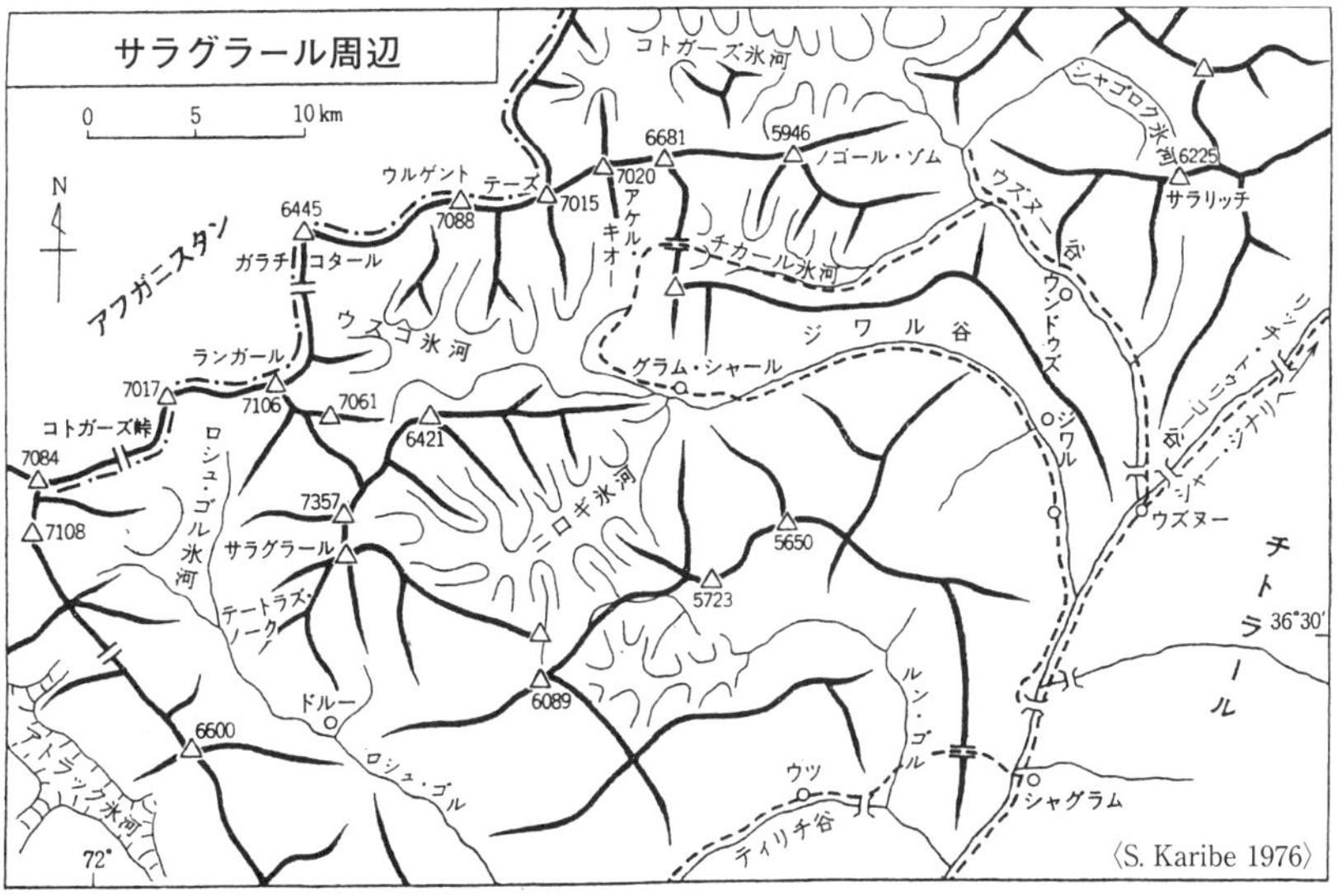

〈S. Karibe 1976〉

この辺りはアイベックスとマークホールの絶好の狩場とされているが、彼はチトラール人が狩りに熱中するのをいましめ「いまにチトラールよりもロンドンの動物園で余計見られるようになるだろう」と言っている。

彼の目的はジワル谷踏査ののち、ウズヌー・ゴルへ抜けることにあり、分水嶺を越えて、直接チカール氷河へ下ることにした。この氷河はウズヌー・ゴルに注ぐのである。彼らは二日がかりで分水稜線上の峠（この峠は今のグラムシャールからどの辺に相当するのか定かではない。多分クチャール（五七九一m）の東の稜線上の鞍部を越えたものと思う）を越えたが、最初の日は峠の直下のイスコットと呼ばれている所で泊まり、翌日チカール氷河へ降った。非常に美しい氷の谷（この谷へ入ったのはションバーグが最初で、その後誰も入っていない）で、北にノゴール・ゾム（砦の山・五九三九m）、東に接近して、チトラールのマッターホルンとも言うべきサラリッチ（リッチ地方の頭の意、六二二五m）の雄姿があった。また西側に一つの七〇〇〇m峰（多分コー・イ・テーズか、アケール・キオーのどちらかだろう）が見えた。行く手にはシャー・ゴル（黒い谷の意、今のシャーゴローか）の稜線がその名のごとく下部の岩が黒々と見えた。

ウズヌー谷源流（そこから先がコトガズ氷河となる）でキャンプした翌朝、彼は一人の山羊ひげを生やした老ポーターを連れ、コトガズ氷河を目指した。氷河の全容を見ようと、かなりの高さまで登ったが、前山に妨げられ、とうとう一目見ようとしたこの大きな氷河の景観を見ることが出来なかった。そこを下

ジワルの山

りワヒカン・グンバート（ワハン人の墓の意。コトガズ・アンを越えて来たワハン人が極度の疲労から死んだ所と伝えられている）の対岸に出た。そこからさらに上流に行こうとしたが、どうしても一箇所徒渉出来ず引き返すことにした。

六日間一緒にくらした土地のポーターたちとも打ちとけ合ったが彼等は郷愁にかられていた。ウズヌーへ下る道も容易ではなかった。ここは木が多く、ポプラ、樺、タマリスクなどが繁茂している。

七月半ばの朝、ウズヌーへ下った。そこから、ヤルフーン流域のアウィの山々が遠く見わたせた。

リッチ・トリコー川からシャー・ジナリ峠越え

リッチ谷はトリコー流域では最も耕作の進んだ所である。よく耕されているのは左岸で、一行は右岸を辿った（一九六八年の夏、筆者はこの時のションバーグの旅と全く逆コースだが同一コースを歩いたのでことのほかなつかしい）。

リッチ谷の主邑はムリッチだが、そこはリッチのカーンの住地で、バダクシャンからの侵入者を退けて来た所である。最後のカーンはベギ・ジャンといい、有名なロシャン・アリ・カーンの息子である。ファリダンという老人に会ったが、彼はバダクシャンからの侵入者を退けた偉大な戦士の孫の一人で、西洋人のような髪と真白いあご髯を貯えていた。その老人はあの大タメルランと同じ階層の貴族に属する家柄だと語ったという。

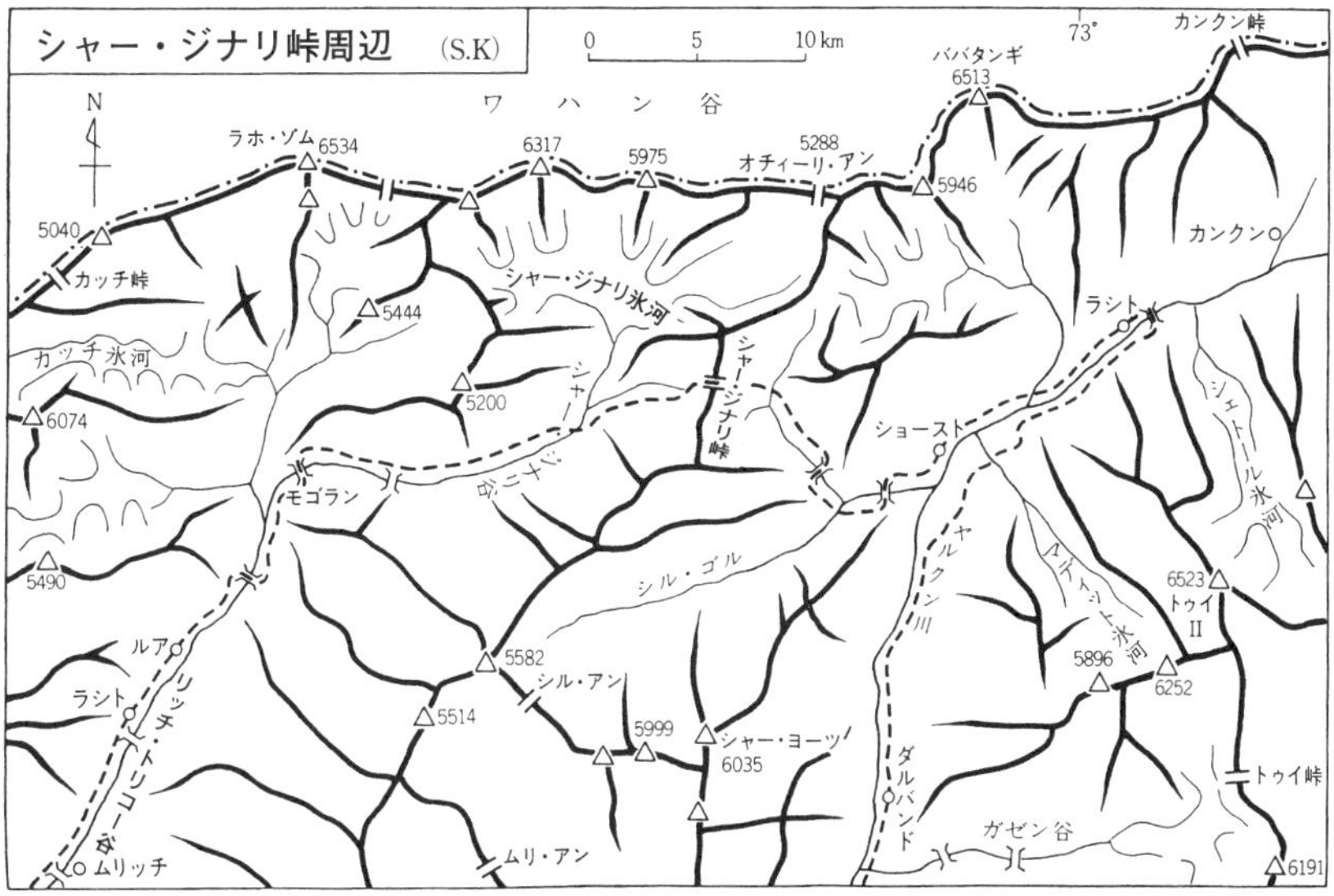

トリコー地方の特産物の一つにカベリという毛織物があり、六か月たった仔羊の毛から作る。これは沢山は出来ないので、特別な人がその豪華さをエンジョイするだけだ。

リッチ谷源流部で道は北のカッチ谷と東のジナリ谷に分かれる。カッチの源頭に六四〇〇m峰が見えたが、割くだけの労力と時間がないのでションバーグはシャー・ジナリへ向かった。この山は今のラホ・ゾムである。

（シャー・ジナリとは黒いポログラウンドの意。初めに峠に命名されたものか、途中にある一軒家につけた集落名かはっきりしない。峠は非常に大きな高原地帯となっていて、草もまばらな平がそちこちにあり、まさに《黒いポログラウンド》の名にふさわしい所である。私は一九六八年に、ションバーグとは逆コース、つまりヤルフーン川から峠に登り、トリコー川に単騎下ったことがある。ジャージナリ谷の左右の岸に小さな道があるが、私の場合は主として右岸を辿った。両側は荒々しい岩山が連なり、グランド・キャニョンのような感じがするが谷底には清流があり、樹木も豊かである。）

ションバーグもこの谷の美しさを賞えている。メーター家所有の牛、馬がいくらか放牧されていた。この谷にも妖精伝説が残っており、彼は次のように記している。

「この谷を登る者は三つの小石を次々に地面へ投げて唱えごとをする。

Souram Gol（ソーラム・ゴル）　谷を黄金（色）にせよ！

柏槙の木（祈りの石がある）〈S. Karibe 1993〉

Souram Shawan（ソーラム・シャワン）　妖精を黄金に変えよ！
Gol Migardar（ゴル・ミガルダール）　谷の守り神よ。私のために！」

峠を越える前夜、一行は峠のすぐ下に泊まった。そのキャンプ・サイト（峠の西にあるシャー・ガリと思われる）には野ネギが沢山生えていた。翌朝峠へ向かった。峠自体は大変なだらかな分水界なので本当の頂がどこか分かりにくい。この峠（四二五九m）には至る所、野ネギとキンポウゲが生えている。

ここから道は下り一方となってヤルフーン川へ向かう。例によって彼はヤルフーンの語源を説明する。チトラール人の説明では《友人殺し》といっているが、彼の説はトルコ語のヤルカンドと同一という。つまり《崖の上の村》ということになる。

彼はこの地方の面白い伝承を一つ聞き出している。それによれば、この地方を守っている妖精の名をチャティといい、その娘をチャマティと呼ぶ。狩人が獲物に向かって射撃する時、チャパティの一片を投げ、チャティに捧げるのが掟だというのである。

ショーストへ下る道はかつて、バダクシャン王だったモハメド・シャーがバダクシャンから侵入した時の道で、この辺りからヤルフーン源流地帯の景観は、中央アジアをよく知っている彼にいわせると「全くのパミール的様相を帯びた土地」だという。谷に樹木が少ないのは、古くからこの谷に遊牧してきたワヒ族の影響だといっているのは面白い見方である。彼らワヒ族は本当のノマド

パミール・ネギ〈S. Karibe 1993〉

シャー・ジナリ峠の南面〈S. Karibe 1968〉

（遊牧者、今では定住して半農、半遊牧の生活をしている。なお、ヤルフーン流域の住民はほとんどワヒ族で、宗教はマウライ派のようだ）であり、アルプ（牧草地）を必要とするが樹林はいらない。その結果、積極的に植林することが全然なかったため、樹木が少ないのだとしている。ワヒ族の家では新築した時、戸口に一本の木を植え、夏の日除けにするだけだと記している。筆者の記憶では柳の木が多かったと思う。

したがってショーストの泊まり場も日蔭がほとんどなく、キャンプ・サイトを選ぶのに彼も苦労した。そこから十キロ右岸を進み、左岸からの本道と合する。とうとうトリコー流域からヤルフーン川の川岸へ達したのである。

ヤルフーン川を下る

ションバーグは一九三三年、初めてチトラールに入りヤルフーン川源頭からショーストにかけての多くの氷河を探ったことがあった。その中にはチアンタール氷河なども含まれる。*

さてその一九三三年の旅の折、世話になったマドット集落のある老女の家を訪れた。しかし、この親切な老女もすでにこの世の人ではなく、近くにある墓を見せられた。

一行はヤルフーンを下り、ワサムで泊まったが、ポーターの代わりに馬匹を使ったのでキャラバンがはかどった。さすがのションバーグもロープ・ブリッ

＊《Some Glaciers of Upper Chitral》A.J. No.250, 1935. pp.98-102. 同趣の文が『異教徒と氷河』の十六章に収められている

ジを渡るのは苦手だったと見え、「至る所で現れるこの手の橋は好きになれない。また、方々でこの種の橋が落ちているとデマを飛ばされ、このうそのおかげで多大の時間と金を浪費した。チトラール人の《うそ》つきの習慣は旅人をあきあきさせる」とぼやいている。

マスツジではこの地域の支配者シャーザダ・ナシール・ウル・ムルク（既出。時のメーター、シュジャ・ウル・ムルクの長男。一九三六～一九四三年六月までメーターとして善政を敷いた）及びその弟のフシュワクト・ウル・ムルクの歓待を受けた。彼はマスツジにある有名なチナール（楓だという人があるが、篠懸の木のことである）の木についてこんなことを記している。かつて、京都大学探検隊がマスツジを通過した時この木について言及していたが、ションバーグの伝える話とは異なっていた。後者の説の方が正しいと思われる。引用してみる。

「このマスツジのチナールの大木はブハラの王アブダラ・カーン・ウズベクにより植えられた。それが一八九五年のチトラール攻囲戦の折に切り倒されてしまった。しかし、そのあとまた成長したが、一九一八年再び切られ、今の木は三代目だ」（『異教徒と氷河』）

とある。

チトラールではチナールは一種の神聖視されている木で、貴顕の屋敷には必ず植えてあり、人々は夏の強烈な日ざしをさけ、その木蔭で暮らす。ドロムツのシャーザダ・ブルハン・ウッディーン氏の庭*にもチトラール有数の巨木が

マスツジ城内にて（一九九七年夏）
前列　フシュワクト家の家令
（ションバーグを知っている）
後列　バブー・モハメッド（左）と著者

〈S. Karibe 1997〉

＊一六ページ参照。

ある。

マスツジから下流はすでに日本人にもお馴染みの所である。次の泊まり場ソノゴールはシャンドール街道有数の良村だが、彼は「この村はしばしばチトラール一美しいとされているがそうではない」として、いくつかのマイナス点を挙げているが、それにもかかわらず、ソノゴールは美しい所だ。豊かな村であるせいか、人々も寛容で、庭の芝生を旅人に快く貸してくれる。ブルハーン氏の言によればこの村は美人の「産地」で、チトラール王妃の何人かが出身した所だという。ダウラトをはじめとするフンザ人たちも、豊かな杏を思う存分食べよい所だと喜んでいる。

旅のベテラン、ションバーグの眼はたしかに鋭い。彼はこの村のポロ・グラウンドの近くで妙なものを見つけた。シャーウッシュという最上級の貴族の墓がそれで、その時すでに粗末に扱われていて、大きな墓穴が露出し木の破片が周りに飛び出していたという。シャーウッシュの子孫はソノゴールやマスツジのジャンドール族として有名だが、人々は彼らは本当のジャンドールではないと考えている。シャーウッシュの父がバダクシャンの首長の娘と結婚したためである（この村を通り過ぎた日本人はもはや三十人を越えていよう。そのうちの何人がこの妙な墓に気づいただろうか。墓は今でもポロ・グラウンドの西の入り口近い道の右手〔マスツジに向かって〕にある。暗い穴の奥に白骨がいくつも見える。しかし、この墓は回教的なものでなく、カフィール的な感じさえするが、真相は果たしてどうなのだろう。私にとって、未だに謎の一つである）。

チトラール最大の村ブニからチャルン（トリコーとヤルフーンの合流点の村）、さらに南へ下り、レシュンに至る一帯は赤い砂岩で覆われていた（これは今も変わらず、豪雨で田畑が冠水すると一面この赤色の土で覆われてしまう。ブニ村に近い、北東の村 Kurui Jinali は《赤い地面のポロ・グラウンド》の意で、この辺の土質をよく表わしている）。

チトラールへ近づくにつれ、旅人に沢山会う。例えば何人ものチトラール軍団の兵士たち。彼らは何か月もの訓練が終わり、故郷へ向かうところだった。チトラールのバザールで買った高価な、しかしつまらぬ品物を沢山持って。

一行は夏の猛烈な暑さ（摂氏四〇度をはるかに越える）の中をコトガスに着く。ションバーグはこんなふうに書いている。

「我々のチトラール・ポーターは小川があるごとに水を飲み、事態を一層悪くさせた。しかし私の従者のフンザ人たちは自制を示した。汗まみれでコゴチのゲスト・ハウスに着く。チトラールの町から一日行程の所だ。私はここが今まで見た所で最も魅力的な所に思えた。」

さもありなん、このゲスト・ハウスは利用度の高い建物で今でも清潔に管理されている。海抜一八三〇ｍの所にあり、うっそうと繁るチナールの大木に囲まれ、水量の豊富な素晴らしい清流が前庭に引き込まれている。ただし七月中は物凄い蚊に手子摺る。このゲスト・ハウスを利用した日本人は一九六六年以降五十人や六十人ではきかない。そこに保管された宿泊者名簿は東部ヒンドゥ・クシュ登山史の一側面を示す良い資料である。

ションバーグの本を読むまで気がつかなかったが、コゴチの対岸ケズゥの集落に音楽家（楽隊というべきか）の集団がいるということである。これらの人々はチトラール人ではなく、プニュルやタンギールからの移民だという。彼はトリコー流域を旅行中、太鼓のたたき方、笛の吹き方を村々で教えていた男を見たと記している。筆者もここのゲスト・ハウスに前後六回泊まったが、その都度、職業的とも思われるシタールの名手が何人も現われたものである。恐らくケズゥの住人と思う。

チトラール帰着とその後のこと

ションバーグはついに数か月ぶりにチトラールの町の入り口、チュー・ブリッジ（一九七一年に流失し、その後再建された）を渡る。橋の名は遠い昔のカフィール人の創造者にちなんだものだ。久しぶりに見るバザールは暑く、むさくるしく、蠅が飛び回っていた。一行はチトラール・スカウトの駐屯地のそばのチナールの木陰で二晩すごした。

彼はP・A（ポリティカル・エージェント）の従者をしていた男の奇妙なエピソードを伝えている。

「そのヤクブという男の父はイギリス人で母はチトラール人。ヤクブは重い病にかかった時、近代的な医薬を使用することを拒否し、チトラール流の治療をムラー（回教僧）に受け、コゴチに近い村で死んだ。それは半分ヨーロッパ人でありながら、生を他の人間に奉仕することに費やし、外見上は知的に見えた男の奇妙な最期であった。」

チトラール西方の丘陵上のビルモッホ・ラシト（胡桃のある平地の意）にメーターの夏の住居があり、メーターの招きで、彼もそこで二晩すごした。丁度その時、アスマールのカーンである、ネイブ・グーラムに会ったという。このカーンはアフガンのバチャ・サガ王の時代には重用されたが、ドゥラニ王の治世になってからは何処かに逃避する運命を辿ることになった（ビルモッホ・ラシトのバンガローは大変美しい別荘で、フンザの工人たちがデザインし、建てたという。ステンド・グラスを使った出窓を持つしゃれた造りで、内部にはイギリスの歴代の司政官の肖像が掛かっている。丘上からチトラール川をはさむ対岸にブニ山群一帯の山々が見わたせ、殊にシシ・クー周辺の山と思われる白い岩肌の針峰群が印象に残っている。この丘は海抜三〇〇〇mを越えているが、チトラールの町からジープの上れる道がすでにシュジャ・ウル・ムルクの時代に完成している。しかし、今ではあまり利用されていないようだ）。

チトラールの町に滞在後、ションバーグは再びカフィリスタンを目指した。「カラッシュの国と彼らをもう一度見てからインドへ帰りたい」というのがその理由だった。そして、その願いどおり、ボンボレット、ムンブール、ビリールの三つの谷を歩き、五月にカフィリスタンを訪れた時に匹敵する収穫をあげている。しかし、ここでその内容をくり返すことはあまりに繁雑になるので割愛して、その足どりのみを先へ辿ってみよう。

さてカフィリスタンのビリールの谷を後にした一行は、その谷を下り、ガヒラートに出てチトラール川と再び合した。ケスーで泊まったのち、右岸の村シディを通ったが、そこに素晴らしい泉があり、耕作地を潤していた。ションバーグはこんな伝説をノートしている。

「かつて、こんなことがあった。七人のプシェ（予言者）が旅を続け、熱気で乾ききった場所へ来た。ノゴールから来た、そのうちの一人が、彼らの頭で岩を打ち砕いたら、そこに水が得られるという夢を見た。その男以外の者は蛮勇を振るい当然傷つくことを思いつつ岩に向かって突進した。そして意識を失って倒れ、死んだという。六人の仲間が地に横たわった時、そのノゴールから来た予言者は岩の下を掘った。そして泉を見つけた。そこに土地を得た予言者は、似つかわしくない場所に絶えることのない泉を発見したことで大変な名声を得たのだ。」

その後、ドロシュ、ミルカニなどを経て、ローワライ峠に達した。それは夏の終わりのある晴れた日のことで、彼はその日のことをこのように書いている。

「この周辺の小さな谷々は両側に樹林を伴ってスカイ・ラインまで上って

ビリール村の入り口

いる。そして豊かな流れと、谷全体の緑の柔らかな眺め、その上を青みがかったフィルムを静止させたような光景。すべてが我々に強い印象を与えた。」

峠の上からチトラールの谷に最後の視線を走らせ、彼らは反対のディール側へ下った。ディールからマラカンド峠を経て、いよいよ平原部に達し、うだるような暑さの中をペシャーワルへ入った。

ペシャーワルでは出発時と同様に税務コミッショナーの官舎で世話になり、三日間のめまぐるしくもあわただしい日をすごし、荷造りをしたのち、一行はここで解散することにした。三人のフンザ人は再び、チトラールからシャンドール峠を経て故郷へ帰ることになった。カシミール人のスバーナはラワルピンディまで同行したのち、バンダプールに近い彼の家へ帰った。ションバーグ自身はいやいやながらボムベイからイギリスへ帰国することになった。彼の生涯でわずか数度しかない本国帰還の途上にあったのである。

〔付記〕一九七一年、筆者がチトラールを訪れた時、ブルハーン氏が若い頃ションバーグに会ったことがあると、その頃の思い出を語ってくれた。場所はビルモッホ・ラシトの夏の別荘だったらしい。多分一九三五年のことだろうと思われる。身体つきは中肉中背といったところで、丸顔で、頭髪は低くなでつけ、口髭は短く、当時の英国軍人風に刈り込んでいたという。人柄はあまりチトラール人に好かれるタイプではなかったそうだ。多分フンザ人を好み、常にフンザ人を賞揚していたせいだろう。それに反して、チトラール人の性格を「だらしなく、どう仕様もないなまけ者」として酷しく批判した。そういう点が、彼を知るチトラールのメーターに縁のつながる人々の心証を害しているのではあるまいか。

〔一九七三年〕

〔追記〕

本章の文章は、『吉沢一郎古稀論文集　カラコルム』（茗溪堂、一九七四年刊）に掲載されたものである。その後、三十数年を経たが、チトラールのよい案内書は、いまだ刊行されていない。ションバーグの足跡はチトラールの全土に及んでおり、主著『異教徒と氷河』（原典は一九三八年刊）の記述を基にし、その後、一九六〇年代からの筆者のチトラール体験を加味した本文は、今日でもチトラールを旅行する際に十分に役立つものと考え、ここに収録した。

なお、ションバーグがイギリスの情報機関と関わりを持っていたことは、金子民雄、水野勉氏らが、その秘密情報の報告書の存在を確認しており、それを否定することは出来ない。しかし、彼がカラコルムやヒンドゥ・クシュで未知の地理的空白部を解明した事実もまた明らかである。Ｆ・ベイリー、Ｅ・シプトンやＥ・タイクマンなどの著作も同様の側面を持つのである。

7 『氷河小吟』抄―(短歌一一六首)

ブット女史歓迎会(一九九六年東京にて)

*チトラールのブルハーン殿下の許で会ひし日より、二十五年ぶりの再会なれば、

日本人は君の味方と思へかしヴェールはづして近づきたまふ

オアシスに語り合ひしを記憶すと吾らの手を取る涙浮かべて

二十五年は夢の如しと言ひたまふその時の少女は首相となりて

1996年，ブット首相歓迎会（東京）
（右端　B.ブット女史，前列中央に著者夫妻）
〈Jetro提供〉

富士山より倍も高いとほほゑみきオアシスの上の雪山見つつ

日本人を尊敬すとも言ひたりき涼しき瞳を吾らに向けて

ひたすらに国の未来を語る君軟禁と亡命の半生に触るることなく

したたかな首相と記す記者たちも知るなし直かりし少女の君を

パキスタンの人ら近寄らぬ一角に酒ありイスラム風の晩餐なれど

なれてしまへばこれほど美味い物はなし羊の骨付き思ふさま食ふ

「氷河小吟」より

チアンタール氷河縦断（一九九七年）

(一)

少年リアズも今は逞しきチトラル人父祖の墳墓へわれら導く

（ブルハーン殿下墓前）

一つ塚に君とその妻の墓標あり早く逝きたる御子を囲みて

日本人われらはベッドに耳すます暁早き祈りの声に

「アラーは偉大」の声朗々と詠唱す月の下びの谷のいづこか

ラスプール河の彼方にマスツジの砦見ゆ緑の中に土壁《つちかべ》高く

この砦に探検家ションバーグも署名せり女性的にて草書に近し

焼けつく如き夏のひと日と記したり六十二年前この砦にて

五か月の旅のさなかの三日間ションバーグは安らぎここに宿りき

マスツジは風の名所と記したり吾の訳せし『異教徒と氷河』に

ションバーグもいとひし獣脂のソーセージ今宵は出でず美味《うま》きナン食ふ

友はテントに吾は縄編みベッド《チャルポイ》に寝ねむとすブハラ王手植ゑの篠懸の蔭に

(二)

太陽の照りつくる道を恐るるな氷河も山もいまだ遥けし

荷を負ひて跳び得る限界を吾知らず二メートルほどのクレヴァス迂回せむとす

方向と距離見定めてわが跳べばふんはり着地す氷の棚に

昼近く水かさ増ししヤルフン河わがヤクは越ゆ脚ふんばりて

吾をのせて事なく河を渡り切りヤクはしばらく唸り声上ぐ

人に背負はれ河越ゆるよりも心地よしヤクの広くて暖かき背は

いつまでも氷河の流れに近寄らぬ一頭はいたく臆病なヤク

次の河は更に手強しとバブー言ふわが乗るヤクの鞍引き締めて

可哀相だなどと決して思ふまいピッケル振るひヤクの尻打つ

この河に落ちなば五分と保つまいとヤク引きは言ふ真顔になりて

ヤクの背を撫づれば意外に暖かし氷河をわれと上り来たりぬ

(三)

幾時か歩み続けし氷上にわが息あらし四千四百米なり

氷河の上に今ぞ見え来る雪の山バラ色の光りをそれぞれ放つ

東京を出でし時より鬚そらずこのモスリムの国人《くにびと》に似て

宵々にさそり座の赤き星見上ぐこの天球の南の空に

力尽き氷河に落ちし鶴一羽その羽光りて生けるが如し

身を躍らせ束の間見たるクレヴァスの青き底ひは水か氷か

十重二十重われら取り巻くクレヴァスの一つ越えたり力尽くして

不時露営《ビバーク》と心決めたり降り行く氷河に闇の色濃くなれば

友の居らむテントはいづこひたすらにランプ打ち振る闇に向かひて

息を静め手に掬ひたるこの甘露幾万年かの氷の雫

この氷河にあくがれ続けて三十年うつつに登る氷砕きて

無理をするなと己れ自らに言ひきかせクレヴァス一つ迂回し終へぬ

クレヴァスを迂回すること幾十度友へは言はず死の予感など

退くも進むも今はままならず氷河の裂け目青く光りて

友ひとり守るテントへは届かぬか声を限りに氷河に呼べど

「生きてゐたか」と声を放ちて友は哭く氷河さまよひ戻りしわれに

天空の塔、スキル・ブルム

電話鳴りＦＡＸはしきりに急を告ぐ氷河に逝きし友ら伝へて（某誌編集室にて）

天空に突き出でし雪のピラミッドと葉書届きぬ死のかげりなし

自らが事典に書きしスキル峰《ブルム》究めしものを忽ちになし（広島三朗氏）

氷ナダレの後の六時間息たもち「帰りたかつた」と終の一言（原田達也氏）

東京に帰りて吾の安眠《やすい》せし頃か友らを雪崩呑みしは

なきがらは全て氷河に収めしと遺品携へ友は哭くのみ

達ツァンと呼びて笑ひて泪して幾度《いくたび》飲みし夜を徹して

「神のまにまに《インシャラー》」われ幾度も唱へつつ友ら逝きたる実感はなし

登頂を祝ふキャンプの顔と声ビデオは伝ふ別れの会に

子が望むならその山行も肯ふとぞ夫人の談話もつとも悲し

信じ合ひ励まし合ひて山に逝く苦界の中の吾ら残して

ヤルフーン源流行（一九九九年）

(一)

それぞれに酒一瓶を秘め持ちて回教国の通関を待つ

煙草はいいが酒はダメかと傍らの友はつぶやく瓶抱へつつ

日本人はノープロブレムと微笑みて隊荷数十通しくれたり

ゲートより「友よここだ」と声をかく鬚白くなりしバブー・モハメッド

長き飛行の疲れいやさむバンヤンの蔭に涼しき雨にぬれつつ

チトラルを出でなばポスト・オフィスなしひたすら書きぬ葉書十枚

君の手に届くは十日か半月後つひの一枚ジープの上にて

米ドルはわが円よりも威力あり百ドルを換へて財布重たし

ナガールの砦に今年も宿りたり旨き葡萄酒ここにあるかと

楽しみに待ちしワインは終に出でず去年の葡萄は不作と言ひて

胃を病みて日本に残る友一人語れば細し今宵の月は

ビジネスのチャンス乏しとザッハー氏かつては強気な男なりしに

（二）

谷底に土石投げ入れ成りし道ジープは黙殺し行く小オアシスを

ミネラルのボトル手にする友も来よ村の泉は甘露の如し

岩の裂け目《クラック》をにじり登れば友の声「まだまだ十分やれるでないか」

空間に身を投げ出だす一瞬に逆巻く水は脚下過ぎたり

神に祈ること二度ありし今日の道岩飛びし時と徒渉せし時

チトラルのオアシスを出でて三百キロ山それぞれに氷河を抱く

ビル一つほどの氷塊川に落つ大地ふるはせ吾が胸を衝く

活字読まず酒断つオアシスの四週間体内の毒抜けし思ひす

もつと強く鞭を当てよと叫ぶあり流れの半ばに動かぬヤクに

（三）

蝸牛にも似たる歩みに氷河行く吾を嗤ふか昼の雷《いかづち》

照り付くる光の中に氷河踏む流るる汗は流るるままに

やうやくに肩に喰ひ込む荷の重さ氷河卓ありしばしの憩ひ

その陰に憩ふ忽ち汗はひく氷河卓いくつ流路に沿ひて

波打ちてその果知れぬ大氷河白木綿《しらゆふ》に似て氷塔《セラック》そびゆ

手帳に挟みし家族の写真見せ合ひぬ狭きテントの雪の一夜に

息はけば忽ちテントに凍りつく歌のことなど思ふは笑止

ジンジンと寝袋とほすこの寒気テントの底も凍り付きたり

雪原の奥に見果てぬ山いくつ雲をつらぬく光こそあれ

ただうれし今宵のテントは草の上バブーがお茶《チャイ》を運び来る待つ

対岸に氷河後退の様しるし山の姿も永遠ならず

深田久弥への旅

槍穂高劔立山越えて飛ぶ友らの永久《とは》の臥処たる山

岬あり芽吹く木の間に美術館 硲《はざま》伊之助の絵の大らかさ

「何のために描くか」と問ひし伊之助に師マチス答へき「絵は生活の表現なのさ」

古九谷に学びて九谷にとらはれず硲三彩亭の絵は奔放に

深田久弥の本を装幀せし事実年譜に見出でひとり喜ぶ

旧地籍橋立町の深田なり今日知る君の一族発祥の地と

城址に福井中学校すでになし久弥正俊*太三郎の学びしところ

藤島高校と校名変へしはいつの年万智女史はかつての演劇少女

＊吉田正俊、熊谷太三郎は、アララギの歌人にして深田久弥の親友であった。

突角と呼びしは鉄拳制裁の場所　石垣の上　角櫓跡

深田久弥を恋ふる心はそれぞれに今宵は掬まむ越のうま酒

奥越の山にも春は近づくか蕗のたう食む酒温めて

定年を越えて太るは世の常と慰め合ひぬ往年のクライマー吾ら

八ケ岳に行方絶ちたる妻の亡きがら自ら収めし友もやや老ゆ

虹のごと光るは命なき妻の髪「捜索記」の一節忘れ難しも

自らも痛み知るゆゑ遭難のコメント拒みき深田久弥は

百名山早回りなど下々の下々君の心を後の世知らず

遠く来し越前大野のお城山雪の荒島岳一目だに見む

大野の清水浅《あ》すなと詠みし落合京太郎「津軽の野づら」をしばしば詠みき

別れし妻も二度めの妻も愛しいと言ひしは誰か判る気がする

氷雨降る今日は彼岸の碑前祭君が好みし白百合ささぐ

「山*で死んだら親しき友に伝へよ」と歌声起る君を偲びて

＊R・デュプラの詩を深田久弥が訳し、曲がつけられた。

B・ブット女史を悼む　（二〇〇七年十二月）

死者出でし演説会と聞きて胸さはぎ次ぎて告げ来る君は死せりと

演説終へし女史待ちゐしは銃弾か警備手ぬるしと現地の友は

直線的思考と行動しるき国に何故いのちを惜しまざりしや

死に体の軍事政権捨ておけと友に託せるメールも空し

民衆の前に出づるが責務とぞオアシスに会ひし少女は首相たらむと

カフィリスタンの女性〈雁部輝子画〉

8 ヒンドゥ・クシュの名峰(1)
――ヒンドゥ・クシュの主峰群

はじめに

ヒンドゥ・クシュ山脈の盟主ティリチ・ミール（Tirich Mir　七七〇八m）をはじめとする多くの七〇〇〇m峰の集まる東部ヒンドゥ・クシュ山脈と、氷帽の山コヨ・ゾム（Koyo Zom　六八八九mまたは六八七二m）を盟主とする多数の六〇〇〇m級の山々から成るヒンドゥ・ラージ山脈は、全ヒンドゥ・クシュ山脈の主要部を形成する二本の長大な線となって、東北から西南へ弧を描いて連なる。その山ひだに刻まれた無数の河谷は、すべて末はインダスの大河に併合される。チトラールは、先に述べた主要な山脈と河谷をあわせもつ地理的要衝であり、ヒンドゥ・クシュ登山の隆盛に伴い、一九六〇年代後半になってようやく日本人の耳目に親しいものとなった。

「永遠の雪をいただき沈黙する巨大な山岳、野性に満ちた氷河生れの奔流、残酷な絶壁、羚羊《れいよう》（マークホール）や野生山羊（アイベックス）が貴重な生

マークホール（ブルハーン邸にて）

〈S. Karibe 1971〉

命を保っている牧草に乏しい丘陵地、チトラールの大きな特徴は、こうした「荒涼」と「巨大さ」とが深く結びついた点にある。」（G・ロバートソン）

カフィリスタンの初期の探検家として逸することのできないG・ロバートソンは、その著『チトラール　小さな攻囲戦の物語』（一八九八年刊、本邦未訳）の冒頭で、チトラールの自然の特徴をこのように描写している。ロバートソンのいう「荒涼」と「巨大さ」は、一度でもチトラールへ足を踏み入れた人なら、すぐさま首肯できる特徴である。

その「荒涼」は、砂漠的な乾燥帯型の気候によってもたらされた。チトラールの年間降水量は、わずか三三〇㎜でしかない。東京の一五五〇㎜に比べれば、その乾燥ぶりが察せられよう。しかも、そのうちの一二七㎜は冬季に降ってしまうのである。加えるに、夏の太陽はぎらぎら照りつけ、緑陰に乏しい谷や、むき出しの山腹では気温は摂氏四〇度をはるかに超える。

一方、「巨大さ」を象徴するものは、七七〇六ｍのティリチ・ミールをはじめとする十座を超える七〇〇〇ｍ峰と、数百を数える六〇〇〇ｍの峰々である。チトラール全体の面積は一万四八三三㎢で、日本でいえば岩手県くらいの広さのところに、これだけの氷雪の峰々がひしめいているわけである。世界でも有数の山国といえるだろう。

キャラバン・ルートは、チトラール川河岸のかなり上部につけられているが、谷筋を歩いているときは、これらの高峰とたやすく対面するわけにはいかない。適当な峠を求めて、そこに登ってはじめて、数十の雪をいただく峰々の大観をほしいままにできるのだ。もっとも、ヒンドゥ・クシュの最高峰ティリチ・ミールだけは別格で、下流部のオユーン付近では、この山の南面の全容が、均整のとれた姿で遠く望まれ、神々しいばかりである。

チトラールの歴史

チトラールは、古くからトルキスタンとインドを結ぶルート上の要衝として知られ、特に四世紀末の法顕《ほっけん》、七世紀の玄奘《げんじょう》らの求法僧《ぐほう》によって記録された商弥《シャンミ》（Shanmi）に比定されている。いわゆるガンダーラ仏教の興隆期には、仏教文化がこの北辺の地にも深く浸透したらしく、ストゥーパ（仏塔）の形を岩に刻した遺跡が、トゥリコー（Turikho）川の流域で見つかっている。そればかりでなく、先史時代の遺跡さえ発掘されたことがある。

一九六八年にイタリアの考古学調査隊が、チトラール川下流のブローズで発掘調査した際、先史時代にさかのぼる多くの出土品を収集した。このチトラールの谷間でも、はるかな原始の時代から、人々は酷薄な自然と闘いながら生を営んできたようだ。

七四七年に唐の将軍高仙芝《カオ・シエンチー》が、当時唐の勢力圏に勢威を伸長してきたチベットの力を封ずるため、一万の大軍を率いてトルキスタンから、ワハン

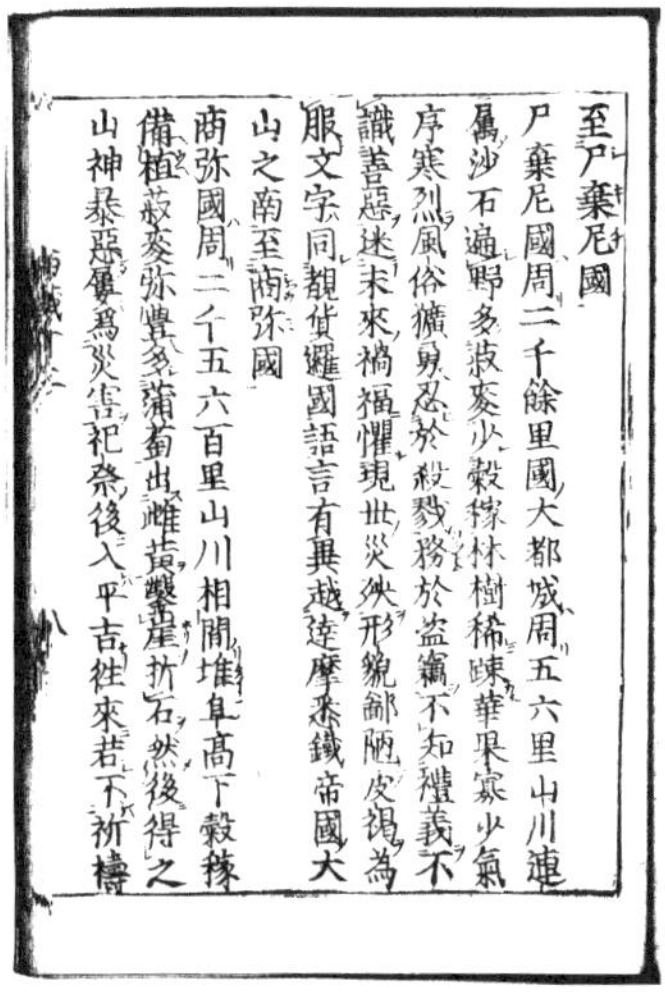
至尸棄尼國
尸棄尼國周二千餘里國大都城周五六里山川連
屬沙石遍野多菽麦少穀稼林樹稀踈華果寡少氣
序寒烈風俗獷勇忍於殺戮務於盜竊不知禮義不
識善惡迷未來禍福懼現世災殃形貌鄙陋皮褐爲
服文字同覩貨邏國語言有異越達摩悉鐵帝國大
山之南至商弥國
商弥國周二千五六百里山川相間堆阜高下穀稼
備植菽麦弥豐多蒲萄出雌黄鑿崖析石然後得之
山神暴惡屢爲災害祀祭後入平吉往來若不祈禱

『大唐西域記』巻十二尾（寛永二十年庄太夫板本の複製本・京大文学部図書館蔵）

(Wakhan)経由で、長駆ヤルフーン川に下り、さらにダルコット峠(Darkot An、四五七五m)を越えてインダス河に達したのは、有名な東洋史上の一エポックであるが、そのルートや、唐の軍隊の進攻の模様を実地踏査によって跡づけたのは、中央アジアの大探検家スタイン(M. A. Stein)の功績であった。

近代に至るに及び、チトラールは歴史の場に再登場し、フットライトを浴びる。チトラールを含め、旧インド北西辺境一帯は、十七世紀から十九世紀末にかけて、南進するロシアとその進路を阻もうとするイギリスとの角逐の場となったのである。

その二大勢力が激突を避け、緩衝地帯として設定したのがワハン回廊(アフガン領)ということになるが、その代償として、アフガンはアム・ダリヤ北岸のシグナンとロシャンの地をロシアに割譲しなければならなかった。北にワハン、西にバダクシャンとカフィリスタン、東にギルギットと境を接するチトラールの政治的・戦略的重要性がクローズアップされたゆえんである。

のちにインド副王として、イギリスのインド支配を確立し、その経営に辣腕《らつわん》をふるったカーゾン卿(G. N. Curzon)は、中央アジアの旅行家としても知られているが、インド北西辺境へ北から侵攻してくる軍隊のルートとして、バダクシャンからチトラールのドラー峠(Dorah An　四五一一m)によるルートを想定している。これは当時、インド政庁で政務を執っていた高級官僚、軍人たちの一致した見解であった。

こうした状況の中で、北西インド辺境の動向に細心の注意を払っていたインド政庁のイギリス人たちの頭痛の種は、チトラール全土を支配するチトラール太守家《メーター》（カトール王統）の骨肉相喰《は》む内訌《ないこう》の連続という不安定な政情であった。

一八九三年一月、ロバートソン（G. S. Robertson）を長とするチトラール使節団が派遣された。この中にはヤングハズバンド大尉（F. Younghusband）、ブルース（C. G. Bruce）、ガードン*中尉（Bertland E. Gurdon）といった探検の世界でもそうそうたる足跡を残した連中が、メンバーとして同行した。

当時、チトラールは多年にわたり独裁者として君臨していたアマン・ウル・ムルク（Aman-ul-Mulk、一八五七〜九二年までメーター）が没したため、王座をめぐり、数十人を超える子息のうち、アフズル・ウル・ムルク（Afsul-ul-Mulk）とニザム・ウル・ムルク（Nizam-ul-Mulk）の二人の息子の間に騒乱が起こり、結局アフズルは、伯父のシェル・アフズル（Shel Afsul）によって殺され、ニザムがチトラール太守となった。その結果がチトラール使節団の派遣となり、イギリスがチトラールの宗主権をにぎる端緒となった。

しばらく小康を保っていたチトラールも、一八九五年一月、太守ニザムが暗殺されるに及んで、再び騒乱状態に入った。事件の起こる少し前にチトラールに戻っていたロバートソンは、ニザムの後継者の少年、シュジャ・ウル・ムルク（Shuja-ul-Mulk）を擁して、チトラール城内に立てこもり、三月三日から約二か月に及ぶチトラール攻囲戦が行なわれる。これがインド北西辺境史上最大

＊B・ガードン（一八六七―一九五九）は一八九五年のチトラール攻囲戦の守将G・ロバートソンを補佐した士官として功があった。後年、チトラールでの貴重な知見をアルパイン・ジャーナル等で公にしている。

の事件となり、この期間、イギリス朝野の耳目はチトラールの動向に注がれる。

チトラールの砦は、ギルギットを発したケリー大佐らの来援部隊と、南方コースのマラカンドを発したロウ将軍の指揮する本隊によって解放され、反乱軍の統率者シェル・アフズルやアミール・ウル・ムルクらは、近隣の地方へ逃散する運命となり、この籠城の物語は永く語り伝えられた。

その後、少年シュジャ・ウル・ムルクは、四十一年間（一八九五〜一九三六）も太守として君臨し、ここにチトラールの騒乱の歴史は幕となる。同時にチトラール自体は小王国として存続する代わりに、その政治的・軍事的実権をインド政庁から派遣される高等弁務官にゆだねることになった。このポリティカル・エージェント（ＰＡ）制度は、チトラールが第二次大戦後パキスタンに帰属したあとでも続き、一九七〇年代に至りようやく廃止された。

チトラールの探検家たち

中央アジア探検は、近代に至ってその最盛期を迎えるが、チトラールへも探検史上を飾る多くの探検家たちがやって来る。中央アジアからインドへ抜ける捷路として、ワハン谷から、東部ヒンドゥ・クシュ主脈上の最低鞍部のバロギール峠（Baroghil An　三八〇四ｍ）を越え、ヤルフーン川へ出て、チトラールへ下るコースが多く使われた。今、そこに登場するおもな探検家たちに言及してみよう。

(1)ボンヴァロ（Gabriel Bonvalot）

一八八七年にフランス人のG・ボンヴァロが僚友カピュー（Capus）、プパン（Pepin）とともにロシア領フェルガナ（Ferghana）からチトラールまでの最初の記録的なパミール縦断を行なった。彼らはワハンのサルハド（Sarhad）からバロギール峠を越え、チトラール領のヤルフーン川へ下り、そのままマスツジ（Mastuj）まで達した。長旅のすえ、窮乏の極に瀕していた彼らは、インド副王ダッファリン卿（Lord Dufferin）の尽力でシムラへ送られた。

ボンヴァロには、"Du Caucase aux Indes a Travers le Pamir"（1881）と題する大判の豪華本があり、五月初めのヤルフーン上流のようすを正確に描写している。

(2)リトルデール（St. George Littledale）

その夫人とともにパミールを探検し、ヴィクトリア湖、チャクマクティン湖、サルハド経由で、バロギール峠を越え、ヤルフーン川へ下り、さらにダルコット峠へ登り、カシミールへ出た。一八八九年夏のことであった。

(3)ドーヴェルニュ（H. Dauvergne）

同じ年に、カシミールに在住していたフランスの商人ドーヴェルニュは、パミール探検の帰途、オクサス源流からバロギール峠を下り、ヤルフーン河源から東のカランバール河源へ抜け、イシュクマン（Ishkumman）の谷へ出た。

⑷カーゾン（G. N. Curzon）

一八九四年の秋、のちのインド副王カーゾン卿は、パミールの旅行家として知られていたレナード（H. Lennard）とともに、フンザからパミールに入り、オクサス源流を探った。

ワハンのサルハドからバロギール峠を下り、そこで、レナードはダルコット峠を越え、ギルギットへ向かった。カーゾンはヤルフーンの峡谷を下り、マスツジで、当時チトラールの行政官をしていたヤングハズバンド大尉に迎えられ、チトラールへ到着。そこから、ペシャーワルへの旅（当時ほとんど探られていなかった）を志したが果たさず、再びマスツジへ戻り、チャマルカン峠（Chamarkhan An）を越え、グピス（Gupis）経由でギルギットへ出た。

その旅は、彼の著書 "The Pamirs and the Sourse of the Oxus"*（一八九六年）に詳しい。なお、この本の中には、一八九一年にロシアのヤーノフ（Yanov）大佐が、ボザイ・グンバーズでヤングハズバンドを抑留したあと、オクサス源流からコーラ・ボルト峠（Khora Bhurt An　四六三〇m）を越え、ヤルフーン川を西へ下り、ダルコット峠を往復したのち、バロギール峠を越えてパミールへ戻ったことが記されており、ロシア人が、イギリス領チトラールへ入った珍しい例として注目される。

カーゾン卿（1923年）

前列左からチェンバレン卿，G. カーゾン，H. レナード（パミールへ同行），右端はP. ルーク〈カーゾン，1894〉

*邦訳『シルクロードの山と谷』吉沢一郎訳、あかね書房、一九六七年刊。

(5) コッカーリル（George Cockerill）

コッカーリルは、チトラールの探検史上、最も注目されるべき一人である。彼の行動は軍命による機密活動であったため、その記録は、数十年後に公表された。実際の行動は一八九三年から九五年にわたり、長期間をマスツジとその周辺に根拠地を置き、ヤルフーン川の源流、トゥリコー源流のチトラール最奥部のワハンとの国境の諸峠を探った。また、シャー・ジナリ峠（Shah Jinali An 四二五九m）を越えた最初期の人でもある。

コッカーリルは、その後チトラールにベースを移し、ティリチ・ミール周辺、特にアフガンとの国境の諸峠を調査したり、東のディール（Dir）との境界、シィシィ・クー谷をも探った。チトラールをこれほど広く歩いた例は少なく、二十世紀に入ってから、ションバーグ（Reginald F. Schomberg）が比肩するのみである。

コッカーリルは、カラコルムにも足跡が広いが、探検活動をまとめた著書がないことも災いして、今までほとんどその業績がとり上げられていないのは、きわめて不当な扱いというべきであり、その足跡は再評価される価値があろう。特に、この地域についての彼の報告が、地図作成の基礎的資料をもたらしたことは疑いない事実である。

(6) インド人、パンディットたち

以上列挙した探検家たちよりも早い時期に、実はヒンドゥ・クシュ一帯は多くのパンディット（密偵）たちが、インド政庁の命を受け、踏査活動を行なっていた。イギリス人の官僚たちを直接送り出すには、あまりに危険が大きすぎたからである。彼らの多くは、当時謎に満ちていたパミールの近傍を目ざした。

一八六〇年ごろ、モハメッド・アミン（Mohammed Amin）は、チトラールからマスツジを経由して、バロギール峠を越え、ワハンへ抜けた。彼は、中央アジアの先駆者Ａ・シュラーギントワイト（Adolph Schlagintweit）の案内をつとめたヤルカンドの商人である。また、一八六八〜六九年にかけて、パンディットのミルザはアフガンから長駆してワハン谷の核心部へ入り、この地域の地図作成に多大な貢献をした（二一七ページのミルザのワハン谷の地図参照）。

一八七〇年には、インド測量局の助手イブラヒム・カーン（Ibrahim Khan）が、ギルギットを発し、ダルコットおよびバロギール峠を越え、タシュクルガンからヤルカンドへ抜けた。この探査行は、フォーサイス（Forsyth）の命で行なわれたが、のちに予定されていたヘイワード（George Hayward）の探検行の予備調査という意味をもっていた。

またこの年は、アタ・ムハマッド（Ata Muhammad）、ハイダール・シャー（Hydar Shah）らが相次いでチトラールへ潜入し、中央アジアを目ざした。

(7) スタイン（Mark A. Stein）

右に述べた例は、すべて十九世紀にチトラールを探検した人々であるが、二十世紀に入って最初に姿をあらわしたのが、中央アジア最大の探検家M・スタインである。一九〇六年、第二回目の中央アジア行の途上、彼はローワライ峠からチトラールへ入り、ヤルフーン川をさかのぼり、現在のヒンドゥ・ラージ山脈の核心部へ達し、ダルコット峠を上下し、バロギール峠を越えてワハンへ向かった。

さらにそこからワフジール峠（Wakhjir An　四九〇七ｍ）からトルキスタンへ入った。このとき、ヤルフーン川右岸の高みから撮った彼のすばらしいパノラマ写真があるが、ヒンドゥ・ラージ主稜の最高峰コヨ・ゾムを中心に、チャテボイ氷河の全容がとらえられており、この地域の公表された最初期の写真として貴重である。

後世の登山家たちが、実際にこのあたりの山河を目の当たりにしたのは、その七十年後のことであった。このとき、測定されたコヨ・ゾムの標高六八八九ｍは、現在も使用されている数値である。

次にスタインがヤルフーン上流に現われたのは、一九一三年のことで、ギルギットから入り、ダルコット峠を越えた。そこからヤルフーン川を水源までさかのぼり、カランバール峠（Karambar An　四三四三ｍ）を越え、パミールへ向かった。

⑻ショーンバーグ（Reginald Schomberg）

スタイン以後、チトラールを最も広く探ったのが、ショーンバーグである。そのことは、別項*で詳しく記したので参照されたい。彼がチトラールを訪れたのは、一九三三年と三五年の二回である。

＊「レジナルド・ショーンバーグの足跡」（一三九〜一七六ページ）。

⑼ルーウィス（Clinton Lewis）

ヒンドゥ・クシュ山脈一帯の地形は、十九世紀中ごろのパンディットらの踏査、イギリスの探検家や辺境勤務の軍人たちの活動によって次第に明らかにされていった。中にはヘイワードやビッダルフらのようにすぐれた概念図をつくり、多くの峰々の測定値を記入して、空白部を埋めていった人々もいる。そうした多くの情報を整理し、科学的な大測量事業を行なったのが、ルーウィス大佐であった。

東部ヒンドゥ・クシュ山脈のチトラール側の地形の大半は、一九二七年から三一年にかけてのこの事業を通して確定され、主要な氷河の長さも明らかになった。それによれば、上・下ティリチ氷河（Tirich GL.）二九㎞、アトラック氷河（Atrak GL.）二九㎞、コトガズ氷河（Kotgaz GL.）一九㎞、カランバール氷河（Karambar GL.）二六㎞、広義のヒンドゥ・クシュ山脈の最大の氷河チアンタール（Chiantar GL.）は実に三四㎞に達している。

このとき、ヒンドゥ・クシュ山脈の高峰群も測定されたが、代表的な四つの峰の高度は、ティリチ・ミール（Tirich Mir）七七〇六m、ノシャック（Noshaq）七四九二m、イストル・オ・ナール（Istor-o-Nal）七四〇三m、サラグラール（Saraghrar）七三四九mとなっている。

チトラールの山岳区分

次に、チトラールの山岳区分について記しておこう。チトラールの山々は、東部ヒンドゥ・クシュ山脈とヒンドゥ・ラージ山脈の、二つによって構成されているが、この二つをさらに細分して、多くの山群に分類する試みが、何人かのヒンドゥ・クシュ研究家によって行なわれている。

すなわち、A・ディームベルガー（A. Diemberger）、G・グルバー（Gerald Gruber）、J・ワラ（Jerzy Wala）らによるものがその代表的なものであるが、前二者の分類は、チトラール川の主谷に注ぐ多くの支谷やその水源を涵養《かんよう》する氷河に基礎をおいている。

これは実際的な分類法であり、東部ヒンドゥ・クシュ山脈の登山史では、チトラール側と同じようにアフガン側からヒンドゥ・クシュ主稜上の高峰群へアプローチすることが多かったので、当然のことながら、ワハンやバダクシャンの谷々が問題になる。

一方、ワラの分類は精細をきわめ、ユニークなものであるが、小分類における名称などになじみがたいものがあるのも事実であり、定着させるには、もうしばらく検討を加える必要があろう。ここでは、ワラの大分類のみを記しておく。

東部ヒンドゥ・クシュ山群

①北東部ヒンドゥ・クシュ（North-Eastern H. K.）

②ヒンドゥ・ラージ
- (イ)北東部ヒンドゥ・ラージ（North-Eastern H. R.）
- (ロ)中央部ヒンドゥ・ラージ（Central H. R.）
- (ハ)南部ヒンドゥ・ラージ（Southern H. R.）

③ギルギット山地（Gilgit Mountains）

④スワート山群（Swat Range）

次に、A・ディームベルガーの東部ヒンドゥ・クシュの分類のおおよそを紹介しておこう。これは、さきに述べたように、谷による区分法で、かなり複雑に入り組んだこの地方の概念を把握する上では、かえって実際的な方法であろう。

(1)**アルカリ谷**（Arkari Gol）

チトラールの少し北で、チトラール川と分かれて北西へ延びる大支流。北と西にアフガン領のバダクシャンやカジ・デーとを結ぶ多くの峠があり、北からチトラールへ入る古来からの本道である。なかでもドラー峠は有名である。上・下ガジキスタン氷河（Gazikistan GL.）はアスペ・サフェド（Aspe-Safed

六六〇七m）山塊およびグール・ラシュト・ゾム（Ghul Lasht Zom　六六六五m）山群へのベースとなる。

(2)ティリチ・ミール山群南部の谷と氷河

ヒンドゥ・クシュ山脈の最高峰ティリチ・ミールへの本格的な登山は一九三〇年代から始まるが、多くは南面から試みられ、南バルム（Barum）氷河が登路とされた。このルートにより、A・ネスの率いるノルウェー隊は、一九五〇年に初登の栄冠をかちとった。

(3)ティリチ谷とその周辺

この谷からの登山対象は、(イ)ノシャック山群、(ロ)イストル・オ・ナール山群、(ハ)ティリチ・ミール山群という、ヒンドゥ・クシュ山脈最高部の名峰を網羅するものであり、今日でも、最も人気のある地域である。一九六〇年代以降の最盛期には、おびただしい数の登山隊が入谷している。

(4)ジワール谷（Ziwar Gol）

チトラール川は、シャンドゥール街道のクラー（Kuragh）の集落の北で東のマスツジ川、西のトゥリコー川に二分する。後者をさかのぼって、シャグラム（Shagram）の村から西へ入る支流がジワール谷であり、源頭にニロギ

（Niroghi）、ウシュコ（Hushko）、ショゴールドク（Shogordok）の三氷河がある。前二者はサラグラール山塊の登路であり、後者は、アフガンとの国境線上のコー・イ・テーズ（Koh-i-Tez　六九九五ｍ）からウルゲント（Urgent　七〇三八ｍ）に至る峰々への登路となる。

⑸ウズヌー谷（Uzunu Gol）

ジワール谷の北に並行してアフガン国境へ向かう谷。源頭にヒンドゥ・クシュ有数の大きな氷河、コトガーズ氷河がある。北にルンコー（Lunkho　六九〇二ｍ、六八九五ｍ）山塊、南西にアケル・キオー（Akher Chioh　七〇二〇ｍ）などの高峰がある。最初にこの谷に足跡を印したのは、一九三五年のＲ・ションバーグであった。

⑹ヤルフーン山群

Ａ・ディームベルガーの分類法が発表されたのは、一九六五年のことであり、当時注目されていたのは、多く東部ヒンドゥ・クシュ主稜線上の七〇〇〇ｍ峰群であり、彼の分類もヒンドゥ・ラージについてはラフなものであった。そこで、これからは彼の意を体しつつ、ヒンドゥ・ラージ山脈へもその考え方を筆者なりに導入してみよう。

ヤルフーン山群とは、ヤルフーン川とトゥリコー川にはさまれたシャヤーズ

(Shayaz　六〇五〇m)山塊を中心とする山域であるが、この命名は、吉沢一郎氏の提唱されたものと記憶している。六〇〇〇m前後のピークが五つ未踏のまま残されているのが魅力である。*

(7)ヒンドゥ・ラージ東北山群──チアンタール山群

ヒンドゥ・クシュ山脈中最大のチアンタール氷河は、一九六七年に至って、ドイツのリンスバウアー(A. Linsbauer)らによって初めてその全容が明らかにされた。主峰コー・イ・チアンタール(六四一六m)をはじめ多くの六〇〇〇m峰は登頂されたが、その後、この僻遠の地へ入った隊はなく、ヒンドゥ・クシュニストにとって、チアンタール氷河は依然、はるかなる秘境である。*

(8)中央部ヒンドゥ・ラージ山群

ヒンドゥ・ラージ山脈の核心部を形成する多くの六〇〇〇m峰があり、盟主コヨ・ゾム(Koyo Zom　六八八九m)を中心として、西進するヤルフーン川が急激に南へ屈曲するまでの部分。多くの中級氷河と六〇〇〇m峰があるが、主要なピークは殆ど登頂されている。

(9)ガゼン谷の山々(Gazen Gol または Gazin Gol)

日本人によって手をつけられた山域で、多くの六〇〇〇m前後の岩峰群があ

*一九九四年に長崎北稜会隊(田川義久ら四名)が主峰に初登したと発表されたが、山座の誤認があったのではないかとも言われている。

*その後、雁部貞夫らのフラッテロ隊が、一九九七年と二〇〇三年の夏、二度にわたり、氷河源頭の一角に立ち、多くの山々の写真をもたらした。本書六四～七一ページおよび折り込みのパノラマ写真を参照。

り、今後競って試みられること必至であろうが、なまはんかなチームでは完登はむずかしい。この山域は近い将来、ヒンドゥ・クシュ山脈全体でも珍しい岩登りのメッカとしてクローズアップされよう。

日本隊の登頂例は、*一九六七年のＲＣＣⅡ隊（海老原道夫と高橋善数）と一九六八年の学習院隊（贄田統亜ら）の二つのみである。

*その後の登山例は各山座の項を参照のこと。

⑽南部ヒンドゥ・ラージ山群

チトラールとギルギットを結ぶ道は、古くからシャンドゥール（Shandur）街道として知られていた。その中間点にあるシャンドゥール峠（三七二〇ｍ）を経由する本道であり、ブニ村の南にそびえるブニ・ゾム（Buni Zom　六五五一ｍ）を盟主とするブニ山群、ラスプール川源流域のタロー・ゾム（Thalo Zom　六〇五〇ｍ）山塊やゴーカン・サール（Ghokan Sar または Ghochhar Sar　六二四九ｍ）山塊などを含む広範囲にわたる山域。

ヒンドゥ・ラージ山脈の登山史上では早くからこの山域は探られていた。しかし、スワートとの境界近くの多くの六〇〇〇ｍ峰と氷河地帯が未知のまま残されていたこともあり、近年まで探検的色彩の濃い山域として、各国隊が競って入域していた。ヒンドゥ・ラージ山脈は、ここに至って、その南西端を収束させるわけである。

〔一九七八年〕

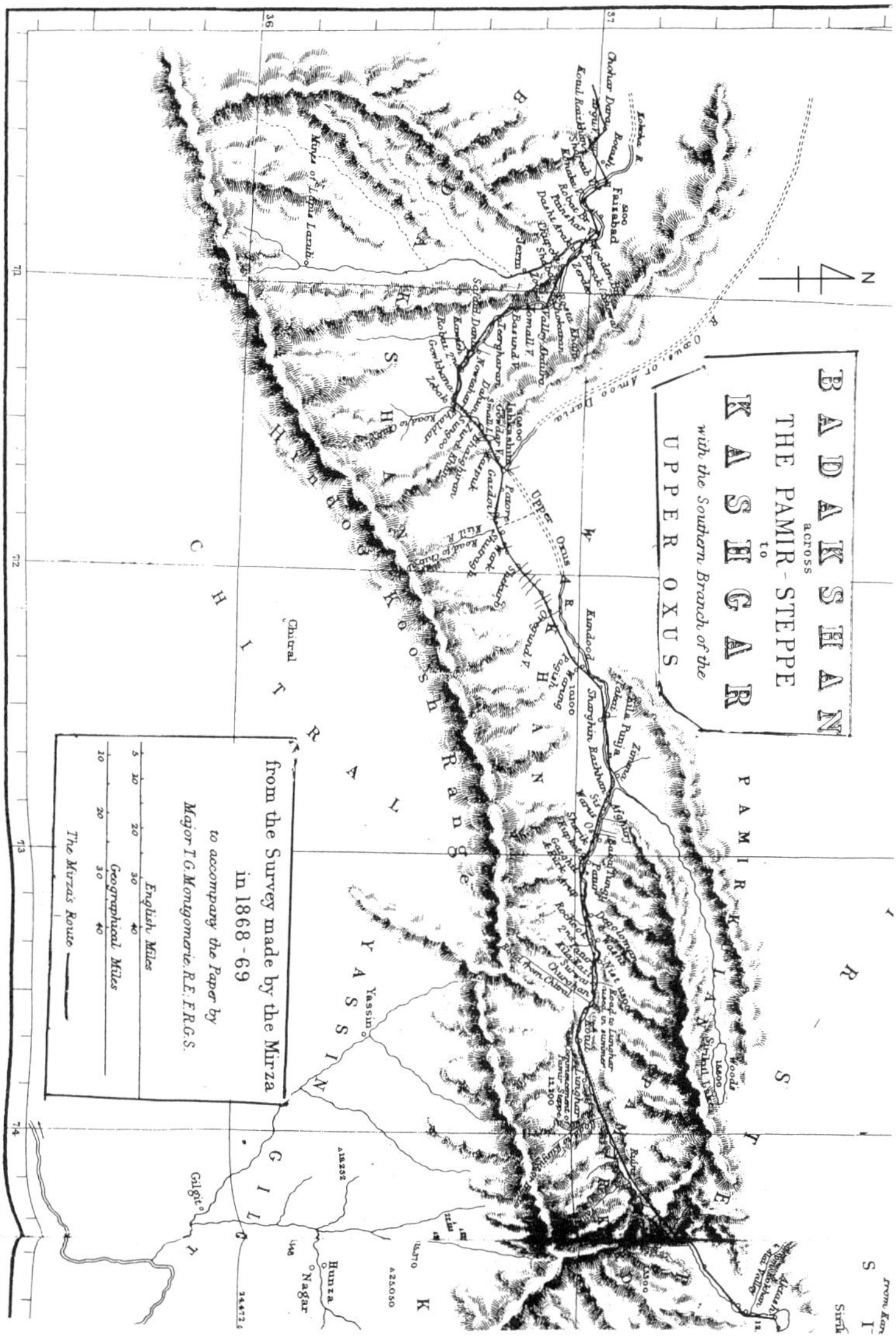

パンディットのミルザによるワハン図（1868～69年）

ティリチ・ミール　Tirich Mir　七七〇六（七七〇八）m

全ヒンドゥ・クシュ（H・K）山系の最高峰。パキスタン北西辺境の古都ペシャーワルから東部H・K登山の玄関口のオアシス、チトラールの町へ向かう定期便（双発のプロペラ機）の操縦室から見るティリチ・ミールが最高の見ものである。

ローワライ峠を越え、チトラール川の上空を北上して、しばらく飛ぶと北正面に甲斐駒ヶ岳をさらに巨大にしたような山容の雪山が立ちふさがる。それがティリチ・ミールである。ちょっと剽軽な操縦士ならば、機体を左右にふって、まるでティリチ・ミールが踊りを舞っているようにして見せる。しかし、それも呑気だった時代の語り草。今では、飛行中に座席を立って操縦室に近づこうものなら、どんなことになるか、言うだけ野暮なことだ。

ジープやバスによって、チトラールの峡谷沿いに走行する場合は、いくつかの地点から見える以外に、滅多にこの山は姿を現わさない。ところがチトラールの町に入り、旧王宮の手前のグランドの辺りへ行くと視界が広々と開け、絶好の撮影スポットとなる。このグランドに隣接したモスク（回教寺院）と共にティリチ・ミールの重厚な山容をとらえた写真が多いのは、そのためである。

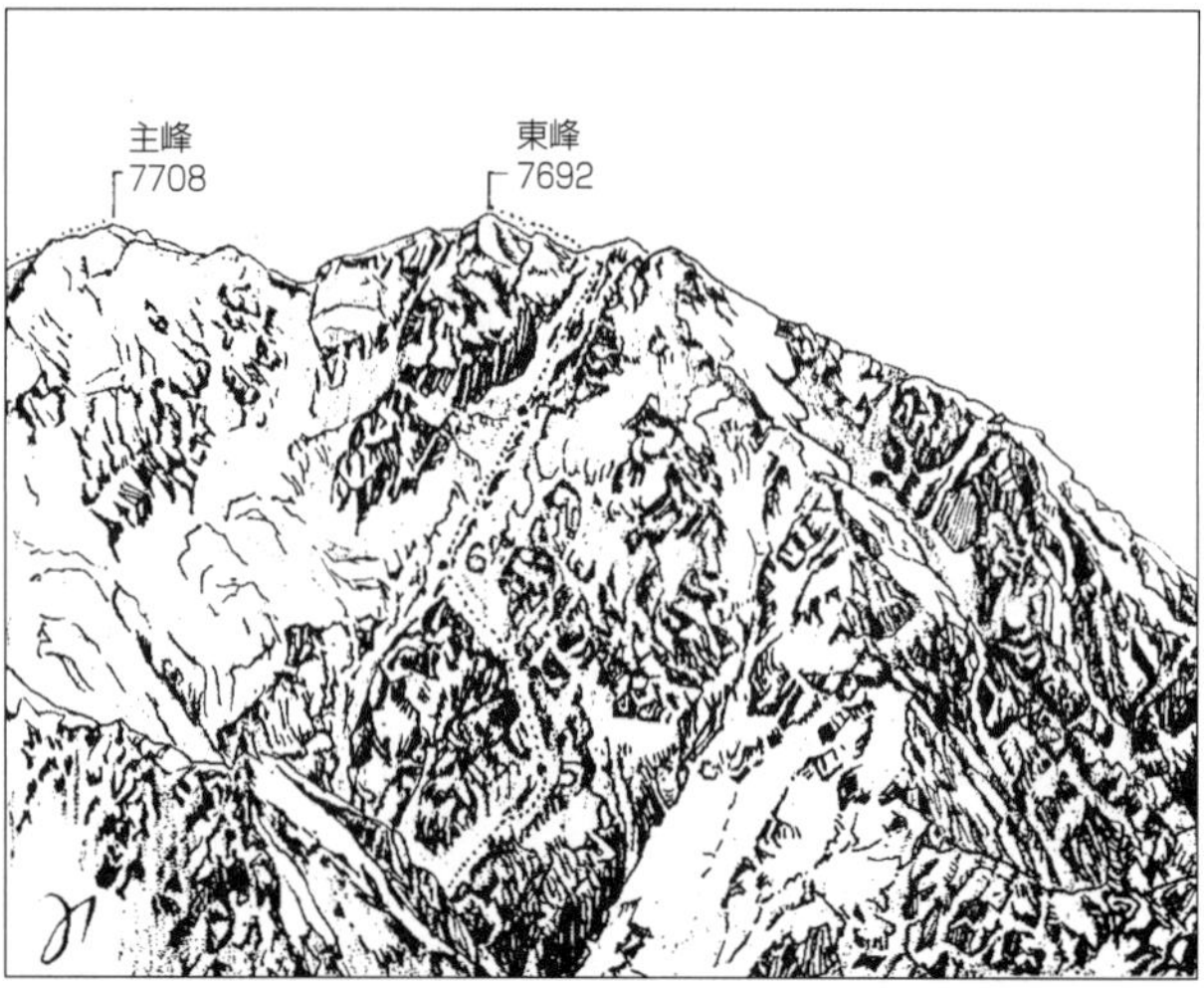

ティリチ・ミール南面〈諏訪多栄蔵画〉

欧米のヒマラヤ好きは十九世紀の後半には、すでにティリチ・ミールの具体的な山容、山の姿を知っていたと思われる。チトラールの初期のイギリスの政務官ジョン・ビッダルフが一八八〇年に著した『ヒンドゥ・クシュ民族誌』（本邦未訳）の口絵に、この山の東面、即ちマスツジからスケッチした絵が載っている。

このビッダルフという人物（元はイギリス軍人）は中央アジアに派遣されたフォーサイス使節団の随員として活動して以来、中央アジアやインド北西辺境一帯の探検家として著名な存在であり、後には英国王立地理学協会の主要スタッフとして名を留めている。

しかし、辺境勤務の常として、情報収集のエキスパートだったと思われ、現代の中央アジア探検史の研究家の中には、その著述の中で「spy《スパイ》」であったと、明らかに記している場合もある。しかし、辺境勤務の領事館員や出先機関に在籍した者と、職業的なスパイとの間の線引きはなかなか難しい。

例えばイギリスの有名な探検、登山家のE・シプトンは第二次大戦前後、カシュガルの領事（一時、昆明の領事でもあった）を相当長い間つとめていたので、情報合戦の真っ只中で、中国、ソ連（ロシア）と三つ巴の、悪く言えば、スパイ合戦を演じていたに違いない。

また、この地域で単独行動をしていて、多くの貴重な探検、踏査記を著わし

マスツジから見たティリチ・ミール東面〈J. Biddulph画, 1880〉

たR・ションバーグもイギリスの情報部局のエージェントであったらしいし、ブータン、東チベットから中央アジアにかけての探検家F・ベイリーも同様な立場にいた。ベイリーについては彼自らがスパイ活動を詳細に記している。この分野ではシプトンと双璧とうたわれるティルマンにしても、大戦中は、東欧でゲリラ戦の指揮官であった。

これらの人々は、例外なくその探検活動の業績を高く評価されて、英国王立地理学協会からゴールド・メダル*を授与されている。

*三四五ページ参照。

近年、これら辺境の探検者やその補助員たちの歴史を網羅的に跡付けた著作が二冊出版された。薬師義美の『大ヒマラヤ探検史』(白水社、二〇〇六年刊)とD・ウォーラーの『パンディット』(諏訪順一訳、日本山書の会、二〇〇六年刊)である。これらの大冊を読んだ後でも、私の中ではスパイ、情報収集、探検、探検記などの関係、その評価を如何にすべきかという疑問が解決されたとは言い難い。「それでも我々は未知の山河を歩き、その空白部を解明したのだ」という彼らの声が聞こえてきそうである。

H・K山脈の解明の歴史も、実は十八、十九世紀のパンディットらの秘密行動により具体的な現地の情報、地図*の作製が公にされた(勿論、その一部である)結果による所が大きい。H・K登山もまた、その歴史の延長上にあるので、長々と回り道した次第である。

*二一七ページのミルザの地図参照。

ティリチ・ミールも、他の高峰と同様に頂稜付近に実に多くのピークを有する一大山塊である。チトラールの町から北へ約四〇kmに位置するこの山塊には、七〇〇〇mのピーク六座と、六〇〇〇mの山座約三十が集まる。一九三八年夏に上部ティリチ氷河に姿を現わしたR・ションバーグは、この大きな氷河の四囲に聳えるティリチ・ミール、ノシャック、イストル・オ・ナールなどの高峰を仰ぎ見て、「ここはH・Kの最も光輝ある山々の巣である」と感嘆の声を上げている。

この山群の主軸は、東から西、さらに北西へ連なるが、まず中央に主峰（七七〇六m）、そのすぐ東の山稜一・五kmの所に鋭利なピークの東峰（七六九一m）が聳えている。主峰から北西山稜上には約二kmをへだてて、いわゆる西峰群の四つの七〇〇〇m峰が、Ⅰ峰（七四八七m）を筆頭に連なる。主峰からこの西峰群のすぐ西側は上部ティリチ氷河が延々と這い上っているが、氷河と西峰群との比高は約一五〇〇m、全て花崗岩の岩壁である。なお、この氷河の西岸はグール・ラシュト・ゾム（六六六五m）山群が連なり、その源頭にディル・ゴル・ゾム（六七七八m）があり、ティリチ主峰へ登る際の、高度馴化の訓練の場として、しばしば登頂されている。この二つの山の距離はわずか二kmしか離れていない。ティリチ主峰群の北側は下部ティリチ氷河によってガードされ、この面から登頂を試みた例は皆無である。

なお、主峰の南東面には、南バルム氷河、南西にはディル・ゴル氷河があり、

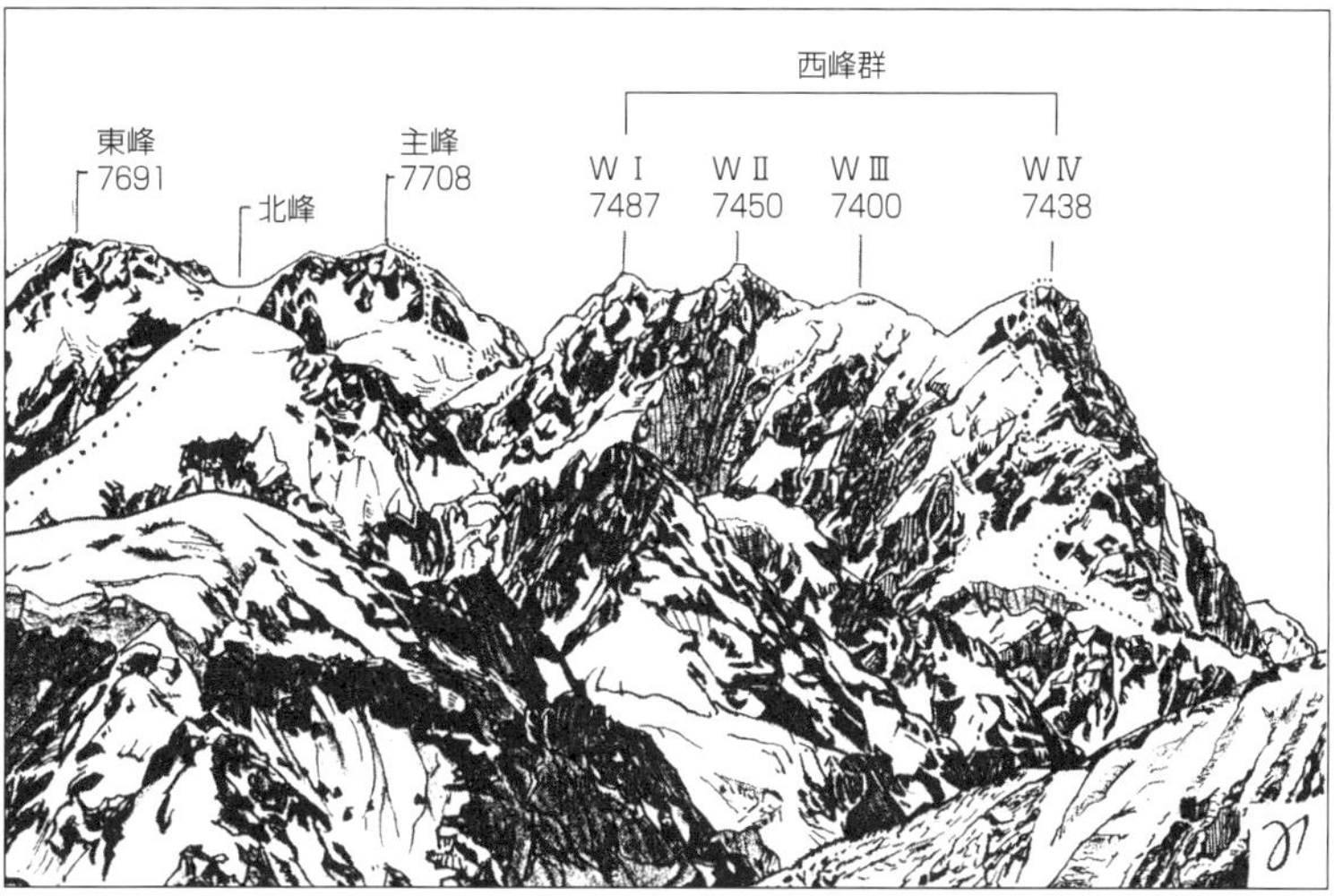

ティリチ・ミール北面〈諏訪多栄蔵画〉

それぞれ主峰への登頂ルートとなったが、共に困難なルートである。最も登頂のチャンスが大きいのは、前述の上部ティリチ氷河ルートによるもので、小パーティによる登頂例も多い。

H・K山脈の高峰登攀は第二次大戦の終了後ただちに始まった。その舞台となったのが、H・K最高峰のティリチ・ミールである。いち早く、この山に目を付けたのは、ノルウェーの登山家A・ネスで、彼は目標の山を選定するに当たって、インド北西辺境の諸方言の権威であるG・モルゲンスティールネの助言を仰いでいる。この言語学研究の大家は戦前からアフガン東部からチトラールへかけて、しばしば実地踏査を続け、現地事情に精通していたのである。

一九四九年にネスはまず偵察チームをチトラールに派遣し、現地事情とティリチ・ミールの概要を把握した。次いで翌一九五〇年に本隊（A・ネス隊長ら五名。他に学術班二名、撮影班二名）が出発。チトラールでは装備、食糧の輸送、多数のポーター雇用などの面倒な仕事を、現地のチトラール軍団のT・ストリーザー大尉が取り仕切った。

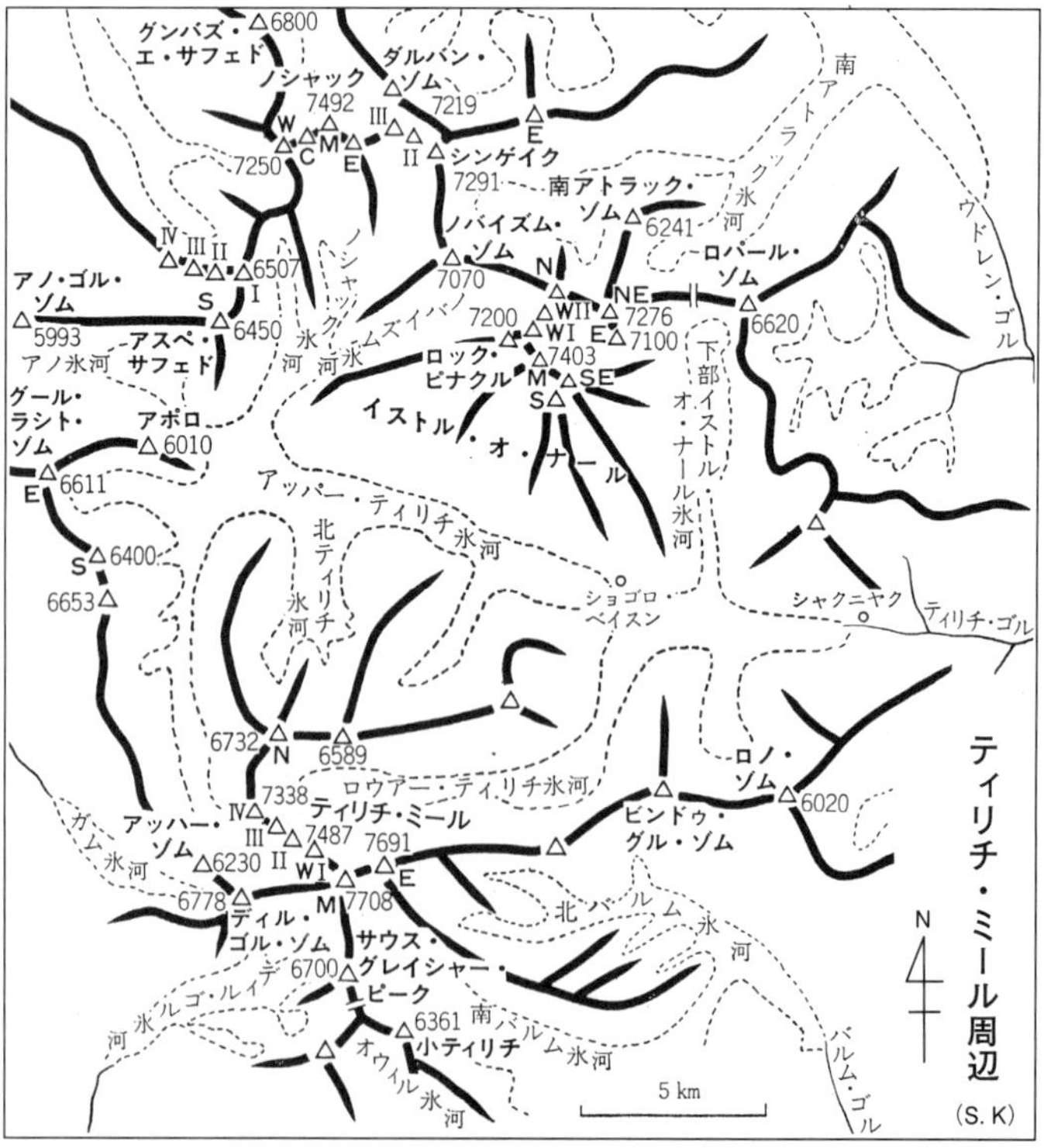

ティリチ・ミール周辺
(S.K)

彼はその後しばしばカラコルムの登山隊に参加し、重要な役割を担った。

六月初旬、ノルウェー隊は南バルム氷河の末端にベース・キャンプを設営し、六月二十七日には氷河上部のアイス・フォール帯に前進基地（C４・五二〇〇m）を設け、登攀ルートを南山稜に拓いた。

第一次アタック隊が六九〇〇m（C６）までルートを延ばしたのち、七月二十日にネスら三人の第二次アタックがC７まで登った辺りで前進するのに手間取っているうちに、後続の隊員B・クヴェリンベルグが単独で登行し、ネスらのチームを追い抜いた。彼は二十一日に七〇〇〇m地点でビバークし、翌二十二日に南壁を登り切って、夕闇迫る午後六時半にこのH・K最高峰の単独初登頂に成功したのである。

なお、ネスら三人も翌日午後遅く頂上に立った。ネスはその後もティリチ山群の開拓に意を注ぎ、一九六四年にはH・K第二の高峰ティリチ・ミール東峰（七六九一m）の初登頂を成功に導いた。このノルウェー隊の成功は、高々度に於ける岩壁登攀を達成したものとして、高く評価されている。

その後今日に至るまで、ティリチ主峰へはおよそ三十登前後の登頂例が記録されているが、ここでは二つの日本隊の成功の記録を記すにとどめよう。

一九六七年の夏、千葉県山岳連盟隊（高島一芳ら九名）がティリチ・ミールへ向かった。たしか中心メンバーは市川山岳会の人々だったように思う。出発前に前年のH・K経験者として、私が招かれ、数時間にわたってスライドと現地事情について話した。神社の境内にあったかなり大きな集会所だったように思う。

同じ年の七月にチェコ隊（V・セドヴィら六名）が入山していて、上部ティリチ氷河のルートにより、七月十九日に登頂に成功。第二登であった。困難な南面ルートよりも、この西面ルートからの登頂がはるかに成功の確率が高いことが確かめられたのである。千葉隊もこのチェコ隊と同じルートにより、第三登に成功した。隊員の近藤理昭が、後から入山して来たオーストリアの著名な登山家、K・ディームベルガーと協力して、八月十九日に登頂した。

次いで一九七一年夏、日本山岳会の石川支部隊（堀江俊三ら十四名）が、南面のディル・ゴル氷河から困難な南壁ルートを拓き、第五登に成功。その敢闘ぶりが大いに称えられた。なお、この隊は登山活動中にルート上の洞穴でビバークした際、動物の骨を発見し、ヒトの骨ではないかと話題になったことがある。結局それはヒト以外の動物の骨だったのであるが。

近年、このH・Kの最高峰も政治的、軍事的な危険、特に何年も続いているアフガン紛争の隣接地であることも災いして、数年に一度、といった程度でしか登山隊が入山していない。かつては精力的な若い登山家たちが腕だめしに競うようにして、姿を現わしていた地域だけに、ヒマラヤ志向の減退は歯がゆい限りである。特に東部H・K登山の最盛期から四十数年、この地域の盛衰を見守って来た私としては、意欲的な若者が登場することを切に待望しているのであるが……。

ティリチ主峰の傍らに、鋭角的な堂々たる山姿を聳立させるティリチ東峰（七六九一m）があるが、この鋭鋒に日本人の誰が最初の足跡を印すのか、大いなる関心を抱いている。この見事な高峰を試みる日本人の登山隊が皆無であることは、一方で未知の山域を求める声もある中で、不可思議な現象と言わざるを得ない。

〔二〇〇八年一月〕

イストル・オ・ナール　Istor-o-Nar　七四〇三m

この山はヒンドゥ・クシュ（H・K）山系の中で最も特異な山容で知られる高峰である。そのことは山名にもよく表わされている。即ち、チトラール語でイストルは「馬」、オは「の」、ナールは「蹄、蹄鉄」の意で、「馬蹄形の山」ということになる。頂稜部に約十座の七〇〇〇mのピークを持つ大きな山塊だが、各ピークの頂稜近くが顕著なカール状の地形となっていることからの命名である。

山名の命名者も命名の時期もはっきりしている点で珍しいケースだが、一九

イストル・オ・ナール山塊の南面〈諏訪多栄蔵画〉

二八年にこの山群を踏査、測量した旧インド測量局のＤ・バーンが命名した。この命名は山の形状を現地の言葉で適切に表現したものとして、古くから山岳関係者の間で高く評価されている。また、現地の人々にもごく自然に受け入れられている。

Ｄ・バーンが命名する以前にも、これだけの高い山（Ｈ・Ｋ第三位の高峰）なので、ティリチ・ミールなどと同様に古い呼称が伝えられているかも知れないが、このことを過去に何シーズンにもわたって、現地チトラールで尋ねてみたが、明確な答えは返って来なかった。この山は街道筋からは、所々で頂稜部が少し姿を現わすだけで、余り目立たないために、古い固有の山名が伝わっていないのかも知れない。

第二次大戦後、早い時期に一度は初登されたと公表されていた現代登山史上の成果が、一九六〇年代後半に至って否定されるようになった経過のあらましは、別項の「サラグラール」の中で記した通りだが、その大きな原因は、複雑な地形によるピークの誤認によるところが大きい。

ここでしばらく、イストル・オ・ナール山塊*の位置、主要ピークの並び方、周辺の氷河などについて記しておこう。

イストル・オ・ナールはチトラール川が北上し、トリコー川と名を変えるレインの村近くで、西からの長大なティリチ谷と合する。このティリチ谷をつめ

*イストル・オ・ナールの地図は二二二ページ参照。

て、少し登ったアッパー・ティリチ氷河の北約五kmほどの距離に七〇〇〇m級の主要ピーク約十座が連なる大きな山塊の総称がイストル・オ・ナールである。その東端にイストル・オ・ナール氷河、南側にアッパー・ティリチ氷河の下部、西側にノシャック氷河、北側に南アトラック氷河が横たわっている。南側のティリチ・ミール主峰とは約一五km、西のノシャックとは、直線距離で七、八kmしか離れていない。

イストル・オ・ナールの各山座は、上部イストル・オ・ナール氷河をとり囲むような形で、氷河の北側に北Ⅰ峰（七三七三m）など四つの七〇〇〇mが並立し、南には主峰（七四〇三m）など三つの七〇〇〇mのピークを連ねる。さらに西側には長大な西稜（西尾根）が走る。なお南面にもいくつかの尾根があるが、頂部直下の大きな雪氷壁に続く難ルートであるために、この面からの登山例は少ない。多くの場合は上部ティリチ氷河南岸のキャンプ地（通称バブー・キャンプ、約四五〇〇m地点）から、岩屑の堆積（千枚岩でもろい）したルートを苦労して登り、西稜の岩尾根を辿ることになる。

この西稜上にはロック・ピナクル（七二〇〇m）、西Ⅰ峰（七三〇〇m）、西Ⅱ峰（七二八〇m）と続き、北Ⅰ峰（七三七三m）でノシャックから東へ分岐する山稜と合する。右の山座のうち、ロック・ピナクル（岩塔）は、一九六〇年にノシャックに初登した京大隊が撮影した写真にも、顕著な岩塔として写っている。この西稜はイストル・オ・ナール登山史の舞台として、アメリカ隊

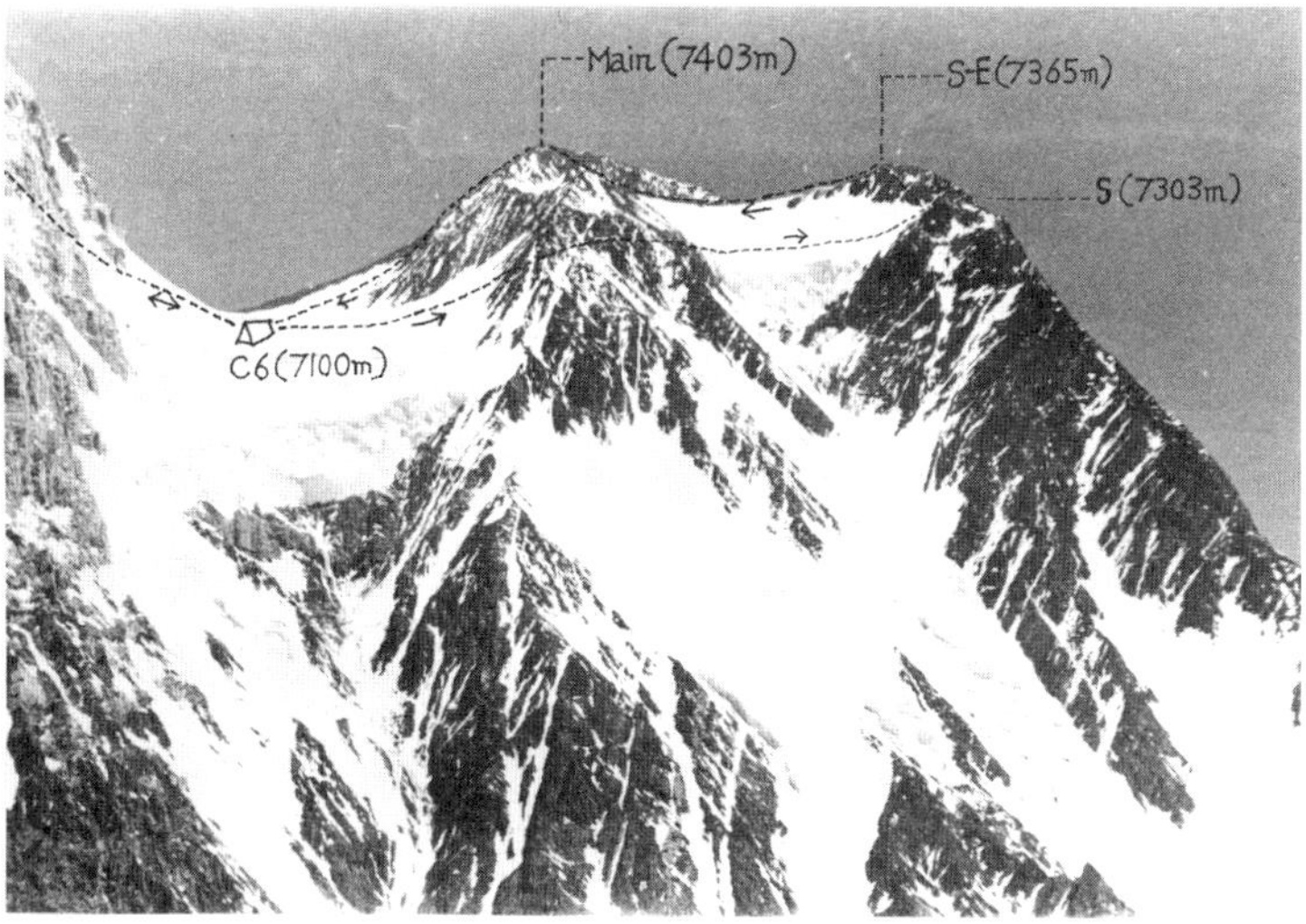

イストル・オ・ナール主峰群（南面）。左端の凹部がいわゆるグランド・サドル〈諏訪多栄蔵の資料による〉。

ほかの初登の真偽をめぐり、後で記すように日本の山座同定の研究家により、その真相が明らかになったことで知られる。

イストル・オ・ナールへの登山は第二次大戦以前から幾度か試みられたが、中でも一九三五年夏のイギリス隊は、R・ローダーとD・ハント（二人とも軍人）の二人きりの小チームで、西稜を辿り敢闘よく頂上（現在の西I峰）直下、あと六〇mまで迫ったが、時間切れで下山した。

第二次大戦後、一九五五年にアメリカのJ・マーフィら三人が、やはり西稜ルートにより、ルートを延ばし、六月八日に尾根上のピークを越えて、マーフィとT・マッチが午後四時に初登したと伝えられたが、一九六八年頃から疑問視する声が上がり、ヒマラヤ研究家の諏訪多（田中）栄蔵の綿密な山座同定により、この登頂は否定されるに至った。西稜と主峰の間にはグランド・サドルと呼ばれる高差三〇〇mの大鞍部があるが、アメリカ隊の報告文にはこの決め手となる大鞍部の写真も記述も無かったのである。今日ではこの隊の初登したのは西I峰とされている。

一九六八年の夏、初めてこの山に日本隊が登場する。しかも佐藤京子ら四名の女性隊（日本婦人西アジア親善隊）である。写真資料の少なかった時代であり、この隊の持参した写真は、その二年前の一九六六年に筆者がカゴ・レシト高原から北西に遠望した一枚であった。この方向からは、上部イストル・オ・

ナール氷河を馬蹄形にとり囲む北から西側にかけてのピークが写るのである。この面（東面）が馬蹄形の唯一の開口部に相当する。

この女性隊も西稜を辿り、七月二十九日に頂上に達したと、帰国後に新聞などに発表され、後には著書*も出版されたが、やはり、グランド・サドルについての記述や写真もなく、諏訪多栄蔵の写真資料を中心にした綿密な考察の結果、主峰への登頂は否定された。結局、彼女らは、西稜上のロック・ピナクル（七二〇〇m）に達したということで落着した。

諏訪多のこの問題に対する解析、考察はのちに日本山岳会の機関誌「山岳・第六十四年」（一九六九）に「イストル・オ・ナールの山座同定」として掲載されている。この論文は、ヒマラヤ登山史の研究家として第二次大戦以前から知られていた諏訪多の研究、特に山座同定の研究が頂点に達した時期のものとして長く記憶されることになろう。これ以後、日本人によるこの面の研究は、登山地図作成と相俟って目覚ましく進展する。近年上梓された宮森常雄・雁部貞夫編『カラコルム・ヒンズークシュ登山地図』（ナカニシヤ出版、二〇〇一年刊）は、その集大成と言ってもよいのではあるまいか。

イストル・オ・ナールの初登頂は女性隊の登山の翌年、即ち一九六九年八月十二日にスペイン隊（J・アングラーダ隊長ら四名）が果たした。彼らは、西稜ルートからロック・ピナクルに登り、グランド・サドルを下降したのち、南峰

＊佐藤京子『ヒマラヤ七四〇三メートル』、あかね書房、一九六九年刊）。

と南東峰を初登、南東稜を辿り初登頂に成功したのである。なお、グランド・サドルから主峰に至るルートに、初登したと信じられていたアメリカ隊の痕跡は全くなかったと報告されている。

スペイン隊の初登して十年の後、一九七八年の夏、日本の石川県勤労者山岳連盟隊（西公一郎隊長ら七名）がやはり、西稜ルートからグランド・サドルを下降したのち、主峰の第三登に成功した。これ以後、現在に至るまで主峰を登った隊は皆無と思われる。付近の高峰、ティリチ・ミールやノシャックに較べて、登頂例が極めて少ない理由は、ベース・キャンプへのアプローチは短いが、そこから西稜へ出るまでの千枚岩の岩屑の堆積が甚だ崩れ易く、また西稜自体も長大なルートであるために、装備、食糧の荷揚げが困難であることによる。

活力のある若手登山者の減少した現在、東面や北面ルートの開拓は、更に先のばしされよう。残念なことだ。

〔二〇〇八年一月〕

ノシャック　Noshaq　七四九二m

ノシャック[*]の名は、ヒンドゥ・クシュ（H・K）山系の山では、最高峰のティリチ・ミール（七七〇六m）と並んで最も古くから知られていた。そして、H・K第二位の高さを誇る高峰でもある。

*地図は二三三ページ参照。

第二次大戦後、十年を経ずしてH・Kの高峰は次々に初登される。一九五〇年のティリチ・ミール、一九五五年のイストル・オ・ナール（別項に記したように、このアメリカ隊の初登は、のちに否定された）、一九五九年にはサラグラールが登頂される。残るはパキスタン（チトラール）とアフガン国境にあるノシャックである。

この残された高峰に目をつけたのが、京都大学学士山岳会である。この会は戦前からアジア内陸の探検、登山を志向し、ヒマラヤ登山の計画も具体化しつつあったが、第二次大戦のために頓挫していた。戦後になって初めて手がけたのは、ネパールの八〇〇〇mを超える巨峰《ジャイアント》としては、殆ど最後の一座となっていたマナスル（八一六三m）である。

しかし、この計画は進行するにつれて、日本山岳会のイベントに委譲された。いち山岳会のイベントというより、国を代表する大きなプロジェクトに変貌して行ったのである。

その後、京都大学隊の目標はヒマラヤよりもっと西方のカラコルムやヒンドゥ・クシュにそそがれるようになり、そこでの登山や探検に数々の実績を重ねることになった。

ノシャック登山はそうした気運の中で実施された探検的な色彩の強い、いかにも京大隊らしい計画であった。

京大隊の酒戸弥二郎隊長は、写真の一枚もない、残されているこの高峰に、

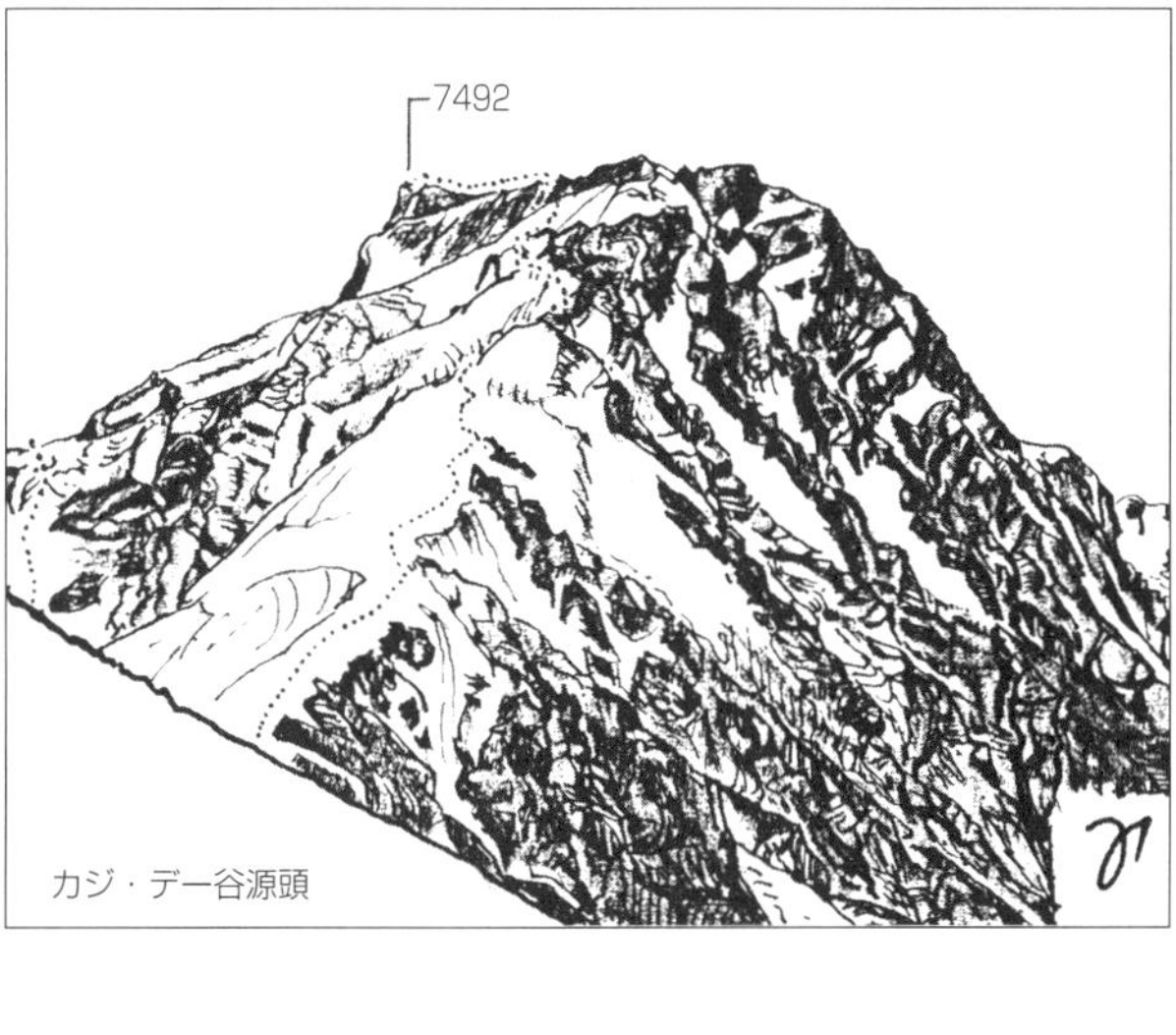

ノシャック（カジ・デー谷源頭から）〈諏訪多栄蔵画〉

好奇心をそそられたと、ノシャックを目標とした理由を述べている（『ノシャック登頂』朝日新聞社、一九六一年刊）。

ノシャックはその頂稜に七〇〇〇ｍ級のピーク五、六座から成る大きな山である。東のチトラール側からは、アッパー・ティリチ氷河から北へ延びるノシャック氷河の源頭に、西のアフガン側からは北部のバダクシャン地方のカジ・デー谷を南につめたカジ・デー氷河の源頭に鎮座する。

この山の沿革については、デンマークのオルフセン中尉の一九二〇年代の記述が最も古いと深田久弥が『ヒマラヤの高峰』の中で述べている。なお、その本の「ノシャック」の項は「岳人」連載時に、数か月にわたって記したので、他の章に較べて、極端に長い章になっている。

それは、日本隊のヒンドゥ・クシュ志向が大いに高まりを見せた一九六七年に執筆されたものなので、H・K各地域の最新の登山情報、古代の求法僧の事蹟、グレート・ゲームで華やかだった十九、二十世紀初頭の探検史などに言及したためである。

したがって、本項では京大隊以前の記録については触れず、『ヒマラヤの高峰』の記述に譲りたい。

一九六〇年の京都大学隊は酒戸弥二郎隊長ら六名から成り、その中に酒井敏明、岩坪五郎といった、その後のカラコルム登山や探検史の研究で名を成す人々がいた。そして、ノシャックの初登も、この二人によって行なわれた。

一行はカブールを発足して、ジープにより長駆バダクシャンのイシュカシム経由で、カジ・デー谷に入り、その谷の三〇八〇ｍ地点にベース・キャンプを張った。以後は登山班の中心である酒井、岩坪隊員が順次キャンプを上部へ進めた。その間に後発のポーランド隊が追いつき、一時は合同登山の議も出たが、結局この案はまとまらず、両隊は別個に行動した。

京大の酒井、岩坪ペアは八月六日ベース・キャンプを出発し、以後カジ・デー氷河に入り、モレインの尽きた辺りにＣ３（五五〇〇ｍ）を建設。そこまでは少数のポーターを使用したが、それから上部へは二人だけの力で登った。十一日には前方の国境稜線のコルに達し、そこから北へ続く山稜を進み、六三〇〇ｍの地点に第四キャンプを設営して、Ｃ３へ戻る。山稜上からは、パキスタン側のティリチ・ミールなどの高峰群が指呼の間に見えた。

その後、二人は一度Ｃ２まで下ったが、十六日に再度Ｃ４に入り、翌十七日、頂上アタックに出発。岩峰を二つ乗り越えると雪のなだらかな稜線になり、そこから発している氷河をトラヴァースするのに時間がかかった。午後四時すぎ頃、尾根は岩屑で歩き易くなった。そして二時間後の午後六時、二人は頂上のゆるやかな広がりの中に立った。

なお、後続のポーランド隊は京大勢に遅れること十日後の九月二十六日、七人の隊員が頂上に立ち、ノシャックの第二登を果たした。その際、彼らは、初登の時に酒井隊員が頂上に埋めたコケシを発見している。

一度手頃な登頂ルートが発見されると、どんな高峰でも、登山者が集中する。ノシャックはその好例で、一九八〇年代にすでに四十登を数えるに至った。H・K山系には他に例を見ない集中ぶりである。同じような例をカラコルムで言えば、ブロード・ピーク（八〇五一m）である。オーストリー隊（M・シュムック隊長）が一九五七年に初登して、しばらく後には毎シーズン、登頂されることになる。中には相当安易な登山も行われており、これでは、初登時のK・ディームベルガーやH・ブールの苦闘も水の泡であろう。

現在の日本隊も八〇〇〇m峰への集団登山が流行しており、世界の最高峰エヴェレストもその最大、最悪の例を示していると言って過言ではない。

日本人の未知の高峰は他にまだ沢山ある。例えば、カラコルムの「輝く壁」ガッシャーブルムⅣ峰（七九二五m）の切り立った西壁も、H・Kで二番目に高いティリチ・ミール東峰（七六九一m）のすばらしい鋭鋒なども、日本の登山家が試みた例は一度もない。これらの山々を真剣に研究し、完登することの方が、登山の発展のためには、はるかに価値があると思われる。後者の場合、アプローチが二、三日で済むので、登攀に没頭したい者には打ってつけの山と言える。

筆者は四十年前にチトラールのブニ・ゾム北峰の北壁（約五〇〇〇m地点）から明け方のティリチ・ミール東峰の雄姿を見た。この方角からは、主峰より

ティリチ・ミール主峰（中央の左）と東峰（同右の尖峰）
〈「暮らしの手帖」1967年89号より・S. Karibe 1966〉

も、はるかに東峰が独立峰のように見えるのである。この山に登ろうとする日本の登山者が早く現われないかと私は今でも待望しているのである。

〔二〇〇七年十月〕

サラグラール　Saraghrar　七三四九m

第二次大戦前後から始まったヒンドゥ・クシュ（H・K）の高峰登山は、先ず次の四つの主要山座を目指すものであった。

①ティリチ・ミール（七七〇六m、現在は七七〇八mとされる）

②イストル・オ・ナール（七四〇三m）

③サラグラール（七三四九m）

④ノシャック（七四九二m）

このうち第二次大戦前に本格的に登山が試みられたのは②のイストル・オ・ナールだけで、他の山々は偵察的な段階にとどまっていた。そして、実際の登頂の年次も右に並べた順序とされていた。深田久弥の名著『ヒマラヤの高峰』（決定版、白水社、一九七三年刊）でも、そのように記されている。

ところが、深田久弥が「イストル・オ・ナール」の項を実際に執筆した一九五九年九月の段階では、その通りでよかったが、その後一九六八年頃からアメリカ隊の初登（一九五五年）は疑問視され、諏訪多栄蔵の研究により、一九六九年のスペイン隊の登頂を以って初登頂とすることが確定した（この詳細については、別掲の「イストル・オ・ナール」の項を参照されたい）。

なお、深田久弥が「イストル・オ・ナール」を「ヒマラヤの高峰」として雑誌「岳人」に記したのは連載第九回目（一九五九年）という極めて早い時期であり、H・K登山の情報も登頂例も乏しかったという状況であった。

この連載はほぼ十年続き、最終回は一九六八年の「ランタンⅡ」の第百二十回を以て終了した。

サラグラールに話を戻そう。この高峰への最初の本格的な登山は南面から行なわれた。南面は殆ど岩壁の切り立った岩登りの難ルートであり、一九五八年、イギリスのオックスフォード大学隊（E・ノリッシュ隊長）が挑んだが、六六〇〇m地点で断念。隊員のP・ネルソンが、下降中に転落死をとげて終わった。

翌五九年に、イタリアのボローニャ隊（F・マライーニ隊長）が、十二分の食糧、装備をととのえ、チトラールから長駆して、トリコー河を北上。さらに右岸から合流する支谷のジワル・ゴルを西に溯

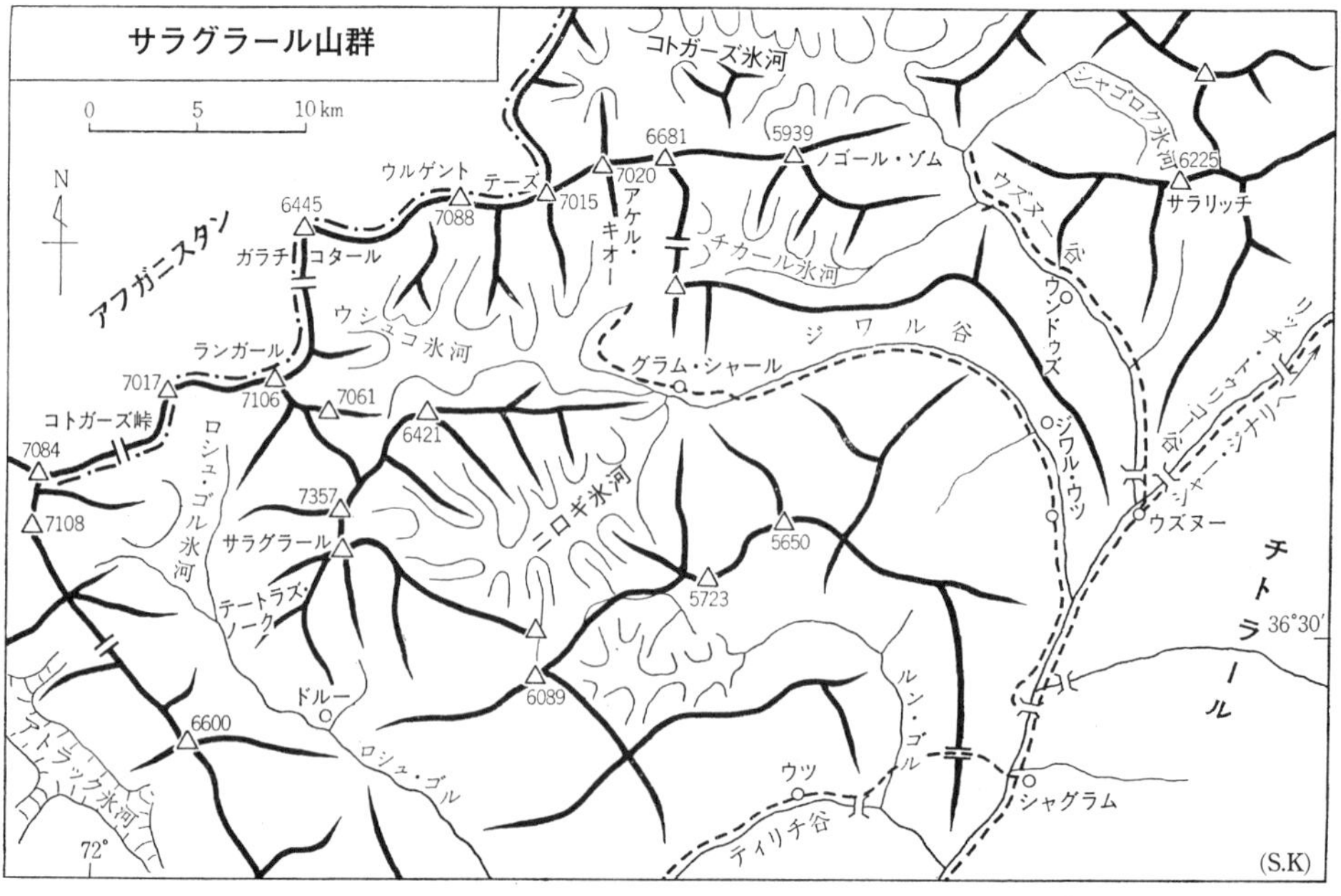

り、源頭のグラム・シャールにベース・キャンプを設けた。

サラグラールの頂稜には、本峰（七三四九ｍ）のほかに北西峰（七三〇〇ｍ）、南峰（七三〇七ｍ）など多くの七〇〇〇ｍ級のピークが蝟集する。

この山塊の北東のウシュコ氷河と南西面のニロギ氷河の山稜から西へ延びて、主峰へ到る長大なルートが、イタリア隊の採ったルートで、攻略法はその頃のヒマラヤ登山では正攻法とされていたポーラー・メソッド（極地法）によるものであった。当然のことながら多くの人員、装備、食糧そしてキャンプ地を必要とする、手間暇がかかる方法である。

イタリア隊は八月六日にニロギ氷河の支氷河（ローマ氷河）のルートから本格的にアタックを開始。北東支稜上の小さなピーク（六七九〇ｍ）に第五キャンプを置いたのは八月十八日。同二十四日、北峰（七〇四〇ｍ）を越えたプラトーの第六キャンプからＰ・コンシリオとＦ・アレットのペアが、さらに、Ｃ５からＣ・ピネリとＧ・カステリのペアが、共に本峰の頂上に立った。二十四日午後三時少し前のことであった。

結局、イタリア隊のアタックは十八日間を要し、全ルートが雪と氷の上を辿るもので、一度も岩に触れる所がなかったという。但し、頂上部分は岩のピークであったが。彼らは頂上から前年のイギリス隊の南面ルートを見ることが出来たが、その岩壁は如何にも険悪で危険なルートであると報告している。

一九六六年の夏、小田川兵吉と雁部貞夫ペアが、イタリア隊のルートを追ってジワル・ゴル（谷）からグラム・シャールへ入った。チトラールからの全行程を歩き通して、十一日間を要した。恐らく歩程は二五〇kmを越えたと思われる。

このペア（フラッテロ隊）は始めはサラグラールの北東面をウシュコ氷河から観察し、この方面からの登路を探った。次いで二人はグラム・シャールの狩人小屋を出発し、北側の山稜上の小ピーク（約五二〇〇m）に立ち、更に北のアケール・キオー（七〇二〇m）など北方山群のパノラマ撮影を期待していたが、北のワハン国境からの雲に妨げられ、極く一部を遠望するにとどまった。しかし、南側は快晴でサラグラール山群を始め、その南西山稜上の多くのピークを間近に望むことが出来た。

この時に撮影したサラグラール主峰群やウシュコ氷河北のH・K主脈（アフガン国境）上の高峰、コー・イ・テーズ（六九九五m）やコー・イ・シャヨーズ（六八五五m）の写真は恐らく日本人の撮った最初のものと思われる。

さらに、このペアは帰途にブニ・ゾム北峰の北壁にも試登し、そこの約五〇〇〇m付近から、サラグラール頂稜の諸ピークの南東面の全景、イストル・オ・ナール南東面、H・Kの最高峰ティリチ・ミールとその東峰（七六九一m）東南面の撮影に成功し、後年の諏訪多栄蔵、宮森常雄らの山座同定の際の有力な資料となった。なお、これらの山々の写真を含むグラフ特集「チトラルの旅」

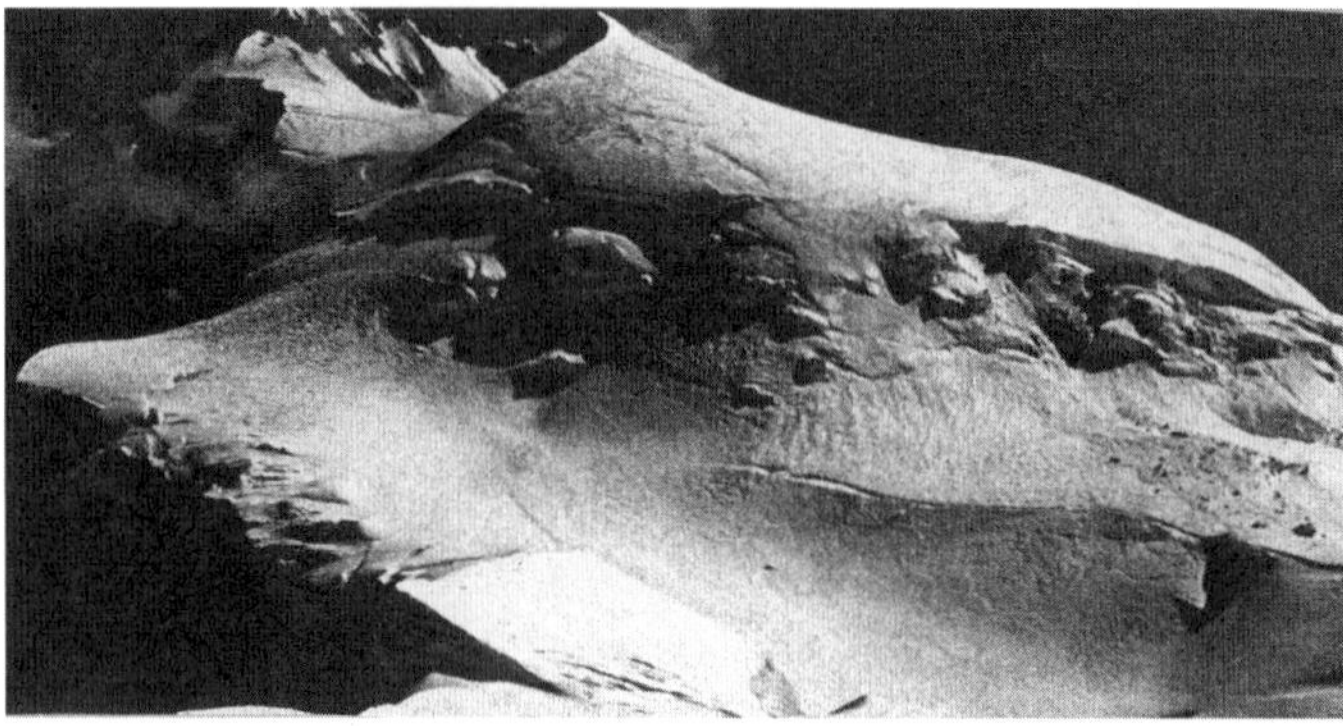

サラグラール頂稜（北面）〈横山史郎 1967〉

が、「暮らしの手帖」(八九号・一九六七年)に掲載され、この地域に対する関心を高めた。

翌年(一九六七年)、多くの日本隊がH・Kの山々を目指したが、その中の一つに新潟大学山の会の二人組があった。このペアは梅津晃一郎と横山史郎の二人で、サラグラール主峰の第二登を目指すというものであった。

筆者は新潟大ペアの準備段階で何度か相談にあずかったが、その際に力説したのは、北側のウシュコ氷河から登り、ショート・カットして上部でイタリア隊の初登ルートへ合し、速攻するという案であった。最も大きな鍵はウシュコ氷河から、南東山稜への取り付き点にある氷瀑をどう突破するかであった。前年の私たちの偵察の際の写真では斜めから写っているので、その成否は五分五分というところであった。

しかし、幸運なことにオーストリー隊のM・シュムックが、一九六三年にウシュコ氷河の北側のH・K主稜上のコー・イ・ショゴール・ドク(六八二八m)に登った際に、この氷瀑とその上部を含めた明瞭な写真を撮影し、私はその写真を入手していた。この写真によって、何とか少人数でもこのルートを突破できそうだという見通しが立った。

一九六七年夏の、梅津、横山パーティの活躍は目覚ましいものがあった。六月にチトラールに入域した新潟大ペアは、前年の小田川、雁部ペア同様にジワル・ゴルを溯行し、グラム・シャールに到着。手始めに、サラグラール山塊の

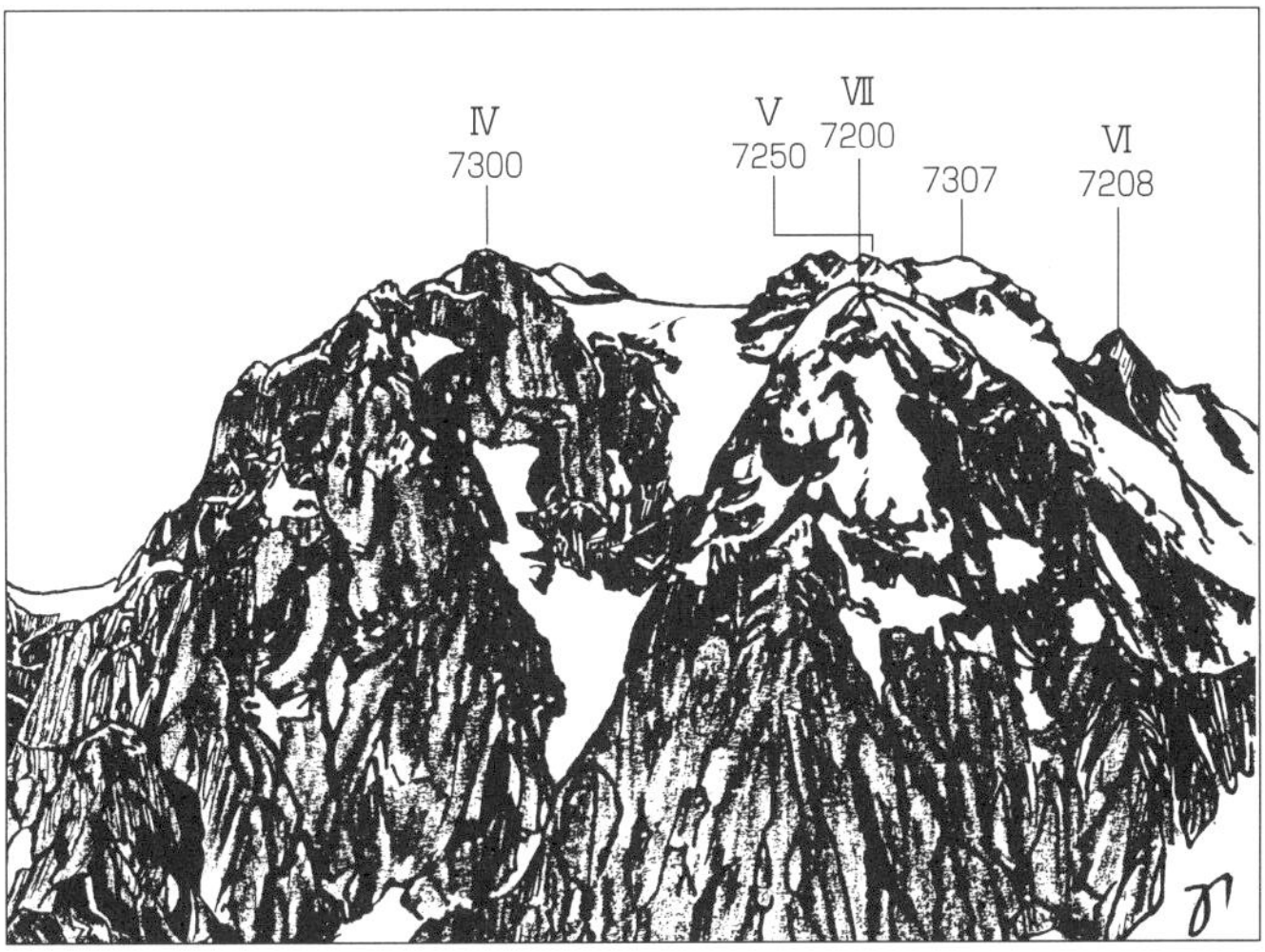

サラグラール(南面)〈諏訪多栄蔵画〉

南東のニロギ氷河右岸の山稜上の一ピークであるスカイ・ゾム（五九七二m）に七月八日に登頂して、サラグラール主峰群の全体像（南面の）をつかんだ。

次いで、サラグラール本体を攻略すべく、北のウシュコ氷河にルートを転じ、四二〇〇m地点にベース・キャンプを設け、その後、首尾よく問題の上部山稜へ越えるための氷瀑（アイス・フォール）を突破することに成功。この若いペアは強靭な体力に物を言わせて、下部で少数のポーターの支援を受けたものの、殆ど二人だけの力でキャンプを進め、七月二十七日にサラグラール主峰の頂上に立った。主峰の第二登である。これによって、日本人小パーティによるH・Kの七〇〇〇mの高峰を速攻（ラッシュ・タクティク）することが可能だと証明され、その後の後続パーティも二、三人による速攻が、天候のよいH・K山脈の登山では当たり前の方法となった。なお、梅津、横山パーティは、主峰へ登る前の七月二十五日にウシュコ・ゾム（ランガール・ゾム南東峰、七〇六一m）の初登も果たした。このピークは東方のグラム・シャールの高原から見ると見事な紡錘形にそびえ、サラグラール山群では最も目立つ鋭鋒である。

その後、「ヒマラヤ鉄の時代」の呼び声と共に、サラグラール南面の大岩壁を標的とする岩壁登攀への志向が高まり、一九六七年の一橋大学隊（山本健一郎隊長）が南峰（七三〇七m）の南壁中央岩稜にルートを拓き、八月二十四日に南峰に初登頂した。更に一九七一年には静岡登攀クラブ隊（秋山礼佑隊長）が西壁右岩稜にルートを拓き、南西峰（七一四八m）に初登。高距二五〇〇m

＊二〇〇五年七月二十四日、サラグラール南東峰（七二〇八m）へ、スイス隊（九名）の**S. Grosjean**（グロスジーン）ら三名が初登した。ルートは南面のロシュ・ゴル谷より。

を超える大岩壁を完登した記録として、ヒマラヤ登攀史に新しいページを記した。*

さいごに、サラグラールの初登を手中にしたイタリア隊のリーダー、F・マライーニ氏についてしばらく記したい。

マライーニ氏は第二次大戦以前、すでにチベットやシッキムで、探検、登山の実績があり、新進の民族学者として知られていた。その後留学生として来日し、京都大学や北海道大学で民族学の研究に励み、特にアイヌ民族の生活と文化に注目して、現地を調査してアイヌの儀礼に使用する髭はね箆《へら》を蒐集し、『アイヌのイクパスィ』（一九四二年）という報告書を著した。これは近年、白《しら》老《おい》のアイヌ文化の研究機関が復刻している。

大戦後ふたたび探検の世界に復帰したマライーニ氏は、一九五八年のガッシャーブルムⅣ峰（七九五二m）に初登した時のイタリア隊（R・カシン隊長）に参加し、写真撮影を担当し、のちに『ガッシャーブルム4登頂』（邦訳・一九六二年、理論社刊）という大著を刊行し、その邦訳（牧野文子女史による）は大いに読まれた。

その後、自身がリーダーとして組織したサラグラール登山でも、その初登の記録を『パルパミソ』（一九六三年刊、本邦未訳）と題して刊行。その頃の数少ないH・Kの紀行書として、大いに参照された。マライーニ氏の本はいつも数

F. マライーニ氏(左)と娘のダーチャ(右，イタリアの代表的な女流文学者となった)

バルトロ氷河におけるマライーニ(前列左から2人目)

百ページから成る大冊で、実際に読むのは大変な努力を必要とした。しかし、豊富に挿入された美しい写真が、目を楽しませてくれた。マライーニ氏が、リーダース・ダイジェスト誌の編集長として来日中に、私は牧野文子女史の小日向台のお宅でお目にかかった。私がその時『パルパミソ』の英語版を持参して署名を乞うと、氏はその赤ら顔をほころばせて、扉のところへ「チトラールの仲間へ」と英文で記し、自署してくれた。なつかしい思い出だ。

二〇〇一年にイタリア年を記念して、東京都写真美術館で、「レンズの向こ《イル・ミラ》うの世界《モンド》」と題するマライーニ氏の業績を総覧する大回顧展が開かれた。その時私は、イタリア大使館の文化部の依頼を受け、ヒマラヤ辺境各地の沢山の写真のキャプションと足跡図を作成して展覧会場に展示した。H・K登山の先駆者に対する私なりのささやかな報恩である。その会ではスクリーンにマライーニ氏の元気な近況を示す映像とメッセージが伝えられて、数十年ぶりに氏の風貌に接することが出来た。

この写真展が開かれてから三年後の二〇〇四年六月八日、フォスコ・マライーニ氏は故国イタリアで九十二歳の天寿を全うした。

〔二〇〇七年十月〕

アケール・キオー　Akher Chioh　七〇二〇m

一九六六年の夏、私はチトラールを出発して、トリコー川を溯行し、ジワル・ゴル（谷）から長駆して、その源頭に達し、ウシュコ氷河からヒンドゥ・クシュ最北西の盟主サラグラール（七三四九m）の偵察を行なった。

その際、ウシュコ氷河末端から北方のH・K主稜線上のコー・イ・テーズ（六九九五m）のすぐ隣り（東側）に純白のかなり大きなピーク*が見えた。それが日本人が初めて肉眼で見たアケール・キオーの雄姿であった。

その数日後、私と僚友の小田川兵吉は、この山行のベースにしていたグラム・シャールの狩人小屋から、すぐ北方の山稜上の五〇〇〇m台の小ピークに立った。期待していたさらに北のアケール・キオーからコー・イ・テーズへ続く高峰群は雲の中に隠れてしまい、残念だった。しかし、南側のサラグラール山群の多くの山々を目の当たりにして、じっくり撮影することができた。

帰国後、「暮らしの手帖」（八九号・一九六七年）に、多数の写真を収載した「チトラルの旅」という一文を記したが、その中の一枚にアケール・キオーがわずかにその姿を見せていた。

なお、山名の意味は「最後の太っちょ、大物」の意とされるが、山名、意味とも必ずしも明確ではない。命名者も不明である。

*アケール・キオーの地図は二三六ページ参照。

南側からのコー・イ・テーズ(左)とアケール・キオー(右，雲の中)
〈S. Karibe 1966〉

アケール・キオーは、ティリチ・ミール東峰と並んで、H・K高峰群の中では、断然美しい円錐形の山容を誇る双璧と言ってよい。但し、南のウシュコ氷河側からは、根張りの部分はコー・イ・テーズからの山稜にさえぎられ、やや鈍重なピークに見えるが、北側のコトガーズ氷河からは根の張ったすばらしい円錐形の鋭鋒に見える。

私たちが入山した同じ年の夏、この鋭鋒の初登を手中にしたのが、オーストリーのハンス・シェルら三人の小パーティであった。その頃すでにシェルの名は、カラコルム、H・K一帯を速攻で登頂するクライマーとして知られていた。

チトラールの町から同名の川に沿って北上し、歩行四日目にクラーの村へ着くが、その少し先で川は北東のマスツジ川と北西のトリコー川に二分する。後者の東岸に沿って、更に四日目、ヴジュヌーの村から北西の支谷ウジュヌー谷へ入り、チトラールのマッターホルンと称される鋭鋒サラ・リッチ（未踏峰・六二二五m）の南麓を回り込むようにして北西へ歩み続けること更に三日目に、この谷の源頭に三〇kmの長さを誇るコトガーズ氷河の舌端に達する。北から東へかけてルンコー（六九〇二m）の山群、コトガーズ氷河の北岸に六〇〇〇m峰前後の多くの峰々があり、西岸にはアケール・キオーをはじめ、コー・イ・テーズなどの七〇〇〇mの高峰が列なる。

北側からのアケール・キオー（左），コー・イ・テーズ（右）〈横山史郎 1969〉

シェルら一行は、この氷河の四一〇〇m地点のモレイン上に、七月二十五日にベース・キャンプを設営し、手始めにアケール・キオーの側峰、といっても台形の堂々たる山容のコトガーズ・ゾム（六六八一m）に東壁ルートにより、八月三日にシェルとR・ゲシェルが初登。

次いでアケール・キオーの南東稜から登頂を試みたが約六七〇〇m地点まで撤退した。一旦、ベースで休養したのち、再度アタック。第三キャンプを六六〇〇m地点に設け、そこから高差五〇〇mの南東壁（氷壁）を登攀し、猛烈な地吹雪の中を敢闘よく、アケール・キオーに初登頂した。八月十日のことで、初登頂者はシェルとゲシェルの二名であった。もう一人のメンバーはリーダーのシェルの夫人で、ベース・キャンプの留守番をしていたようだ。

その後、この高峰には一九七七年六月にチェコ隊、七月にポーランド隊（R・トゥリスら）、八月に別のポーランド隊（K・マルジイクら）が登頂を重ねた。その後久しく登頂例がなく、現在に至っている。

なお、日本人による記録は七〇年代の山口大学隊の試登があるのみで、未だこの高峰に日本人クライマーの足跡が印されていないのは甚だ残念なことである。アケール・キオーの素晴らしい写真が、七〇年代に日本人によって撮影、公表されている。一九六七年に梅津晃一郎と共にサラグラール（七三四九m）の第二登を速攻で陥れた横山史郎が、一九六九年に単身（別にロバ引きの少年を伴ったが）で、コトガーズ氷河へ入り、東面から近接撮影に成功している。

この時、横山はペギッシュ・ゾムなど約十座の単独登頂に成功、その破天荒な活動ぶりは今に至るまで語り草となっている。彼はその後、脳出血で倒れたが、懸命のリハビリを続け、近年は右半身は不自由なものの、左手で絵筆をとり、山や草花を主とした個展をしばしば開き、今は伊豆で暮らしている。

〔二〇〇七年十月〕

〔追記〕　今年（二〇〇八年）の十一月一日に福島県の二本松で開かれた日本ヒンズー・クシュ＝カラコルム会議に、久しぶりに横山史郎は岳人たちの前に姿を現わし、サラグラール登山やコトガーズ氷河での単独登攀の詳細を、多数のスライドを映写しつつ語った。筆者は横山の話を引き出す役を務めたが、破天荒な連続登攀の成功のかげに彼の何ものにもめげない強靱な体力と精神力、ねばり強さをつぶさに知り、大いなる感銘を受けた。（二〇〇八年十一月）

9 ヒンドゥ・クシュの名峰(2)——北東部ヒンドゥ・ラージ

ヒンドゥ・ラージについて

チトラール（Chitral）からマスツジ（Mastuj）を経て、ヤルフーン川（Yarkhun R.）をさかのぼること一週間、ガゼン（Gazin）谷の荒々しい岩峰を右にみて道は北に向かい、ダルバンド（Darband「門」の意）の峡谷に入り、やがて、ラワルク峠（Rawark　c三五〇〇m）の美しい放牧地へのぼる。ここはちょうどヤルフーン川が東からやって来て、急激に南下する屈曲点に当たる。峠を下り、ヤルフーン川畔に達すると、川の両岸が意外なほど広々と開けているのに一驚する。

一九三三年にこの道をたどって、ヤルフーン最奥のチアンタール（Chiantar）氷河を訪れたショーンバーグ（R. Schomberg）も、この辺の印象を「パミールと似た風土的色彩が濃く、特に気候は中央アジアのそれと密接な関係をもっている」（『異教徒と氷河』）と語っている。

先に述べた、ヤルフーン屈曲点からチアンタール氷河に至るまでがヒンドゥ・ラージ（Hindu Raj）山脈の主要な部分を形成している。いわばハイライトの当てられている箇所であり、ヤルフーン南岸に主稜線から派生した何本もの支稜が平行するようにのびている。その間には必ず発達した氷河がたたえられ、なかには、シェトール（Shetor）氷河やチャティボイ（Chhatiboi）氷河のように、直接ヤルフーン川の水流へその舌端を流下させるものもある。舌端の青い水の断面が時おり、ヤルフーン川へ盛んな水煙を上げつつ崩落する光景は、このあたりの見ものの一つである。

深田久弥は『ヒマラヤの高峰』の中で、ヒンドゥ・ラージの名称の由来や範囲について詳しく述べている。その要点をとり出すと次のようになる。

〝Hindu Raj〟の名は、古くからあったが、十九世紀末に、この地方（ダルディスタンすなわちチトラール、ヤシン、スワートの諸地方を含めた地域の総称）を探査したインド測量部のターナー大佐（Col. S. Turmner）が、シャンドゥール峠（Shandur An）以南の山脈（分水界）にこの名称を採用した。

その後、インド測量に功績のあるルーウィス大佐（Col. C. G. Lewis：ヒンドゥ・クシュの測量にも大きな業績を残した）が、その範囲をシャンドゥール峠以北に延ばして、ヤルフーン源頭で西カラコルムとヒンドゥ・クシュが接する地域へ合する山脈まで延長させた。つまり、「南のローワ

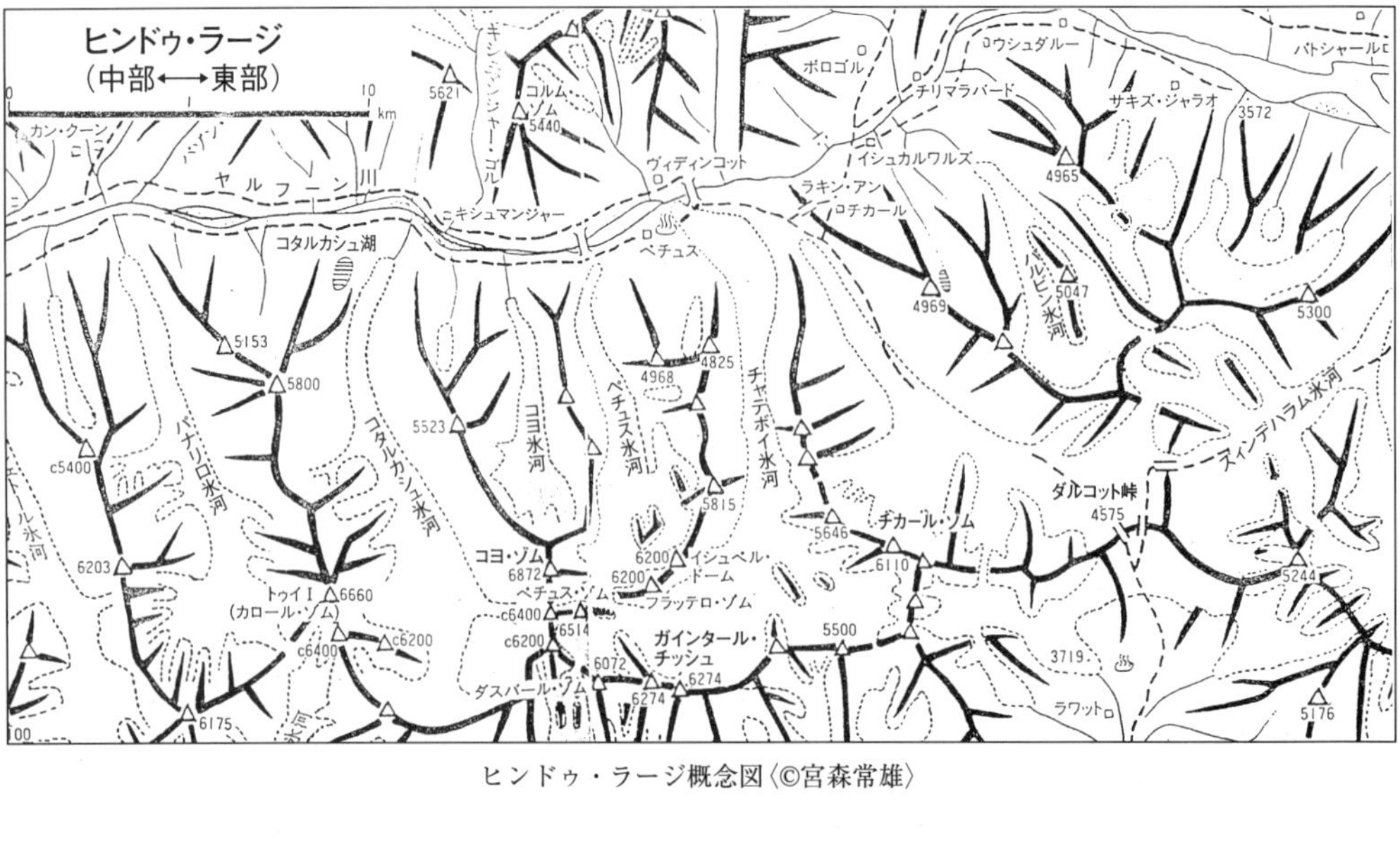

ヒンドゥ・ラージ概念図〈©宮森常雄〉

ライ峠から始まって、ヤルフーン川源頭まで切れ目なく続いた長大な山脈の総称」というわけになる。

さらに深田久弥は言を続ける。「ブニ・ゾム山群とスワート・コヒスタン山脈は主流から外れてはいるが、その支脈と見て、ヒンドゥ・ラージに包含するのが適当であろう」としている。微視的にみれば、かなり問題を含むと思われるが——たとえばスワート・コヒスタン（Swat Kohistan）はヒンドゥ・ラージとは別の山脈とすることもできるし、ブニ・ゾム山群も、シャンドゥール側の主稜とは、大きなラスプール川（Laspur R.）によって、はっきり断ち切られているが——この見解は今日では、一応定着した概念であろう。

古くからヤルフーン上流の谷間に放牧地を求めてきたワヒ人（もとワハン谷に居住していた民族で、現在ではフンザ、ヤシン、チトラールの北部にも半定住している）以外では、どのような人々が、このヒンドゥ・ラージ主脈の雪の山並みの雄姿を眺めてきたのだろうか。中央アジア探検の最盛期には、中央アジアとインドを結ぶルートとして、ヤルフーン上流からチトラールへ至る道が使われた。そこに登場する探検家たちについては、別項に記した。

ヒンドゥ・ラージ山脈の南面にも古くから、ギルギットやヤシンの駐屯地を足場に、ヘイワード（George Hayward）——一八七〇年ダルコット（Darkot）の集落で殺害された——やビッダルフ少佐（Maj. J. Biddulph）、後にはロングスタッフ（Tom Longstaff）が活動した。このロングスタッフは、一九一六～

ブニ・ゾム山群（右，ブニ北峰6338m，左，Ⅱ峰6147m）
〈S. Karibe 1966〉

一七年にグビスに駐屯して、周辺の山地に、しばしば足を運んでいる。登山家の目で、ヒンドゥ・ラージ山脈を観察した点がユニークである。

その永い生涯とヒマラヤ各地での豊かな登山の体験をまとめた、彼の唯一の著“This My Voyage”*の中には、次のような箇所がある。

「ヤシン北方の境には、ヒンドゥ・クシュ山脈で最もすばらしい山々のうちの幾つかがある。西方ではトゥイの山群、北方ではダルコット山群で、二〇〇〇〇～二二〇〇〇フィートを越える五つの山々がある。」

また、一九二〇年春、彼はロンドンのアルパイン・クラブで講演しているが、それはのちに“Byways in the Hindu Kush”として印刷された。その中で、ヤシンの主要ピークに次のような名称をあげている。

「トゥイの山（Thui　二一八九一ft）、ダスパー（Daspir　二二六〇三ft）、シュリチッシュ（Shulichish　二一四〇九ft）、ガルムシュ（Garmush　二〇五六四ft）」

それ以後、この地域で、目ざましい踏査を行なった開拓者として、一九三三年のR・ションバーグがあり、ヤシン地区で、彼は幾つかの高い峠を越えている。第二次世界大戦後の例としては、日本のヒンドゥ・クシュ登山の嚆矢《こうし》となった一九五六、五七両年の京都大学学士山岳会の広範囲にわたるパイオニア・ワークがあるが、その詳細は別項*を参照していただきたい。

〔一九七八年〕

＊邦訳『わが山の生涯』望月達夫訳、白水社、一九五七年刊。

＊二三一～二三三ページ参照。

コヨ・ゾム* Koyo Zom　六八八九(六八七二)m

いうまでもなく、コヨ・ゾムはヒンドゥ・ラージ山脈中の最高峰（六八八九m）である。この山脈中には、他に六七〇〇mを超える山は一つもない。多くは六五〇〇m前後といったところである。

コヨ・ゾムの標高は、インド測量局のクォーター・インチ・マップでは六八七二mとなっているが、最近ではスタインの測定した数値を使っているのが普通である。たぶん、一九〇六年五月にチトラールからヤルフーン川をさかのぼり、ダルコット峠（四五七五m）やバロギール峠（Baroghil Pass、三八〇四m）へ上ったおりの測定値であろう。

スタインは中央アジア探検行に際し、必ず優秀なインド人測量士たちを同行させていた。たとえばラル・シン（Ral Shing）、ラム・シン（Ram Shing）、さらに西北辺境出身の有名な測量家アフラズ・グル・カーン（Afraz Gul Khan）といった人々である。したがって彼らの作図した地図や測定値はきわめて精度の高いものであった。

特にアフラズ・グル・カーンについては、『ヒマラヤ——その探検と登山の歴史』の著者メイスン（Kenneth Mason）も、「近年になっては、カラコラム

*地図は二四八ページ参照。

へ入った多くの旅行家に随行し、高峰の詳細な測量を広域にわたってなし遂げた点では、おそらく世界の測量家中誰よりも功績のあった」者として、彼の名をあげ、称賛している。

今日、コヨ・ゾムは、北側に高距三〇〇〇mに近い壁（垂壁の部分は一五〇〇mくらいか）をもち、その上に分厚い雪の冠をいただく雄峰として知られている。しかし十年ほど前には、その山容を知る人などまれであった。写真そのものが入手困難で、公表されたものとしては、スタインとカーゾン（G. N. Carazon）が約一世紀前に撮影したものが存在するだけだったのである。

深田久弥は一九六八年六月に「コヨ・ゾム」の一文を「岳人」誌に発表した。この山がまだ試登すらされていなかった時点で筆をとり、ヒマラヤ志願の日本の若者たちの士気を鼓舞したのである。この文章（のちに『ヒマラヤの高峰』所収）は、今呼んでも教えられるところが多い好文である。

当時、東部ヒンドゥ・クシュ山脈の七〇〇〇m峰の初登頂時代はようやく終わったものの、ヤルフーン川源流域のヒンドゥ・ラージ主脈には、盟主コヨ・ゾムをはじめ手つかずの六〇〇〇m峰の宝庫がとり残されていたのである。

尖鋭なヒンドゥ・クシュニストの目は、当然この魅力的な山域に注がれ、一九六七年には、A・リンスバウアー（Alfred Linsbauer）隊（西ドイツ）、G・グルーバー（Gerald Gruber）隊（オーストリア）、一九六八年には、筆者らのRCCⅡ隊、日本学生隊（三瓶清朝ほか）、学習院大学隊（贄田統亜ほか）、

コヨ・ゾム（6889m）の北壁
〈S. Karibe 1966〉

A・シュタム（Albert Stamm）隊（オーストリア）などが相前後して入域することとなる。ほとんどの場合、三名から成る小パーティーである。

グルーバーらのすばらしいパノラマ写真が、「アルパイン・ジャーナル」誌や「マウンテン・ワールド」誌に載り話題となったのは、それから二、三年たってからのことである。

別項で述べたように、このあたりは古来から、中央アジアとインドを結ぶルートの一つとして知られており、十九世紀の中央アジア探検の黄金期には、錚々たる探検家たちが、この地に登場した。

その中の一人スタインは、考古学が専門であるが、中央アジアの地形、地理の解明にも並々ならぬ興味をもち、つねに優秀なインド人測量士を同行させていたことはさきにも述べたとおりである。したがって探検のおりに目撃した山にも注意を払い、同時代の他の探検家たちよりも、その観察も記述の仕方も正確である。その辺の事情を、深田久弥は次のように述べている。

「ダルコット氷河によってヤルフーン川に下った（注・一九一三年の第三回中ア探検行の途上）スタインは、それから川を溯り、カランバール峠を越えてパミールの方へ入った。そのカランバール峠から南および南西へ向かって撮った写真が、スタインの大著“Innermost Asia”の中に見出される。その中の一枚には鮮やかにコヨ・ゾムの白雪の雄姿が写っている。おそらくヒンドゥ・ラジ最高峰の写真は、今のところこれ以外にはないと思われる」(『ヒマラヤの高峰』)。

そのほかにもスタインは、一九〇六年にも、第二回中央アジア行の途上、ヤルフーン川右岸の高みから、コヨ・ゾムを含む主稜線のパノラマ写真を撮った。その写真は、彼の“Ruins of Desert Cathey”に収められている。これらの写真の説明には、はっきりとKoyo Zomとピークの名を表記しているのが注目される。

スタインよりも早くコヨ・ゾムの写真を撮った人がいた。のちにインド副王となったカーゾン卿*である。その写真はカーゾンの著書“Leaves from a Viceroy's Note-book”(1926)に一枚だけ載っている。バロギール峠の上からコヨ・ゾムの北東面を撮ったもので、一八九四年、カーゾンがパミール旅行の帰途、チトラールへ抜けたときのものである。おそらく、コヨ・ゾムの一番古い写真であろう。小さな写真なので深田氏の注意を引かなかったのだろう。この本は、深田氏も援用していたのだが。

この山をカーゾンは、Koi Zomと表記している。KoiもKoyoもチトラール語で「帽子」の意である。つまり、日本流にいえば「烏帽子《えぼし》山」ということになる。頂稜の分厚い氷帽にちなむ命名法である。

一九六八年の七月一一日、RCCⅡ隊(雁部貞夫、橋野禎助、剣持博功)はチトラールを発し、ヒンドゥ・ラージ山脈の核心部を目ざした。当時得られた資料は、深田氏の好意によるインド測量局のクォーター・インチ・マップのコ

*カーゾン卿 二〇六ページ参照。

ピー一枚と、スタインの前述のパノラマ写真の複写一枚とであった。

この写真では、コヨ・ゾムの頂は東側の前衛峰に隠され、その一部がちょっぴり頭をのぞかせているにすぎなかった。しかし、チャティボイ氷河の雄大な全景を鮮明にとらえていた。この未踏の山河は、探るに値する大きさと品格とを備えていた。

五頭のロバに三〇〇kgの荷を積み、ヤルフーン川をさかのぼること十一日、キシマンジャ（Kishmanja）の小集落で、RCCⅡ隊は初めてコヨ・ゾム北壁の雄姿に見参した。前山のマイナー・ピークに隠され、北壁全体の十分の一ほどの白い壁の輝きを望見しただけだが、それでも、幅広い壁の量感は圧倒的なものがあった。

スタインの文章にも出てくるペチュス（Pechus　三二五〇m）の小集落にBCが置かれた。ペチュスとは「熱い泉＝温泉」の意である。コヨ・ゾムの東の奥深く広がるペチュス氷河にルートが発見された。この氷河は舌端こそ小さかったが、源頭には大雪原をもつ大きなスケールの氷河で、コヨ・ゾムへの最良のルートとなった。

深田氏は、コヨ・ゾムについて記した文中に、「学生三人組*はヤルフーン川からコヨ氷河を登って頂上に達するつもりらしいが、それが駄目なら、チャティボイ氷河から登頂をねらうことにしている」と報じている。しかし、コヨ氷河は、北壁基部に突き当たり、北壁登攀が目的なら別だが、小パーティーには

＊三瓶清朝、高本信明、上原博和。

まず手のつけようもないルートである。また、チャティボイ氷河は溯行可能なルートだが、コヨ・ゾム登頂を目的とするには、やや迂遠なルートであり、ペチュス氷河のように捷路とはなりえない。もっとも、このような判断は、現地を実見してはじめてわかるものであり、資料の乏しい頃ではやむをえない推論であろう。

　登路のペチュス氷河は、最下流部は堅い氷の堆積、下流部の両岸から山の迫った部分はセラック帯で、巨大な氷塔が林立し、大小の氷塊が崩壊する危険地帯となっていて、ここまでは右岸のサイドモレーンをたどることになる。中流部は平坦な、しかし、始末の悪い「隠れ《ヒドゥン》」クレバス帯が待ち受けている。割れ目は幅の狭いものだが、前ぶれもなく、ふとももまで足を踏み抜くこともある薄気味悪い部分である。

　さらに上部は傾斜がやや増して明瞭なクレバス帯となっている。何段にもわたって氷河両岸に達するようなクレバスも多く、左右に大迂回したり、小さな裂け目を飛び越え、大きなものは、心細げに架かっているスノー・ブリッジをじわじわ馬乗りになって渡る場面もあった。クレバスの幅は多くの場合二、三m前後である。

　こうした障害を突破すると、クレバスの少ない雪面をたどること数キロで氷河源頭の大雪原へ飛び出す。ヒンドゥ・ラージの氷河の構造は、いずれも大同小異であろうが、このペチュス氷河もヒンドゥ・ラージの氷河構造の典型的なモデルをもっていた。ＢＣから源頭まで三泊を要した。

ＲＣＣⅡ隊は約二週間、二度にわたって主峰コヨ・ゾムをアタックしたが、高度順化の不足、八月に入って氷河の状態が悪化したことなどが原因で、その頂上に立つことはできなかった。しかし、七月二八日に、氷河源頭東の雪のドーム（イシュペル・ドーム Ishpel Dom　c六二〇〇ｍ）とフラッテロ・ゾム（Frattero Zom　c六二〇〇ｍ）に登頂した。そこからは、コヨ・ゾム東南稜の登路が明確に指摘できた。このルートは、ＲＣＣⅡ隊より一足遅くペチュスにやって来たＡ・シュタムらのオーストリア隊に引き継がれ、八月十七日、このヒンドゥ・ラージ最高峰の初登頂の栄光は、彼らの手中に収められた。

ここで、オーストリア隊の初登の足跡をたどってみよう。第一次アタック隊のヒライバー（Viktoria Hribar）、ヴィルヘルム（Gerulf Wilhelm）は、東南面から東稜をたどり、困難な岩のバットレスを登攀し、さらに雪壁を登った。頂上直下までむずかしい急峻な氷におおわれた岩の障壁を登り、険しい稜をたどった。そして八月十七日、第一次アタック隊の二人はコヨ・ゾムを陥れた。東稜の全ルートの半分は、注意深くビレイする必要があった。さらに、二十三日にはバルトゥスカ（E. Baltuska）、ヴォール（G. Wöhrl）、シュタムの三名が再登に成功し、ここに全隊員が頂上に足跡を印した。

翌年（一九六九年）の夏、東京岳人クラブ隊（小笠原重篤、柳下晴好、竹森謙一、佐藤泰雄）が、前二者と同様のルートで第三登を果たした。オーバーハ

コヨ・ゾム東南稜初登ルート（左下から右へ斜上する）
〈S. Karibe 1968〉

イシュペル・ドーム（左，6200m）と
フラッテロ・ゾム（右，6200m）
〈S. Karibe 1968〉

ング帯を交えた頂上直下の岩と氷のミックスした部分での厳しい人工登攀が、この登山での「山場」だったようだ。

一九七四年の夏、イギリスのインペリアル・カレッジ隊のブラウン（C. Brown ほか五名）は、同じくノーマル・ルートによって、八月十八日、第四登に成功した。登頂者はリトルウッド（Bruce Littlewood）とワイルド（Rob Wild）であった。なお彼らは、頂上直下を下降中、約七〇m滑落したが、たいした傷を受けずにすんだ。

〔一九七八年〕

〔追記〕　一九七〇年代半ば以降、コヨ・ゾムを始め、その周辺の数多い六千m峰へ挑んだ本格的な登山の実例は全く途絶えてしまった。私は近年に至り、一九九七、九九、二〇〇三年の三シーズンにわたり、ヤルフーン川源流への踏査を行なった。そのつど、コヨ・ゾム山群を間近にして、一九六八年にコヨ・ゾムを舞台にして行なわれた初登頂争いと、遭難事件の悲喜こもごもの夏の日々を鮮明に思い返したことであった。

往時に較べて、コヨ・ゾムの登路としたペチュス氷河の後退は一目瞭然で、氷河の表面も崩壊の度合いは一段と進んでいるのが見てとれた。

前ページに示したイシュペル・ドームとフラッテロ・ゾム（共に六二〇〇m）を私たちが初登したことを発表した当時、それを信じた人々は殆ど存在しなかった。いかなる地図にもこの山の記載はなく、写真そのものも全く存在しなかったためである。

〔二〇〇八年九月〕

コヨ・ゾムのベース・キャンプ（ペチュス村）で三隊の交歓
〈H. Kenmotsu 1968〉

ガインタール・チッシュ* Ghaintar Chish 六二七四m

*地図は二四八ページ参照。

一九六八年の夏は、ヒンドゥ・ラージ山脈登山史上、きわめて重要な年である。この山域の核心部、盟主コヨ・ゾムを中心とする山域に、南のヤシンから一隊、北のヤルフーン川から四隊が前後して、当時未踏峰の宝庫であったこのサンクチュアリ（聖域）へ入った。うち二つは日本隊であった（前項参照）。

ガインタール・チッシュ（六二七四m）の初登を果たしたのは、南のヤシン側から入山したリンツビッヘラー（Helmut Linzbichler）の率いるオーストリア隊であった。リンツビッヘラーは、その後、当時謎の山の筆頭にあげられていたカランバール谷（Karambar Gah）のカンピレ・ディオール（Kampire Dior　七一四三m）を再三試みた人である。

ダス・バール（Das Bar）谷源頭のBCからほぼまっすぐにヒンドゥ・ラージの主稜を目ざしたリーダーのリンツビッヘラーとシェルビッヘラー（Günther Scherbichler）は、八月十日、この山の頂に達した。

なお、その二日前、同じ隊のメンバー二名が、この山の西の六〇七〇m峰に初登し、ダス・バール・ゾム（Das Bar Zom）と命名した。ダス・バールとは、ガムバール・ゾム（Ghamubar Zom、六五一八m）山塊のすぐ西の谷のことで、その源頭に近い部分が、ガインタール・ガー谷である。

同じ年、同じ月に、もう一つのオーストリア隊が主稜線の反対側のチャティボイ氷河で活動していた。ウィーンからやって来たA・シュタムら五名のチームである（前項の「コヨ・ゾム」を参照のこと）。

彼らはこの氷河東岸のチカール・ゾム（六一一〇m）その他数座の初登を果たしたのち、四九二〇m地点、氷河源頭五五〇五m地点とキャンプを進め、八月十四日、シュタムとバルトゥスカ（Elfriede Baltuska）が第二登に成功した。また八月二十二日には、全員がダス・バール・ゾムの第二登を果たした。

この北面から見るガインタール・チッシュは、ヒマラヤひだの美しい大きな山である。氷河源頭からの比高は六〇〇m程度とみられ、登攀はさして困難なものではなさそうだ。〔一九七八年〕

チカール・ゾム* Chikar Zom　六一一〇m

Chikarとはコワール語（Khowar　すなわちチトラール語）で「柳」という意味である。峰自体の形状や特徴によるものではなく、ダルコット氷河舌端右岸上の集落名にちなむものである。

おそらく、この名称自体は、さして古い歴史のあるものではなく、一九六七

*地図は二四八ページ参照。

オーストリア隊のリーダー，A. シュタム（左）とV. ヒライバー〈S. Karibe 1968〉

年にこの山の近くを通過したG・グルーバーか、A・リンスバウアーなどが仮称したものが固定したものであろう。

筆者は、一九六八年八月、ダルコット峠へ行く途中、この峰の北面を間近からとくと眺めることができた。彼我の距離わずか三kmほどで、ダルコット氷河の雪とチカール峰の氷雪の輝きが照らし合って実に壮観であった。北面からみると馬の背のような大きな山体で、全面氷雪におおわれていた。北壁といった感じもあり、その傾斜度は相当なものである。

チカール・ゾム（別称ガクシュ Gahkush）は一九六八年八月十一日、オーストリア隊（A・シュタム隊長ら五名）のV・ヒライバーとG・ヴィルヘルムによって初登された。「ヒマラヤン・ジャーナル」誌（一九六九年）には、実はこれだけの記事しか出ておらず、登攀の詳細は記されていない。しかし、そこに添えられた地図によって、ルートの大略はつかめる。

ウィーンからやって来たこの隊は、ヒンドゥ・ラージの主峰コヨ・ゾムを目的としていた。しかし、彼らがBCのペチュス集落へ到着したとき、すでに筆者らRCCⅡ隊は、コヨ・ゾム攻略中であった。そこでオーストリア隊の面々は、最初の二週間をチャテボイ氷河周辺の調査、登山にあてた。チカール・ゾムの登頂は、その期間に行なわれたものである。この期間は主として高度順化のための山行の色彩が強かったようだ。

チカール・ゾムへのアタックは、チャテボイ氷河の上部四九二〇mのキャンプから行なわれた。氷河の真ん中に置かれたキャンプから東岸へ渡り、ダルコット氷河との分水線に出て、北西稜にルートをとり、初登に成功したものである。高差約一〇〇〇m、おそらくは、北面からの登攀よりもかなり登りやすいルートと思われる。

なお、このピークの少し東には、同程度のピーク（六一〇〇m）が未踏のまま残されている。また、彼らはチカール・ゾムへ登る以前に、この稜線北端の五二八〇m、五四三六mのマイナー・ピークへも初登している。〔一九七八年〕

ガルムシュ* Garmush 六二四四m

この山の名が、初めて世にあらわれたのは、一八七九年の十二月、インド測量局が作成した「ダルティスタン概念図」(Sketch Map of Dardistan including Kafiristan and Neighbouring Countries) の図中のものである。この図は、当時この地域の情報を一手に集めていたと思われるライトナー（G. W. Leitner）博士が一八六六〜七二年にかけて収集した情報にもとづいて作成されたものであった。

ライトナー博士は、当時の北西辺境諸語の権威であり、言語学的な著述を多く残した人でもある。

*地図は表紙うら見返し参照。

この図のヤシンとダルコット峠の中間のダスパー（Daspar 今のガムバール・ゾム、六五一八ｍ）に二三六一二フィートの標高が与えられており、ガルムシュは、谷を挟んで、その北東に山名だけが記入してある。おそらく、一八六〇年代にヤシンで活動したヘイワードや、現地人パンディットたちの収集した山名なのであろう。ガルムシュの山名が古くから各種の地図に記されたその源は、この地図であったと考えざるをえない。

ガルムシュは一九七五年八月一日、二人のオーストリア人によって、ヤシン側から登頂された。

バウムガルトナー（Peter Baumgartner）ら五人は、ギルギットからジープを使ってヤシンまで行き、そこからロバを雇用し、ダルコット集落へ到着。二十二人のポーターによって一五四二五フィート地点にＢＣを建設し、さらに一六四〇〇フィート地点に物資を集積した。Ｃ１は一七七二五フィートにつくられ、そこから八月一日、マーラー（K. Mahrer）とブランドステッテル（Brandstötter）の二人が、午前五時に出発。西稜を登攀して、午後四時に初登頂を果たした。

こうして、ガルムシュ峰は頂上を明け渡したが、後年再登したおりの日本隊のスライド写真では、ほぼ同様のルート（つまり、南西面から西稜ルートを辿る）が使用された。この面は意外なほど雪が少なく、がらがらとした岩稜を登ることになる。

近年、ヒンドゥ・ラージ主稜の山々は、南面から接近し、登頂を果たすという例が増えてきた。ギルギットからのアプローチが非常に短期日ですむことと、チアンタール側の許可がきわめてとりにくい*（チアンタール側で許可が出された例は皆無である）ためである。

一九七七年八月、同志社大学ヒンドゥ・クシュ遠征隊の松村隆広隊長、下村嘉昭、高橋由文、宮崎貴文の四名は、ガルムシュ西稜から第二登に成功した。前後二度にわたり全員が登頂した。その行動のあらましは次のとおりである。

八月十一日、ガルムシュ西面の氷河末端にBC（四七〇〇m）。そこから左氷河上部雪原へ出る。十四日C1（五二〇〇m）。ここから岩場のルートを開拓して、岩稜へ出る。二十二日にはC2（五七〇〇m）を設営。そこから六一〇〇mのリッジの終了点まで固定ロープが張られた。八月二十六日、このルートを登り、アタック隊の二人がまず登頂。翌二十七日、残りの二人も登頂を果たした。

この山は、チアンタール山群やコヨ・ゾム山群、ガムバール・ゾム山塊その他の山々を展望するにつごうのよい位置にある。それぞれの山群からやや離れたところにそびえているからである。同志社大学隊は晴天を利して、頂上からの展望写真を撮ったはずであるので、まだ不明の箇所も多いこの地域の山々の山座同定に貴重な資料をもたらすのではないだろうか。

〔一九七八年〕

*一九九〇年代に入り、大幅にトレッキングの行動範囲が緩和された。さらに近年はこの地域の六五〇〇m以内の山も登山料を必要としない時代となった。

ダルコット峠* Darkot An　四五七五 m

この峠は、古来から中央アジアとインドを結ぶルート上の要衝として知られていたことは再三繰り返し記してきた。特に八世紀半ばに中国（唐）から、一万人の将兵を率いて長駆遠征してきた高仙芝将軍の物語は有名である。そのうちの何分の一かの兵士は、ダルコット峠を越えて、ヤシン、ギルギットなどへ侵攻した。

近代の探検家がダルコット峠を越えた例は多い。その中で最も有名なのが、M・スタインである。

彼は前後二度この峠を登降しているが、はじめは一九〇六年五月十七日のことで、このときはヤルフーン側から峠へ登った。もちろん早い時期であったため、ダルコット氷河は深雪でおおわれていた。大変な苦労のあげく、九時間の登行のすえ、峠に立った。実際に峠に達して、彼は初めて、高仙芝の事績がいかに大変なものであったかを実感した。歴史上有名なハンニバルのアルプス越えをしのぐものだ、と彼は高仙芝をたたえている。

第二回目は、一九一三年八月末のことで、このときは、ヤシン側からスタインは峠へ登った。峠の上の大雪原で、彼は偶然にもチトラール軍団のスターリ

*地図は二四八ページ参照。なお巻末の折り込みにパノラマ写真がある。

ング大尉（Cap. Starling）がヤルフーン側から登ってくるのに出会った。スターリングは登山家でもあった。なお、スタインは、峠の高さを四六二〇ｍとしている。

その後、久しくダルコット峠へあらわれた探検家はいなかったが、一九三三年の夏、カラコルムからヒンドゥ・クシュにかけてのユニークな探検家Ｒ・ションバーグが、ヤルフーン側から峠に登り、ヤシンへ下った。峠の北麓、チカールの集落ではヤクを飼っており、古くから峠へ登る旅行者に提供してきたが、ションバーグもヤクを使った。

彼の主著“Kafirs and Glaciers”（1938）では、ダルコット峠へ達するところで巻末を結んだ。次のような描写がある。

「ワヒ人たちは、ダルコット峠の頂までつれていってくれたが、そこにはギルギット側の助っ人がわれわれを待ち受けていた。垂れ込めた空の下で骨を刺すような風が雪を吹き払い、巨大な寂しい氷河の中でワヒ人へ給料を支払ったが、彼らが大変喜んでくれたので、気分よく別れることができた。……ぶつぶつ不平を言ってうなっているヤクを、彼らは大声を出して操っていた。黒い雪つぶてのように氷河の下方へ遠ざかっていく彼らの姿を、われわれはじっと見守っていた」（雁部貞夫訳）。

一九六七年の夏、Ａ・リンスバウアーらは、ヤシンからダルコット峠へ上り、ズンディハーラム（Zindikharam GL）氷河を下って、チアンタール氷河に入った。

一九六八年にコヨ・ゾムを目ざしたＲＣＣⅡ隊のうち筆者は八月十二日、峠の大雪原に立った。道はチカールの集落からダルコット氷河の右岸の山側についており、途中から氷河の中へ入る。氷河の雪は割合締まっており、降雪の直後でもなければ歩行に何の障害もない。峠の近くからは、氷河というよりは大きな雪原という状態になるが、その周辺には、五三〇〇～五五〇〇ｍの峰々が浮島のようにみえ、はなはだ夢幻的な雰囲気がある。チカールの集落から峠を往復すると十五時間ほどかかる。筆者以後も二、三の例があるようだが、詳細は明らかでない。雪豹の生態研究で知られるアメリカ在住の動物学者シャーラー（George Schaller）は、一九七三年の七月にヤルフーン側からダルコット峠へ上り、ギルギットへ出ている。

〔一九七八年〕

〔追記〕　右の本文は一九七八年に執筆したものだが、一九六〇年代以後長くこの峠へ立った日本人は存在しなかった。しかし、一九八〇年代頃からトレッキングの許可範囲が拡大され、広島三朗、平位剛らが北面のチトラール側から足跡を残し、南面のヤシン側からは、写真家の藤田弘基が峠に立った。近年の例としては、私たち、ヤルフーン川源流域踏査隊が、一九九七年と二〇〇三年の夏にチトラール側のズンデハーラム氷河を登り、峠に立ち、ギルギットへ下った。筆者にとって三度目のダルコット行であった。

なお、峠の付近は広大な雪原となっており、南面への下り口は東寄りと、西寄りの二か所あるが、後者の方が判り易い。

〔二〇〇八年九月〕

バロギール峠　Baroghil An　三八〇四m

この峠はチトラール北辺のヒンドゥ・クシュ主脈上の最低鞍部であり、地形的にもダシュト・イ・バロギール（Dasht-i-Baroghil バロギール平原）と呼ばれるとおり、越えるに容易な峠である。そのため、中央アジアからインドへ抜けるコースとして使用され、多くの探検家たちが、バロギールからヤルフーン川沿いに約三〇〇kmの道のりをものともせず、マスツジを経てチトラールへ出ている。

ボンヴァロ、カーゾン、スタイン、ションバーグなどが、その代表的な例であるが、一九三三年の夏、バロギール峠を訪れたおりのションバーグの文章を引用してみよう。

「チルマ・ロバート（Chilma Robert）で野営したが、アフガニスタンへ通じる古くから有名なバロギール峠もほど近くにあった。道は穏やかな上りとなり、バロギール平原として知られている広大な草原——そこには一箇所湿地帯がある——を通り、分水嶺に達する。そこには一面野生のネギが密生し、ちょうど藺草《いぐさ》のように丈高く茂っていた。」（『異教徒と氷河』）

右の描写でもわかるように、このあたりから、ヤルフーン川をはさんで南に

コヨ・ゾム東のペチュス氷河源頭5500m地点より北へワハン国境を望む。画面右端がバロギール峠へ続く〈S. Karibe 1968〉

連なるヒンドゥ・ラージ主稜線上の山々は、さえぎるものもない好スポットで、写真を撮るには絶好の展望台である。古くはスタインが、近くは一九六七年のG・グルーバーや、一九六八年のA・シュタムがすばらしいパノラマ写真を撮っている。もっとも、近年の例は、バロギールからではなく、その手前のヴィディンコット（Vidinkot）の背後の山腹から撮っているようだ。バロギール峠は国境稜線上にあり、普段はそこへ接近することを許されないからである。

　バロギール（Baroghil）の語義は、おそらくBar（コワール語で「群れ」の意）-o（の）-ghil（ワハン語やコワール語で「羊囲い」の意）で、つまり、「羊囲いの群れ」ということではないかと思われる。このあたりは、チトラール領内でも有数の牧草地であり、ヤルフーン川のラシト（Lasht）以東は、チトラール人の住地ではなく、古くからワヒ人（Wakhi ワハン谷の遊牧民）が国境を越えて往来していた。したがって今日でも、チトラール・プロパーに住んでいる人々にいわせると、ヤルフーン上流は、バーバラスな土地柄だと毛ぎらいしていることが多い。

　バロギール高地をなお東へ進めば、有名なカランバール峠（四三四三m）を経て、ゾー・エ・サール湖（Zhoe Sar）に至るが、この湖はすでにイシュコマンの地に属する。

〔一九七八年〕

ワハンのサルハド（北からのバロギール峠への登り口）
〈S. Karibe 1968〉

10 ヒンドゥ・クシュの名峰(3)——チアンタール氷河周辺の山々

＊本章所収の各文は一九七八年に執筆されたものである。また各項に関する地図は表紙うらの見返しを参照。

ヤシンとその周辺

インドにおけるイギリスの勢力が拡大されるにしたがって、インド北西辺境の山岳地帯での探検・測量活動も次第に行なわれるようになったが、その時期は、十九世紀中葉以降のことであった。

北西辺境の諸地域には、それぞれ固有の称号をもつ諸王が君臨し、それらの王侯の了解なしにその領土に異邦人、特にヨーロッパ人が立ち入ることは、死を意味した。A・シュラーギントワイト（Adolf Schlagintweit）は、他の二人の兄弟とともに一八五四〜一八五八年にヒマラヤやカラコルム山地を広範に踏査したことで有名な探検家であるが、一八五七年八月にカシュガール（Kashgar）で殺害された。また、中央アジアの探検から、フィールドを西の方面、つまりインド北西辺境に移そうとしていた有能な探検家ヘイワード（G. W. Hayward）は、一八七〇年にオクサス（Oxus）源頭を探検しようと、ヤシン（Yasin）からダルコット（Darkot）の集落へ入り、そこでミール・ワリ

G・ヘイワード

(Mir Wali)に捕らえられ、殺害された。彼の墓は、カシミール辺境で重要な旅を十二年間も行なったドリュー(F. Drew)らによって、ギルギット(Gilgit)の墓地に建碑された。その墓は今でも存在しているはずだが、そこを訪れた日本人のあることを知らない。

このように、カラコルムやヒンドゥ・クシュ東部が、一応イギリス支配の「かさ」の中に入ってからも、辺境地帯の立ち入りは自由にできたわけではなかった。*別項でも記した「パンディット」(Pandit)たちの存在がクローズ・アップされるのも、そのころの話である。キシェン・シン(Kishen Singh)、アブドゥル・スバーン(Abdul Subhan　NAまたは「ザ・ムーンシ」)などに代表されるパンディットたちの活動は、一八六五年からほぼ二十年にわたって行なわれ、辺境の測量、概念図の作成にあたっての基礎的資料をもたらした。

一応、イギリスの支配下にあった北西辺境では、地方の王権をめぐり、その争奪には激烈なものがあり、その一例として、チトラール太守家の内訌《ないこう》のありましは、すでに*別項に記したので参照されたい。特に一八九一年のフンザ＝ナガール戦争、一八九五年のチトラール戦争など、その代表的なものである。

各地域での戦争は、同時にイギリスの測量家たちにまたとないチャンスを与え、辺境での戦闘には測量の小部隊が同行し、地図の空白部を埋めていった。その代表的存在として、*ホルディック(Thomas H. Holdich)がいる。彼はインド北西辺境問題の権威であり、特にインド北西辺境とアフガン国境の策定に

*二〇八・二一〇ページ参照。

*二〇三ページ参照。

*一三一ページ参照。

ついては重大な影響を与えた。一八九五年のパミール国境策定委員会のイギリス側代表として、彼は測量隊を指揮した。当時の彼らの踏査の方法は、「ティプ・アンド・ラン」（急襲しては迅速に引き揚げる）方法として知られ、上司の承認なしに行なわれることも多かったという。

ヤシン（Yasin）は、そうしたイギリスのインド北西辺境支配の東の拠点ギルギットの前哨としてきわめて重要な土地であり、多くの探検家たちが訪れている。中央アジアから、ワハン（Wakhan）へ出て、サルハド（Sarhad）からヒンドゥ・クシュ国境稜線上の最低鞍部バロギール峠（Baroghil Pass、三八〇四m）を越えて、チトラール領のヤルフーン川上流へ下り、そこからさらに、有名なダルコット峠（Darkot Pass、四五七五m）を越えてヤシンへ出るコース（またはその逆コース）は、古くから中央アジアとインドを結ぶ通路の一つとして使用されていた。

近代に入ってからの探検家たちも、多くこのルート上に姿をみせるが、そのことはすでに「ダルコット峠」の項*で述べたので、ここでは繰り返さない。一九〇六年五月のM・スタイン、一九三三年のR・ションバーグの例などその代表的なものである。

ヤシンを中心にした山域は、さほど高い峰々があるわけではないが、その山と谷の配列や位置の関係が複雑であり、把握しにくい。そこで、主要な河谷をもとに考えれば、その繁が省けよう。その基幹となるルートは次の三つであ

*二六五ページ参照。

る。

①ギルギットからガクーチ（Gakuch）へ達し、ギルギット川の本流を西に見送り、イシュコマン（Ishkuman）川を北上し、カランバール（Karambar）川をカランバール峠（四三四三m）へ達するルート。

②右のルートのガクーチからさらに西へ進み、グピス（Gupis）を経て、ギザール（Ghizar）川沿いに、シャンドゥール峠（Shandur An、三七二〇m）へ達するルート。

③右のルートのグピスからヤシン（Yasin）川を北上、ヤシンから西へ進み、ナズ・バール（Naz Bar）川沿いに同名の峠（四九七七m）を越え、さらにザガール峠（Zagar An、五〇〇八m）その他の峠によって、チトラール領のマスツジ（Mastuji）へ出るルート。

以下、この三つのルートによって、それぞれの山域を概観してみよう。

ガクーチからカランバール峠

ギルギットを発し、ギルギット川の右岸につけられた広い道をガクーチへ向かう。今日ではジープで半日弱の行程である。ガクーチにはイギリス統治時代からのゲスト・ハウスがあり、旅人の休息の場となっている。

ここばかりでなく、旧インド北西辺境のオアシスの村々には、要所要所に白壁に柱を緑色に塗った美しいゲスト*・ハウスが建てられている。たいていは、

*近年、藩王さらにイギリス統治時代からの各地のゲスト・ハウスは、保存状態が悪く荒廃している所が多いので注意を要する。

眺めのいい場所か、オアシスの稠密《ちゅうみつ》な緑の木立の静かな位置を占め、時おり訪れる異邦人に心安まるひとときを約束している。

ガクーチのあたりで、ギルギット川の谷は広闊な景となる。このあたりで川幅は数キロにも達し、本流はともかくとして、河岸に近いところは美しく澄んだ流れにマスが遊泳する。ヒンドゥ・クシュの山奥、必ずしもゴルジュの連続ではなく、険阻な谷あいに必ずこのように広く開けた場所があり、旅人の心を和ませるのである。

ガクーチの少し先で、ギルギット川の本流と分かれ、北からの支流イシュコマン川の左岸沿いにイミット（Imit）の集落へ向かう。この集落はイシュコマンの中心地で、ラジャ（土侯）の居住地である。ヤシン地域の土侯はたいていは、東のフンザのミール（領主）か、西のチトラールのメーター（太守）と縁を結んでいるようだ。

ヤシン地方はかなり永い間、チトラールのメーターに支配されていたため、今でもチトラールの言語、コワール語（Kho-war）が使われている。イミットは、このあたりの数多い六〇〇〇m峰や、カランバール氷河の奥に鎮座するカンピレ・ディオール（Kampire Dior、七一四三m）登山の根拠地となる。

イミットの東には、一九五六年の夏、京都大学とパキスタンの合同隊が試登したプリアン・サール（Purian Sar、六二九三m）があり、この山は約二十年後に京都カラコルム・クラブ隊によって初登されることになる。

京都大学探検部の若手の二人（本多勝一、吉場健二）は、バド・スワート（Bad Swat）谷から氷河を上り、プリアン・サールを目ざしたが、その前衛峰バド・スワート（五七六六m）への稜線を出たところまでで撤退した。日本人がカラコルム以西で行なった最初の登山の記録である。

ちょうどこの登山の間を利して、隊長の藤田和夫とパキスタン側隊員の二名が、謎の山カンピレ・ディオールに向かった。そして、カランバール氷河の中流まで達して、この秘峰の明瞭なスケッチと、主峰は半ば雲に隠されてはいたが、この氷河源頭の山々を撮った貴重なフィルムをもたらした。

ティルマンもションバーグもこの山の近くに迫りながら、その写真を撮ることはできなかった。前者は、一九四七年にこの山の東南のボラ・ダス（Bora Das）谷へ入り、後者は、一九三四年、ダルコットからアトール峠を越え、イシュコマンへ入り、さらにカランバール氷河を探った。その源頭に七〇〇〇mの高さの岩峰がそびえていたと記したのが、現在のカンピレ・ディオール（別称カランバール・サール）と思われる。

この秘峰は、一九六六年以後になって、ようやく試登が行なわれ、特にオーストリアのリンツビッヘラー（H. Linzbichler）は、再三このあたりにやって来たが、本格的な登山を試みることもなく終わった。なぜなら、一九七四年に同地を訪れた京都カラコルム・クラブの原田達也と土森譲のコンビがカランバール氷河に入り、すばらしい写真をもたらし、この秘峰のヴェールをとり去ったが、その翌年の夏、彼らのあとを引き継いだ広島山の会隊（圓田慶爾隊長ら）が、この山の初登をかちとったからである。

このカランバール川左岸の山々は、山域区分としては、ヒンドゥ・クシュではなく、西カラコルムに属する。なお、カンピレ・ディオールの北西の稜線に位置するコズ・サール*（Koz Sar、六六七七m）は、このあたりで残された高い山の一つである。コズ・サールとは「陰多き山」の意という。

一九七四年八月の原田達也隊は、カランバール氷河からカンピレ・ディオール峰の偵察を終え、八月十二日にカランバール村に下山。次にカランバール川源のカランバール峠を目ざしたが、十五日、チリンジ（Chilinji）の国境警備隊員の阻止にあい、往路を引き返した。

このあたりは、一九一六～一七年に当時グピスに駐屯していたヒマラヤのベテラン、T・G・ロングスタッフが探っている。その後、一九三四年にR・ションバーグがあらわれた。また、一九四七年の秋、大戦の余燼さめやらぬ中央アジアのカシュガールを発した天成の彷徨者ティルマン*（Harold W. Tilman）は、新疆（Sin Kiang）省からミンタカ峠（Mintaka Pass 四七〇三m）を越え、ミスガール（Misgar）からチャプルサン谷（Chapursan）へ入った。

この谷*は、バトゥーラ氷河の一つ北の谷で、ティルマン以後入谷した例はない。それ以前はJ・モーリスが一九二七年に入り、クク・サール（Kuk Sar 六九三五m）周辺の氷河地帯を精査、すばらしい地図を作成した。一九三〇年

*コズ・サールもその後、一九九九年、仙台一高OB隊（山形一郎ら八名）によって初登頂された。

*一一三ページ参照。

*一九八〇年代からトレッキングの範囲が拡大され、多くの登山者が入谷している。

代には、ションバーグが探っている。

さてティルマンは、チャプルサンからチリンジ峠（五二九一ｍまたは五二四七ｍ）を越え、カランバール川源頭近くまで迫ったが、同名の峠までは到達できなかった。その後、彼はイシュコマン峠（Ishkoman Pass　五一〇五ｍ、地図では四五八七ｍ）を越え、ダルコット（Darkot）の集落からヤシン川を南下してグピスへ出た。

そこからはギザール川に沿い、シャンドゥール峠を経て、チトラールに至るいわゆるシャンドゥール街道の本道を辿る。ここまで来れば、旅のベテラン、ティルマンにとって、何の造作もない道のりである。一九四七年十一月四日、カシュガール発足以来三十五日にして、彼はチトラールへ到着したのである。

この記録は、ティルマンの著"China to Chitral"（1951　本邦未訳）に詳しいが、大戦直後の行であるためか、あまり日本人の目をひかなかったらしく、登山・探検年表からもれていることが多い。ここに特にとり上げてみた次第である。

彼の興味は、チャプルサンからカランバール、ダルコットあたりまでで、グピスからチトラールまでの七日間、つまり全行程の五分の一をわずか五行で片づけてしまっている。このあたりはいかにもティルマンらしい所作が感ぜられ、ほほえましい。

筆者は、ひと昔前にこの書を手にして、三十五日間の旅で、こんなにも中身の濃い旅をしているティルマンという人間にいたく興味をそそられたものである。

なお、カランバール川の右岸は、チトラール領側のチアンタール氷河（Chiantar Gl.）との分水線に当たり、十指に近い六〇〇〇m峰が立ち並ぶが、カランバール川河岸からこの山群を攻略するのは、急峻にすぎて容易なことではなかろう。

今日まで、この方面から登攀を試みた例は皆無である。主峰コー・イ・チアンタール（Kho-i-Chiantar　六四一六m）の初登もチトラール側のチアンタール氷河から比較的容易に果たされた。一九六七年夏のことであった。*

＊二八四ページ参照。

ガクーチからシャンドゥール峠

このルートは、ギルギットとチトラールを結ぶ本道で、通常はシャンドゥール街道と呼ばれる。この間、ジープを駆使すれば数日の行程である。

ここは十九世紀後半から、イギリスの軍人や探検家によって歩かれ、ヤングハズバンド（F. Younghusband）のごときは、冬のさなかに峠越えをして、チトラール側のマスツジへ出ている。

カフィリスタンを探検したG・ロバートソンは、一八九五年、チトラールの砦に籠城したことがあったが、このとき、ギルギットを発したケリー大佐（Col. J. G. Kelly）率いる救援隊は、山砲を擁して雪のシャンドゥール峠を越えた。

それ以降、東部ヒンドゥ・クシュとヤシン地域にあらわれた探検家の多くはこの道をたどっており、文字どおり枚挙にいとまがないほどである。

日本人の記録では、一九五七年の京都大学探検隊（松下進隊長）が、この周辺に初めて足跡を残したが、シャンドゥール峠より少し北西のザガール峠によってマスツジへ出た。このシャンドゥール峠を最初に越えた日本人は、広島三朗で、一九七二年夏のことであった。これを手はじめとして、その後何人かの日本人がこの峠越えのルートを歩いている。

しかし、ギザール川の南岸、北岸に散見する多くのマイナー・ピーク群は、手をつける者のないまま、未踏峰として残っている。

たとえば、テルー（Teru）北東には五九五〇ｍの無名峰があるが、ここを訪れた記録もなく、写真もない。したがって、どんな山容の山かわからぬが、周辺の氷河があまり発達していないので、おそらくは岩登りの山であろう。また、テルーの南東岸には、バルクルティ・ゾム（Barkulti Zom、五八一五ｍ）、その南稜上に五七八五ｍ峰があるが、やはり未知の領域である。

ギザール川の南部一帯には、数多くの五〇〇〇ｍ峰や四〇〇〇ｍを超える峠があり、インダスの本流部との分水線を形成しているが、ダダリリ峠(Dadarili An、五〇三〇ｍ）周辺以外には、ほとんど記録のないところで、スワート一帯の正確な地図は作られていない。

ギルギットへ飛行する途中、空からこの地域の一部分が見下ろせるが、数多くの小さな山上湖をちりばめた、山勢の穏やかな稜線の山々が連なり、ワンデリングの場としておもしろそうな感じがした。一度は探ってもらいたい山域である。

ヤシンからナズ・バール峠越え

ヤシンは、ギルギットの西北部の政治的中心で、ラジャ（土侯）が存在する。ここのラジャは、ナガールのミール（王）の子息の系統だという。今では、その制度は中央政府の命で消滅したようだが、かつては、ラジャはその谷を統治する首長として、絶対的な権力をふるっていたのであった。

ヤシンの北には、ガムバール・ゾム（Ghamubar Zom、六五一八m）山塊が雪の屏風のように立ちはだかる。この山について、ここで一つのエピソードをご披露しよう。

一九五六年十月十三日、ヤシンにやって来た京都大学探検隊の藤田和夫リーダー、本多勝一隊員は、北西の一丘陵タウス・テク（Taus Tek、地図ではTauk Tik、四〇七五m）に登り、北のヒンドゥ・ラージ主稜の山々を撮り、「山岳」（一九五七年）誌上にそのみごとな写真を発表した。しかし、その写真は、彼らが撮影した、ほぼ三六〇度に及ぶ完璧なパノラマ写真のごく一部にしかすぎなかった。隠された部分には、正面のガムバール・ゾム山塊をはじめとして、その背後に起き伏すヒンドゥ・ラージ山脈主稜上の峰々があり、さらに東方には、チアンタール山群とおぼしき雪の峰々さえ収まっていた。

その当時、なぜこの貴重なフィルムが公表されなかったのか、その真相は知るべくもないが、これほどのパノラマ写真は、今でもなかなか、撮れるものではない。登山隊が持ち帰ったパノラマ写真の多くは、必ずしも全面明確な映像を得るというわけでもなく、その日その日の偶然の好天を利するにまつので、完璧なパノラマを得るのは至難の業ということになる。

この京都大学隊の大展望写真は、早急に何らかの形で印刷に付されるべきであろう。ヒンドゥ・クシュの山座同定に貴重な資料となること疑いないからである。

ヤシンから西進し、ナズ・バール峠を越えてアノ・ゴル（Ano Gol）へ出るルートは、その京都大学隊がたどった道である。そこから北上し、彼らはカビリスタン谷（Kabiristan Khol）にBCを設営し、シャハーン・ドク（Shahan Dok　六三二〇m）を果敢に攻略したのは、一九五七年夏の第二回目の京都大学＝パキスタン合同隊の本多勝一ら四名で、主峰東稜六二〇〇mまで到達、あと一〇〇m余を残し、撤退した。

この山群および少し北になるが、ガゼン谷（Gazin Gol）周辺の六〇〇〇m級の巨大な岩峰群は、今日の全ヒンドゥ・クシュ山系中でも最大の課題となっているが、最近二、三の日本隊を含む試登の例がある。しかし、数千メートル

〈諏訪多栄蔵画〉

に及ぶ岩壁に手を施すすべもなく撃退されており、今後ますます岩登りのメッカとして耳目を集めそうな形勢にある。十指に近い六〇〇〇m峰のほとんどが未踏峰というのも、はなはだ魅力的である。

ここで、ヒンドゥ・クシュ探検史上でも輝かしいパイオニア・ワークをなし遂げた京都大学隊の足跡にスポットを当ててみよう。

まず一九五六年、藤田和夫をリーダーとして、あとは学生（探検部員）であった本多勝一、吉場健二、パンジャブ大学側から数名の参加を得て、学生を主体とする初めてのパーティーが実現した。ちょうどこの年、ネパールでは、日本のマナスル登頂が、第三次隊の手で成功することになる。マナスルの陰に隠れて大向こうの拍手を浴びるということはなかったが、この京都大学探検隊の行動には、夢があった。後年、ジャーナリストとして日本の代表的な存在となった本多勝一の処女作『知られざるヒマラヤ』（角川書店、一九五八年刊）を読めば、そのことがよくわかる。

この書は、ギルギットとチトラールの間の地を描いて出色の出来で、今や日本人の書いた登山・探検の書としては、古典として残るものであろう。本多氏はその後出た新版の*「あとがき」で「若気の至り」と述べているが、そのみずみずしさは貴重である。

このときの行動の概要をまとめてみると、まずギルギットを発し、ナルタル谷（Naltar Gah）から同名の峠（四九〇〇m）を越えて、カランバール川を北

*すずさわ書店版『憧憬のヒマラヤ』一九七二年刊。

上、プリアン・サールを試登した。その間、リーダーの藤田和夫は、カランバール氷河を探り、秘峰カンピレ・ディオールの写真、スケッチなどの貴重な資料をもたらしたことは、すでに述べた。次いでイシュコマン峠からダルコット村に出て、ヤシンを経由してギルギットへ戻るものであった。

次いで一九五七年、再びパンジャブ大学との合同隊が編成され、松下進をリーダーに、本多勝一、荻野和彦、岩坪五郎、沖津文雄が加わって、前年のルートのさらに西寄りの部分を探った。スワートから一行は、ダダリリ峠を越え、ギザール川に下り、ヤシンを再訪。そこから、ナズ・バール峠を越えて、カビリスタン谷のＢＣからシャハーン・ドクを試登。さらにザガール峠からマスツジへ至り、チトラールへ下った。

右の二回にわたる探検行では、華々しい登頂は行なわれなかったが、わが国におけるヒンドゥ・クシュ登山・探検の幕開けとして、不朽の功績を残した。これだけの成果を収める例は、今後といえども、容易にあらわれそうもない。*

〔一九七八年〕

＊その後、一九九七年と二〇〇三年の夏、筆者らがチアンタール氷河の末端から源頭近くまでを縦断することに成功した。そのあらましは、本書の紀行文（六四ページ）および二九〇ページの「追記」を参照のこと。なお、その折のルートは本書の後見返しの地図を参照されたい。

コー・イ・チアンタール*　Koh-i-Chiantar　六四一六m

*後見返しの地図を参照。

今日、ヒンドゥ・ラージ山脈の最東端に、三四kmに及ぶ巨体を、十指に及ぶ六〇〇〇m級の峰々の間に横たえたチアンタール氷河の存在は、この山域に興味をもっている登山家で知らぬ者はいないはずである。*このヒンドゥ・クシュ山脈全体で最も巨大な氷河を実際に踏んだ日本人はまだ存在しない。

*一九九七、二〇〇三年の八月に雁部貞夫らのヤルフーン川源流域踏査隊が、同氷河を縦断して源頭部に到達した。

この氷河の写真を最初にもたらしのたのは、カラコルムやヒンドゥ・クシュの踏査に情熱を注いだションバーグ（R. F. Schomberg）であった。それは一九三三年の夏のことで、ギルギットからマスツジ経由のルートをとった彼は、この氷河を実際に踏んだ数少ない探検家の一人となった。この行では、残念ながら彼は、チアンタール氷河の最下流部を数キロだけ歩くにとどまった。したがって、そのおりに撮影し、のちに『アルパイン・ジャーナル』に掲載された写真でも、この氷河の規模は、わずかにその片鱗がうかがわれるにすぎない。

チアンタール氷河とそこをとり巻く峰々が、その全容をあらわすまでその後三十五年の歳月を必要とした。ヨーロッパ、特にドイツやオーストリアの登山家たちのヒンドゥ・クシュ山系での登山活動は一九六六〜六八年にかけてその頂点に達するが、チアンタール氷河の秘密のヴェールをはぎとったリンスバウアー（Alfred Linsbauer）も、ドイツ山岳会ミュンヘン支部に属する登山家で、熱心なヒンドゥ・クシュ・ニストの一人であった。

リンスバウアーが、三人の仲間、すなわち、グライメル（Wolfgang Greimel）、プレッツ（Gunter Plötz）、ギツィッキー（Peter von Gizycki）とともにパキスタンの古都ペシャーワルにあらわれたのは、一九六七年七月中旬のことであった。

彼は、その重要な活動報告「ヒンドゥ・ラージの東端」（「岩と雪」十五号、一九六九年七月刊に掲載）の中で、その意図について次のように記している。

「ヒンズー・ラージの最東端において、そこにある山脈は、ヤルフーン川の源流氷河であるチアンタール氷河を馬蹄形にとり囲み、カランバール峠（Karambar An、四三四三m）に至り、ヒンズー・クシュの主脈と合する。チアンタール氷河の周辺にあるこれらの山々は、今日まで登山家によって訪ねられたことがなかったため、われわれの踏査行の目標となったのである。」（吉沢一郎訳）

リンスバウアー隊は、チアンタール氷河へ入域するルートとして、ギルギットを出発点としてヤシンを経由、ダルコット峠を越えてヤルフーンの最上流部へ出たのち、この氷河の中流部にBCを設けるというものであった。これにより古典的な発足地チトラールからマスツジを経由し、ヤルフーン川を北上するルートの日数が半減できるのである。事実、彼らが、八月一日にヤシンを発し、チアンタール氷河中流部のＢＣ（四五五〇ｍ）を設営したのは、八月十二日であった。チトラールからヤルフーン川を北上し、ここまで到達するには、おそらく二十日以上を要するであろう（当時は徒歩によるキャラバンが普通であった）。

彼らがギルギットからダルコット峠越えのルートをとったのは、もちろんキャラバンの日数を短縮するためもあったが、それよりも大きな理由があった。それはチトラールからマスツジ経由でチアンタール氷河へ入る旅行許可取得の可能性が、当時の政治的状況（今でも変わらないが）からみて全く絶望的であったことを予測していたことによる。もしこれを強行すれば、チトラール当局との間で政治的ないざこざを惹起することは明白だったのである。

リンスバウアー隊がチアンタール氷河への入域に成功した情報に接したときの、われわれ日本人ヒンドゥ・クシュ・ニストの受けた驚きは、全く衝撃的といってもよいほどのものであったが、われわれのだれもが抱いた疑問は、入域許可を含めて、彼らがどうして、この秘境へ入り込めたのかということであった。

この点に関して、彼らは「幾つかの政治的困難はあったが」と記しているだけで、具体的な政治的折衝の場面には言及していないが、ギルギットやチトラールへ一度でも行ったことがある人なら、あの「行けそう

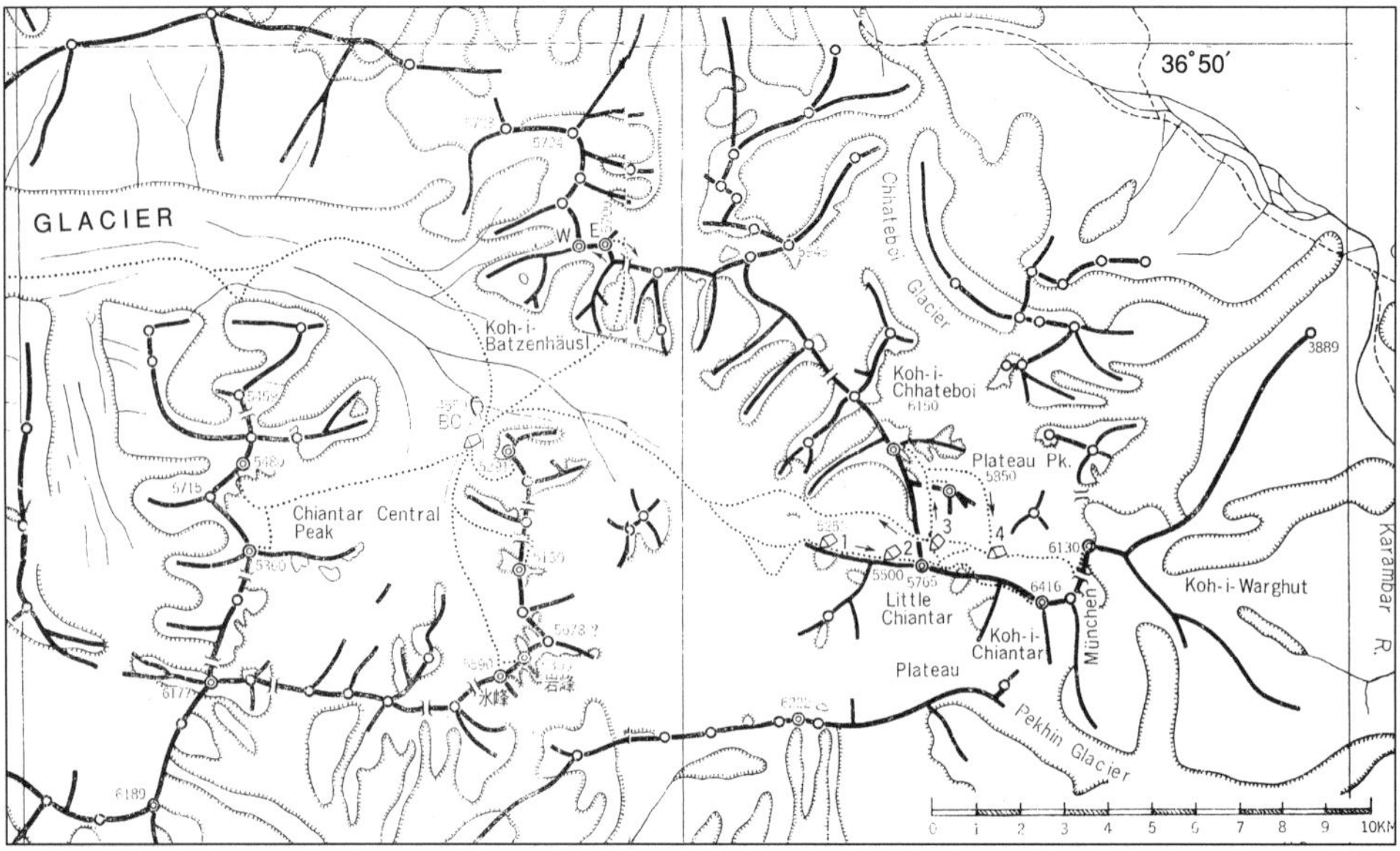

ドイツ（リンスバウアー）隊のルート図

で行けない」、あるいは逆に「行けなさそうで、行ける」あいまい模糊としたやりとりを推測できるだろう。とにかく、リンスバウアー隊は、「政治的困難」を突破して、当時の先鋭なヒンドゥ・クシュ・ニストならだれでも抱いていた、この氷河をひと目でもみたいという願いを果たすとともに、チアンタール山群の主要ピーク群を一挙に手中に収めるという破天荒な早業をやってのけたのであった。

彼らは、ダルコット峠からチトラール領へ入り、東側のズンディハーラム氷河（Zindikharam Gl.）を下ってヤルフーン川の源流域へ出た。チアンタール氷河の舌端まで約四日を要した。そこからは、二、三の牧人とヤクを雇い、はじめは、いちばん手前の支谷ガルムシュ（Garmush）氷河へ入った。おそらく、ガルムシュ峰（六二四四ｍ）の北側の状況を探るためだったろうが、なぜか、彼らはこのピークに迫ることもなく、ガルムシュ氷河の中流から撤退している。たぶん、大事の前の小事と考え、残り少ない日程をチアンタール山群の登山と踏査に費やす気になったのであろう。

リンスバウアー隊のＢＣは、氷河全長の約三分の二まで達したあたりにある氷河湖の南岸に設置された。主要ピークの蝟集《いしゅう》する氷河源頭のプラトーまで約一〇キロの地点であるから、ＢＣの位置としては適当なところである。このＢＣの付近には五〇〇〇ｍ台のマイナー・ピークが多数あり、格好な展望台となる。

メンバーの一人、ギツィッキーが、まずBCのすぐ南の五二九一m峰に登り、チアンタール中央峰（Chiantar Central Peak）と命名した。彼は、ここからすばらしいパノラマ写真を撮った。多量の雪におおわれた大小の峰々と、稜線のつながりが、一目瞭然のみごとな写真で、リンスバウアーがのちに作成した地図（カム・カルテ）とともに貴重な資料となった。これらは、のちに『アルパイン・ジャーナル』や『ヒマラヤン・ジャーナル』の誌面を飾り、ヒマラヤ・ファンを瞠目させた。

このパノラマ写真（本ページ下段）では、最高峰コー・イ・チアンタールは、その前衛峰小チアンタール峰（Little Chiantar　五七六五m）の陰になっているように説明されているが、実は、この雪の多い鋭鋒（小チアンタールと表示してある）こそ、チアンタール山群の盟主コー・イ・チアンタールなのである。パノラマ写真の撮影地点は、BCのすぐ南の五二九一m峰（チアンタール中央峰）である。パノラマ左端のコー・イ・チャテボイ（Koh-i-Chhateboi　六一五〇m）より遠い小チアンタール峰が、前者より高く写ることは絶対ありえないはずである。

一九六七年八月十四日、ギツィッキーとプレッツの二人がこの最高峰を目ざした。はじめは上部チアンタール氷河を東南に進み、チアンタール峰の西稜へ向かった。パノラマ写真では、氷河源頭の雪原の幅は、優に五～六キロくらいはありそうだ。その夜はC2（五五〇〇m）に泊まった。翌十五日、五七六五

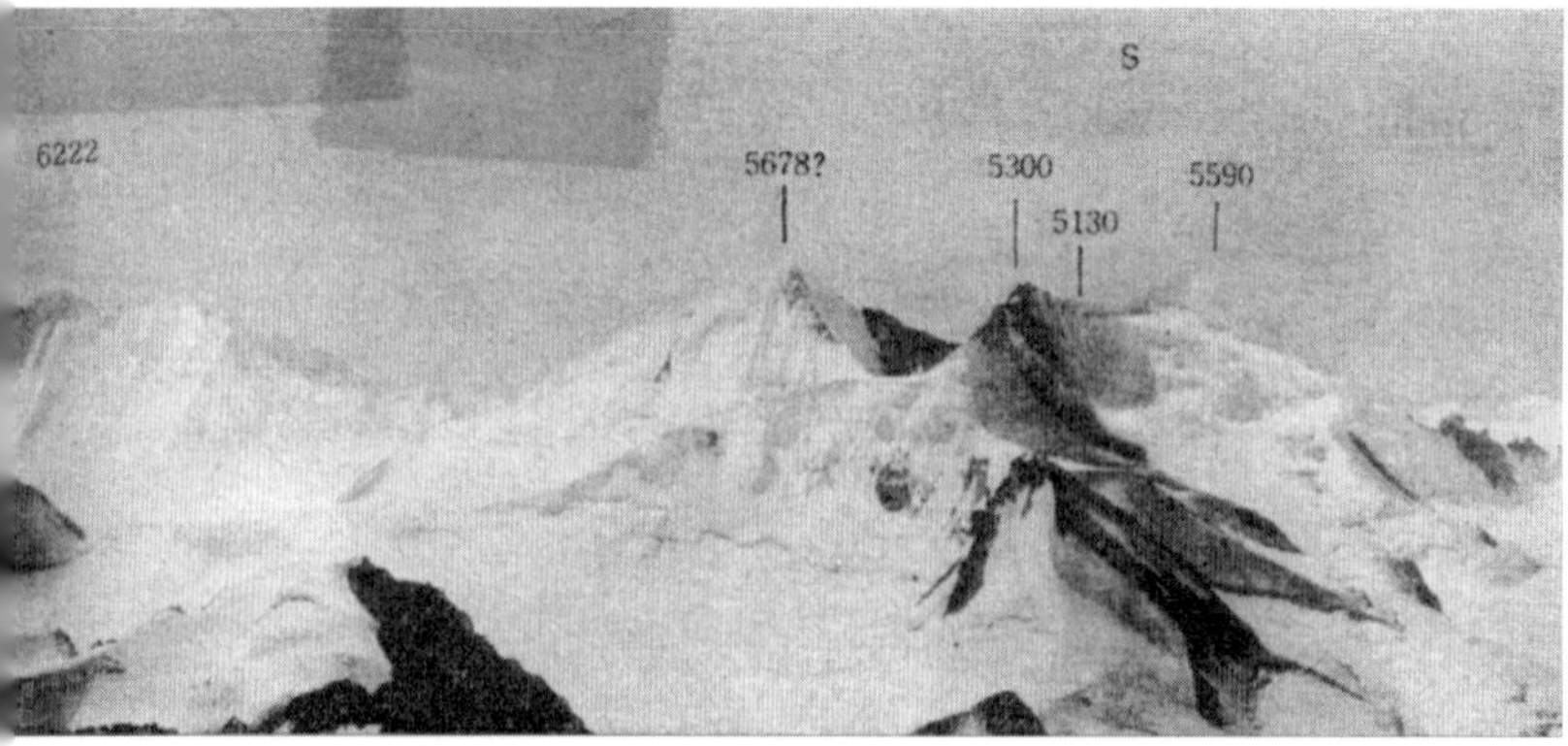

チアンタール氷河の主要ピーク群。東面（左）から南面（右）へ〈リンスバウアー 1967〉

m峰に登り、これを小チアンタール峰と命名。さらに深雪におおわれた長い尾根をたどった。そして、その日の夕刻、二人はついにこの山群の最高峰の頂に達した。その夜は、頂上で厳しいビバークを味わわなければならなかったが、翌日から悪天の日がしばらく続き、吹雪が荒れ狂った。二人はその中を、疲れ切ってBCへ下っていった。

なお、一九七五年の八月七日に京都カラコルム・クラブ隊（堀田真一隊長）がイシュコマン（Ishkoman）川左岸のプリアン・サール（Purian Sar　六二一九m）峰の初登に成功したが、彼らはそのおり、バド・スワート（Bad Swat）氷河の五〇二〇m地点から、イシュコマン川をはさんでほぼ北北西にそびえるチアンタール山群のパノラマを得た。

京都隊の報告書『Purian Sar, 1975』には、そのパノラマ写真にもとづくスケッチが掲げられており、この山群の南東面の様相をよく伝えてくれる。これらの資料は、宮森氏の作成した地図でもよく生かされている。ペヒン（Pekhin）氷河右岸の六一〇五m峰、コー・イ・チアンタール峰の南面、チアンタール氷河の南端のc六二〇〇m峰、六二二二m峰の同定は、京都カラコルム・クラブ隊のこのパノラマにもとづくものであろう。リンスバウアーの作成したカム・カルテでは、前二者のポイントの標高は記入されていなかったのである。

〔一九七八年〕

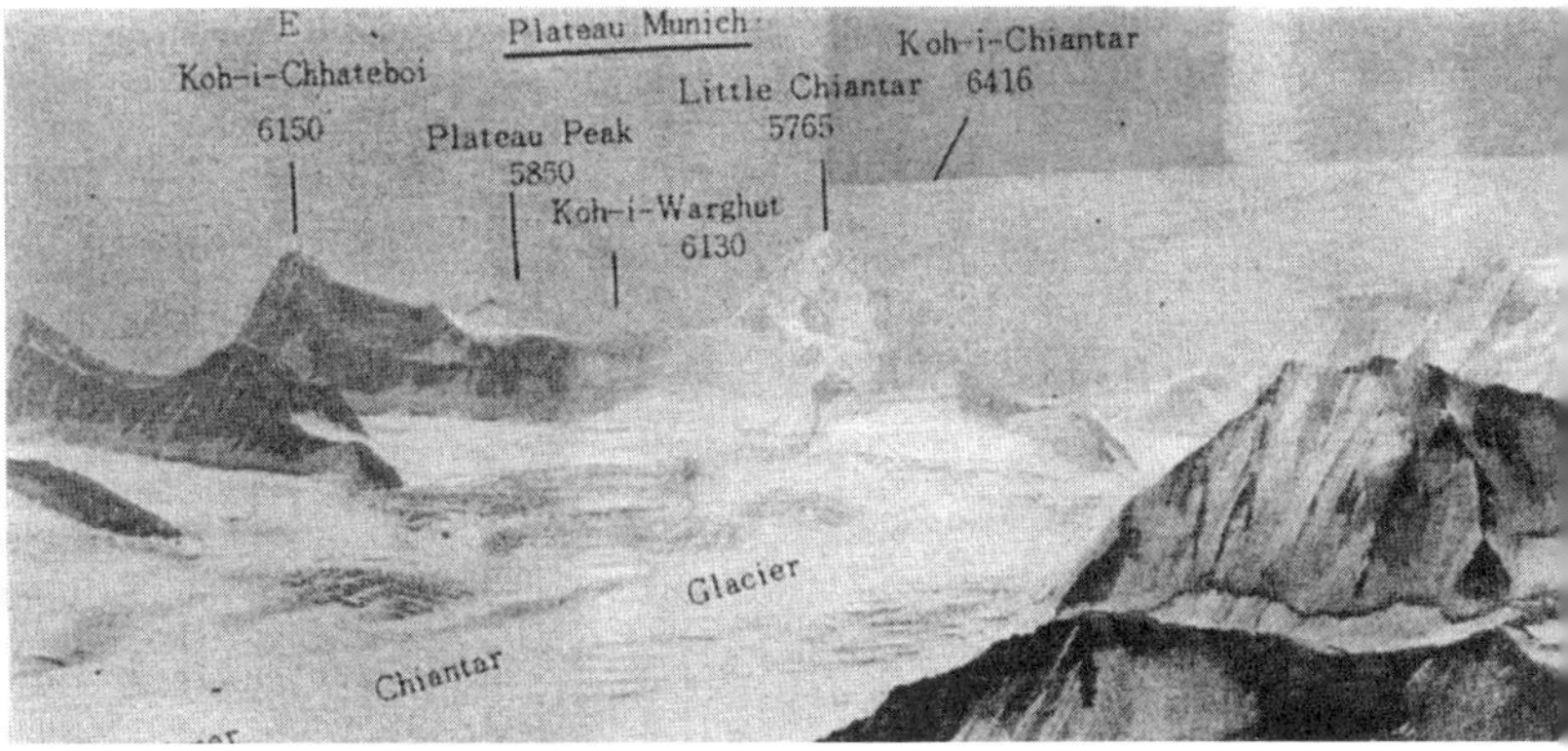

〔追記〕　右の文章を記したのは、一九七八年のことで、この当時、日本人の足跡はコヨ・ゾム周辺までが限度であった。その後、「コヨ・ゾム」の項の「追記」で述べたように、トレッキングの許可範囲が拡大されたが、チアンタール氷河の本流部を踏んだ者は一人も存在しなかった。一九九七年と二〇〇三年の夏、私たちは二度の踏査行によって、氷河源頭部までを究めることができた。そのあらましは、本書の六四〜七一ページに簡略ながら記した。また、このヒンドゥ・クシュ最大の氷河に於ける私たちの足跡を本書の表紙見返しの地図に明瞭に示すことができた。この二度にわたる踏査チームの隊員各氏の名を記し、多大の協力、支援に対し、この場を借りて感謝の意を表したい。

一九九七年のメンバー。雁部貞夫（隊長）、曽根脩、岩切岑泰、市川ノゾム、関口磐夫、山崎和敏、永原幹夫、佐藤純一。このうち氷河隊メンバーは、雁部、市川、山崎の三名であった。

二〇〇三年のメンバー。雁部貞夫（隊長）、曽根脩、三木茂則、市川ノゾム、永原幹夫、雁部輝子、森島玲子。このうち氷河隊は雁部、三木、市川の三名であり、コー・イ・チアンタール、コー・イ・チャテボイ、カルカ・ムズ・サールなどチアンタール氷河を取りかこむ多くの六〇〇〇mピークを含むパノラマ撮影に成功した。なお下山路は二度とも、ズンディハーラム氷河を登行し、ダルコット峠へ立ち、南面のダルコット村へ下り、更にギルギットへ至るコースを採った。

〔二〇〇八年九月〕

コー・イ・チャテボイ* Koh-i-Chhateboi　六一五〇m

一九六七年夏のリンスバウアー隊は、チアンタール山群の最高峰コー・イ・チアンタール（六四一六m）を陥れたのち、同峰と小チアンタール峰（五七六五m）とを結ぶ稜線の北側へ出てC3（五五〇〇m）を設営した。ここは広大な雪原となっており、ミュンヘン台地（Plateau München）と呼ばれた。周辺の山々は、おおよそ比高五〇〇〜六〇〇mの射程内にあった。リンスバウアーを含む三人のメンバーが、夏も終わりに近い八月二十八日、深雪をこいで六一五〇mのピークに立った。そして、北側の氷河の名にちなんで、このピークにコー・イ・チャテボイと命名した。チャテボイとは「氷河を形成する」という意味らしい。

その後、彼らは、チアンタール峰の北に連なる六一三〇m峰を目ざした。この山はミュンヘン台地の東端に位置している。リンスバウアーはこの山を「氷から鋭く突き出ている」と表現しているが、彼らのパノラマ写真では前山の陰になってしまってよくわからない。しかし幸いなことに、京都隊のもたらした南東からのスケッチに、はっきりとこの山が記されている。このスケッチによると、左隣のチアンタール峰と比べても遜色のない鋭峰であり、標高も六一三

*地図は後見返しおよび二八六ページ参照。

〇ｍよりかなり高いのではないかと思われる。京都隊のスケッチでも、六二一七ｍ?と記されている。

さて、リンスバウアーらは、深い深雪と寒気に悩みながら、八月三十一日、ヒンドゥ・クシュ最東端の六〇〇〇ｍ峰に初登頂した。彼らは、このピークに、カランバール（Karambar）谷側の集落の名を転用、コー・イ・ワルグート（Koh-i-Warghut）と命名した。リンスバウアーは「東側は恐ろしい急峻さで、カランバール谷へ、三〇〇〇ｍも落ちていた」と記している。

彼らはその後、九月六日にＢＣを撤退し、ヤルフーン川に沿ってチトラールへ向かった。悪天候のため、往路のダルコット峠のルートが閉ざされてしまったのである。チトラールでは、予想されていた当局者たちとのいざこざが、やはり起こり、すべてがすんでチトラールを出立し、ディールへ向かったのは九月二十日であった。このリンスバウアー隊は、今までのところ、チアンタール氷河で登山を行なった唯一の実例である。

なお、リンスバウアーは、一九六九年に故国でダッハシュタインの登山中に、落とした眼鏡を拾おうとして墜死した。極度の近眼だったための事故という。

最後に、リンスバウアーの作成したこの地域の地図について記しておこう。彼が一九六八年に作成した“HINDU KŪSH-HINDU RAJ”シリーズ数葉のうちの一枚に、‘Chiantar Glacier’図（縮尺十万分の一）がある。八七×六二cmの大判のシリーズであり、‘for private use only!’と注記してある。北はアブ・イ・

コー・イ・チャテボイの西面〈S. Karibe 1997〉

ワハン（Ab-i-Wakhan）、南限はカランバール川のイミット、西はチアンタール氷河末端、東はカランバール川本流までをカバーする。残念ながら、ワハン谷の部分は空白になっている。

カム・カルテではあるが、非常に美しい線で尾根や川、氷河を描いている。諏訪多栄蔵氏が「いかにもドイツ系の人の仕事という感じがする」と述べているとおり、緻密な仕事ぶりである。

筆者が、このリンスバウアーの地図をみたのは、一九六八年の八月のことであった。ＲＣＣⅡ隊の一員として、コヨ・ゾム（Koyo Zom、六八八九ｍ）に登るべく、ヤルフーン川南岸のペチュス（Pechus）集落のＢＣに滞在中、あとからやって来たオーストリア隊もやはり、同じ集落に布陣した。筆者らはペチュス氷河を探り、彼らはチャティボイ氷河を探っていたが、時おりＢＣへ下りてきて、お互いのテントを訪問し合った。そのとき、オーストリア隊のリーダー、シュタム（A. Stamm）がみせてくれたのが、この地図であった。こちらは、サーヴェイ・オブ・インディアのディグリ・マップのコピー一枚を持っているだけだったので、彼らの大きな地図をみて、何ともうらやましく思ったものだった。

リンスバウアーの地図をみていると、いろいろのことに気づく。まず、ヒンドゥ・クシュ主脈の西端のガルムシュ峰（六二四四ｍ）の少し北西に、六三五四ｍの標高を入れたピークがある。これは実在のピークであろうか。それとも数字の誤りであろうか。もし実在するなら、これが本当のガルムシュ峰になるのだが。先年、ガルムシュに登頂（第二登）した同志社大学隊の写真では、ガルムシュの西の稜線の雪のつき方は、本峰の南面の雪よりもきわ立って多くみえた。しかし、その先のピークは写っていなかったようだ。

さらにガルムシュ氷河源頭東岸に六一七七m、六一八九mの二つの無名峰が記入されているが、近くのピークに、どうやら幾つかの六〇〇〇m峰がありそうである。彼らが一九六七年に撮った例のパノラマ写真では、そんな感じがする。

同様なことは、チアンタール氷河本流源頭の南岸の六二二二m峰*についてもいえる。近くのピークの標高が記入していないが、おそらく六〇〇〇mクラスの数峰が存在していよう。この六二二二峰には、カルカ（Karka）と山名が書き込まれているが、彼の地図ではなぜそう記したのか、手がかりがない。宮森氏の作成した地図をみると、この山の南面にカルカムーズ・ガー（Karka-muzh Gah）という谷名が記入されており、疑問が解けた。また、このカルカ峰のすぐ西に、宮森図では新しく六二〇〇mの標高が記されている。これはさきに述べたように、一九七五年の京都カラコルム・クラブ隊がプリアン・サール途上で得たパノラマにより同定したものと思われる。

この二つの地図には、もう一つ大きな相違がある。それは、イシュコマン側からチアンタール氷河へ抜ける場合、どの谷筋によるかという問題である。リ

＊現在ではカルカ・ムズ・サールと呼ばれる。左にその美しい雪氷の北壁の写真を示す。なお、この当時、宮森氏の作成した地図は一九七八年発行の『カラコルム、ヒンズー・クシュ地図集成』（学研版）所収のものである。

カルカ・ムズ・サール北壁〈S. Karibe 1997〉

ンスバウアーの図では、スージ・ガー（Süj Gah）谷のすぐ北から大きな氷河となり、それが源頭部でチアンタール氷河とつながるように表現されている。宮森図では、その一つ東の谷筋に当たるチアンタール・ガー（Chiantar Gah）を北へさかのぼり、同名の集落から西へ分かれる谷に入り、氷河の源頭へ出ることになる。このあたりの尾根の続き方や氷河の入りぐあいなど、両者の表現にかなりの違いがみられる。今後の推移が興味深い。

〔一九七八年〕

〔追記〕本項の末尾で触れている宮森マップは、前ページの脚注で記した学研版の『カラコルム、ヒンズー・クシュ地図集成』（一九七八年刊）所収のものであり、宮森氏のさらに詳細な地図は、その後二十五年を経て、次の書物として結実した。

宮森常雄・雁部貞夫編『カラコルム・ヒンズークシュ登山地図』（ナカニシヤ出版、二〇〇一年）

しかしながら、私たちの一九九七年、二〇〇三年の両度のチアンタール氷河の踏査でも、南のイシュコマン側と北のチアンタール氷河側を結ぶコルの存在は確認できなかった。なお、いわゆるグーグル・マップによるパソコンの検索システムによる簡便な方法で判別がつくようだが、私はこれを利用していないので、コメントする立場にはいない。

〔二〇〇八年九月〕

シャンドゥール峠　Shandur An　三七二〇m

古来、フンザ、ギルギット地域と旧インド北西辺境の中心であるチトラールとを結ぶ、最も重要な峠として、この峠は知られてきた。北のワハン谷や西のドラー峠との交通が政治的な理由で――つまり国境というものが確立されてしまって以後のことになるが――閉ざされた現在、この峠ほど、多くの旅人たちが往来するルートも少ない。ギルギットとチトラールを結ぶ最短距離上に位置すること、峠へのアプローチに地理的な困難が少ないことなどもあって、利用度が最も高い峠と思われる。

別項にも記したように、十九世紀末から二十世紀初頭にかけて、名だたる探検家、旅行者たちが、シャンドゥール峠を往来している。ビッダルフ（J. Biddulph）、ロバートソン（G. Robertson）、ヤングハズバンド（F. Younghusband）、ブルース（C. G. Bruce）、コッカーリル（G. Cockeril）など、すでにおなじみの名が探検年表を繰れば、すぐさま目に入ることだろう。しかし、日本人の登場はごく新しく、一九七二年の広島三朗の例がはじめてであろう。それ以後、多くの日本人トレッカーが、この峠を往き来している。

別項にもこの峠のことは簡単に記しておいたが、このルートはギルギットと

シャンドゥール峠より北を望む〈S. Karibe 1997〉

チトラールを結ぶ主要街道となっているので、もう少し詳細にとり上げてみよう。ギルギットからシャンドゥール峠までの行程は次のとおりである。

ギルギット―一四・四km―フンザル(Hunzal)―九・六km―バルグ・パリ(Barg Pari)―四・八km―シャローテ(Sharote)―四・八km―ガラプール(Gullapur)―八km―ダールナッティ(Dalnati)―九・六km―ギィチ・パリ(Gich Pari)―三・二km―シンガル(Shingal)―一七・六km―ガクーチ(Gakuch)―一二・八km―ホーバール・パリ(Hobar Pari)―九・六km―スメイル(Sumail)―八km―ロシャン・フォート(Roshan Fort)―七・二km―グピス(Gupis)―九・六km―ジャンジュロート(Janjrote)―一六km―ダヒニャル(Dahinial)―一二・八km―タンガイ(Tangai)―一七・六km―シャマラン(Shamaran)―三・二km―チャシ(Chushi)―一一・二km―バルクルティ(Barkulti)―一二・四km―バルサット(Barsat)―一〇km―ランガール(Langar)―一六km―シャンドゥール峠(Shandur An)　（計二二八・四km）

ギルギットから昔ながらのキャラバンをすると上記のような村々を経由するので、二二八kmの道のりを約八日間かかって、シャンドゥール峠へ着くことになる。しかし、さきに述べたように、今ではジープがかなり奥まで入り、グピスはもちろん、パンダールまで一日で行ける。約九時間の走行だが、道の状況次第ではグピス止まりということもある。

グピスの村は、ギザール川沿いでは大きな村だから、警察署があり、旅行許可証とパスポートのチェックを受けるのが普通である。この辺の主要な村々には、政府のバンガローやレストハウスがあるので、そこを泊まり歩いても結構楽しい旅ができる。

パンダールからは、りっぱな橋を渡ってギザールへ。ここからは川の左岸を歩くことになる。緑の少ないバルサットの村で一泊することになろう。翌日は平坦な道をのんびり進み、二mほどの木が群生しているランガールへ着く。家はない。ここからいよいよ、峠への登りにかかる。広大な草原の中に広がるシャンドゥール湖畔にテントでも張るつもりなら、ゆっくりしたペースで行けばよい。湖の南岸には氷河のある山もみえる。三、四日この雄大、高燥の高原に滞在して、五〇〇〇m級の山歩きを楽しむのもよい。また、ギザール川には大きな鱒《ます》がたくさんいることも覚えておこう。

峠一帯は、といってもどこが峠の最高点なのかわからないくらいだが、広くて明るい感じの高原である。峠からは西へ下り、チトラール側に入る。四時間弱の下りで、ソール・ラスプール（Sor Laspur）の村へ至る。標高二九八五mの水の豊富な村である。

ラスプールの村からは、ラスプール川の右岸を進んで、ハルチン（Harchin）村へ一日行程。レストハウスもある。次いで左岸に渡り、ガシュト（Gasht）の村の下流で再度右岸に渡る。ハルチンからマスツジを一日で歩くのは、少し強行かもしれない。マスツジは、ヤルフーン川沿岸では古来からの要地。チトラールからのジープの発着地ブニ（Buni）村まで一日行程である。ラスプールからチトラールまで三泊ないし四泊で充分であろう。したがって、ギルギット〜チトラール間は、ちょうど一週間程度の旅で結ぶことができる。

ヒンドゥ・ラージもギザール以西、シャンドゥール峠あたりになると、登山を対象にするより、数多い峠を試みたほうが醍醐味が深いのではあるまいか。北には、チャマルカン峠（Chamarkhan An　四三四四m）、ザガール峠（Zagar An　五〇〇八m）、南には、スワートへ越える多くの峠があるが、ダダリリ峠（Dadarili An　五〇三〇m）以外は、ほとんど知られていないのが実情である。

〔一九七八年〕

11 ナンガ・パルバット登攀史——Nanga Parbat 八一二六m

「魔の山」——ナンガ・パルバット

ナンガ・パルバット（Nanga Parbat 八一二六m）は、ヒマラヤ二五〇〇kmに及ぶ山並みの西端、カシミール地方に君臨する世界第九位の高峰である。エヴェレストをイギリス人の山、マナスルを日本人の山とするならば、さしずめこの山はドイツ人の山である。この三つの山は、永い試練の年月を経て、それぞれ異なる民族のヒマラヤニストの手中に帰したが、なかでもナンガ・パルバットは、壮絶な犠牲を強いられたことでも知られている。一九五三年に初登頂をみるまで約六十年間に、実に三十一名のクライマーの命を奪い、「魔の山」と呼ばれていた。近年でも毎年のように、登山隊があらわれるが、ほとんどの場合犠牲者を伴う。その南壁は、インダス河畔からの比高が、実に五〇〇〇mにも達する。

ナンガ・パルバットについて諏訪多栄蔵はかつて、この山を「マウソレウム（壮麗な墓標）」と評したが、まさにそのとおりで、ラワルピンディからスカル

メルヘン・ヴィーゼから見たナンガ・パルバット
〈W. メルクル 1932〉

ドやギルギットへ向かう飛行機から、その壮麗な白銀の孤峰を眺めることができる。

ナンガ・パルバットの登山・探検史にいちはやく登場するのが、初期のヒマラヤ探検家として名高いアドルフ・シュラーギントワイト（Adolph Schlagintweit 一八二五〜五七）である。一九三八年のナンガ・パルバット登山隊のリーダーであったバウアー（Paul Bauer）は、のちに“Das Ringen um den Nanga Parbat 1856-1953”（邦訳『ナンガ・パルバート登攀史』横川文雄訳、あかね書房、一九六八年刊）を著わしたが、その第一章を「アードルフ・シュラーギントワイトの眺めたナンガ・パルバート」として、この先駆者に敬意を捧げている。

バウアーは、その中でこう記している。

「九月十二日にここ（注：アストールAstor）に到着したかれは、さっそくナンガ・パルバートへ向かった。グエー・パスもしくはナーンケ・パスからかれは全景をスケッチした。これはかれとその兄弟たちがヒマラヤで非常に数多くの地点から描いたものの一つで、かれらの探検成果の中で優れた地位を占めるものである。われわれが入手したシュラーギントワイトによるナンガ・パルバートの絵は、最も古いもので、おそらくこれより以前に描かれたものはないだろう。またおそらくアードルフが、この山を詳しく評価した最初のヨーロッパ人だったと思う。——中略——今日ではこの峠の名前は、もはや知られていない。しかし、シュラーギントワイトが全景

ナンガ・パルバット東面〈シュラーギントワイト画〉
左端の×印のピークがナンガ・パルバット主峰，右方×印はチョン・ラ主峰

を描いた場所ははっきりとわかるのである。すなわちそれはランプール[*]尾根で、この場所から八十年後の一九三四年にリヒァルト・フィンスターヴァルダー（Richart Finsterwarder）が、この地域の写真測量を行なっている。」

右に長い文を引用したのは、そもそもこの山はヒマラヤ探検史の初めから登場してくる重要な山だからであるが、シュラーギントワイト兄弟の事績に詳しかった小林義正は、次のような注目すべき指摘を行なっている。

「一八五六年九月、アードルフ・シュラーギントワイトは、スカルドからハソラに入ったことが、報告書別巻のルート図に示されている。そこで本文第二巻のうち、地域別高度表のところを開くと、カラコルム・チェイン西部における主要雪山No.26として"Diamer Peak or Nanga Parbat in Hasora"が掲載され、ここに初めて『ディアミールまたの名ナンガ・パルバート』という山名に接するのである。山頂の標高は、二六六二九ft（Great Trigonometrical Survey of India）、ハソラの最高峰で、キャプティン・モントゴメリーによって十一の主要地点から測量されたとの付記がある。」（『続山と書物』築地書館、一九六〇年刊）

小林義正は、一九五九年ごろ、このシュラーギントワイトの"Result of a Scientific Mission to India and High Asia"という貴重な四巻（本文）および地図とパノラマ図を入手した。当時この書冊は、戦前に四部舶載されたことは推

＊このランプール尾根の末端近くにあるフィンスターヴァルダーの測量地点はRampur Eckと称する高度三八八四m地点と思われ、前ページに示したシュラーギントワイトの画（一八五六年）を描いた場所に相当する。ここから見るナンガ・パルバット（東面）はほぼ真西の方向に当たる。その間の直線距離は約十八kmくらいである。

定できたが、そのうちはたして何部が残存しているかわからないという稀覯《きこう》本であった。バウアーの文中にいう「ナンガ・パルバートの絵」とは、このパノラマ図二十九枚中の一枚を指す。小林義正の「シュラーギントワイトを獲る記」（『続山と書物』所収）の中にそのパノラマ図の英文リストが紹介されているが、第何図がナンガ・パルバットに相当するのか、英文のタイトルだけでは判然としない。解説もあるが、ところどころ省略されてしまっているのが残念である。この点に興味のある方は、その後、深田久弥が入手した九山山房本*（現在、国会図書館蔵）によって確認されるとよい。

この山が、古くどのような名で呼ばれていたかよくわからぬが、山自体は古くから知られていたに相違ない。なぜなら、この山のすぐ西を通るアボタバッド（Abatabad）からチラス（Chilas）やギルギット（Gilgit）へ至るバブサール峠（Babsar Pass　四一四五m）道、スリナガル（Srinagar）からブルジル峠（Bursil Pass　四一九五m）を経由してギルギットへ直接出る道、これらは古くから、中央アジアと連絡するキャラバン・ルートだったはずだからである。

したがって、ナンガ・パルバット（「裸の山」の意）というサンスクリット起源の山名は、インド平原の住民たちによって、またディア・ミール（Dia-Mir、「山々の王」また「精霊のいる山」の意）というダルド語系の呼称は、この山の西側に住むダルド系住民の間で使われていたとしてもそう不思議なことではない。後者の名称は、ママリー（A. F. Mummery）が行方不明になった氷河や谷

シュラーギントワイトの『印度および高地アジア踏査記』表紙

*その後、二〇〇六年に日本山岳会会員の松崎中正氏が寄贈した本が日本山岳会に所蔵されている。

の地名として現存している。一九三二年のドイツ＝アメリカ合同隊に参加したノールトン女史（Elizabeth Knowlton）が「〝裸の山〟は、おそらく、高い雪の山体の中にみえる巨大な断崖のむき出しの岩」から来ているというのは、興味ある所説である。そこには神格があって、土地の住民たちが、その山の精霊を拝するというのである。

ノールトンは、ディア・ミールについても「これには、〝精霊のすみか〟という意味がある。太古からの伝説では、精霊の一族（ジン Djinn）が山腹に住んでいた。山中で生を失う精霊の中の幾人かは、その不滅性を受け継ぐ」と紹介しているが、これなど、同じダルド系文化圏のチトラールの名山ティリチ・ミール（Tirich Mir　七七〇六ｍ）に全く同じ話が伝わっているのも単なる暗合とはいえまい。

次に、一八九五年のママリーから始まり、一九五三年のドイツ隊による初登に至る、この巨峰と登攀者たちの死闘の歴史を訪ねてみよう。

一八九五年のA・F・ママリー隊

一八九五年、当時ヨーロッパやコーカサスで近代登山、いわばスポーツ的登山のヌーベル・バーグ（新しい波）の旗手として知られていたA・F・ママリーが、山仲間のヘイスティングズ（G. Hastings）やコリー（Norman Collie）とともに、一転してヒマラヤに登場してきたのには、ある背景がある。

ナンガ・パルバットのベース・キャンプでのC. G. ブルース（右）とママリー（左）（ルパール谷, 1895年7月）

登山をおもな目的とする者が、ヒマラヤへもぼつぼつ登場してきたが、その先駆けは、グレアム（W. W. Graham）であった。彼は、「科学知識の獲得よりも、スポーツとアドヴェンチャーのために」登山したと述べている。彼はネパールや、インドのクマオン（Kumaun）地方のドゥナギリ（Dunagiri 七〇六六m）でかなりの登攀を行い、また、チャンガバン（Changaban 六八六四m）に登頂し、最後にはシッキムのカブルー（Kabru 七三五三m）に登頂したと発表した。これらの誇大な報告について、フレッシュフィールド（D. Freshfield）、コリー、コンウェイ（M. Conway）など当時の代表的なヒマラヤ通たちが、グレアムの登頂の真偽をめぐって大論争を行なった。グレアムのヒマラヤ行は一八八三年の出来事であった。

その後、ヒマラヤ全体でも、山岳道路が改修され、ヒマラヤの高峰も正確に地図に記載されるようになって、役人、宣教師、狩猟家などは続々とヒマラヤ山域へ入り込んでいく。メイスン（Kenneth Mason）がいうように「その頃は山の時代ではなく、まだ峠《パス》の時代」であったにしろ、確実に人間とヒマラヤの距離は近いものになっていった。それをさらに近づけたものは、一八九二年のコンウェイが率いたイギリス人を中心とした最初の大規模な遠征隊であった。ヒマラヤの登山と探検を目ざした彼らは、約半年間を費やし、ヒスパー（Hispar）、ビアフォ（Biafo）、バルトロ（Baltoro）の大氷河を探検し、八月下旬には、パイオニア・ピーク（Pioneer Peak 六八八三m）に登頂した。

登山を始めた頃のコリー

メイスンは次のように評価する。

「コンウェイの遠征は極めて興味の深いものである。今日では彼がおこなった登山の業績は余り重要視されないが、彼はその旅行のあらゆる方面について、その日その日の非常に詳細な記録を残している。例えば、高度と食糧の影響、脈拍数、装備の消耗状況などについても詳しく記しているのである。ヒマラヤへ最初にウィンパー・テントとマンマリー・テントを持って行ったのは彼であった。そしてクランポン（注：アイゼン）を使用したのもおそらく彼が最初であったろう」（『ヒマラヤ』望月達夫訳）

としている。また、ブルース（C. G. Bruce）が選抜し、この隊に参加させた四人のグルカ兵の働きに注目している。後年のシェルパの出現である。

一八九五年のママリー隊にも、前記のコンウェイの経験が生かされている。ブルースが二人のグルカ兵を連れて来援している。一行は、はじめ、ルパル(Rupal) 谷へ入り、ナンガの南壁をみて、そこを登攀不可能と判断した。七月三一日、彼らはマゼノ峠（Mazeno Gali　五三七七ｍ）を越え、西面のディア・ミール氷河の終堆石の傍らにBCを設営した。ブルースだけは、一か月の休暇が終わり、そこから任地へ戻った。

八月中旬までディア・ミール壁の偵察に費やされた。今日の常識ではヒマラヤの高峰の登頂期の過ぎた時点で、ママリーたちは登攀にかかることとなる。コリーが体調をすっかりくずし、グルカ兵の一人も不調だったため、ママリー

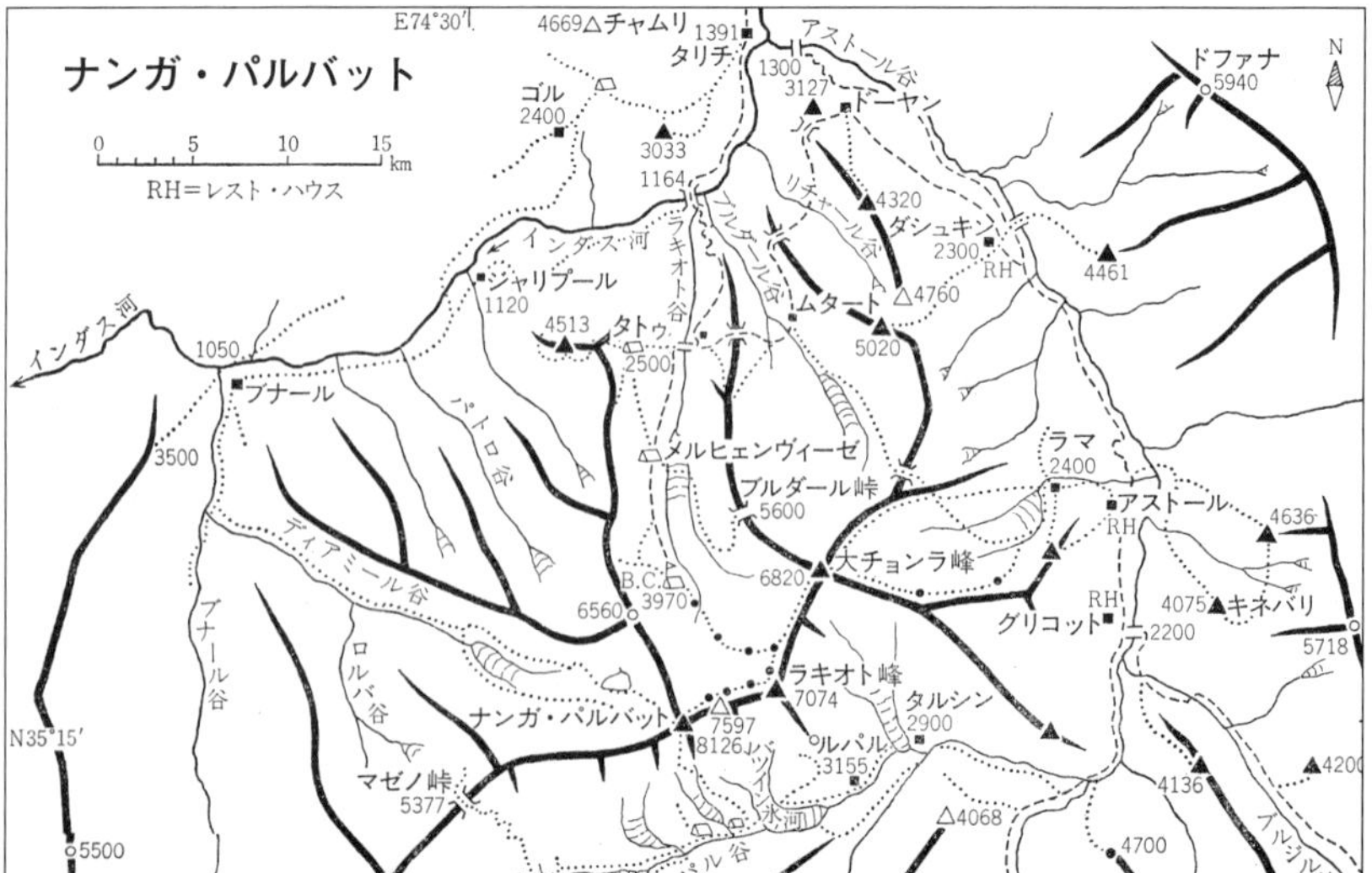

〈諏訪多栄蔵作図〉

とグルカ兵のラゴビール（Ragobir Thapa）の二人だけで、フェイス中央岩稜の肋稜の上部までルートを開き、三日間で六一〇〇ｍ地点まで達したが、食糧不足のためＢＣへ下った。

ママリーは、もう一晩山上で過ごせたら、二人は頂上へ立てたと考えていたようだ。今日の登山家の目からみれば、はなはだ楽観的、無謀ともいえる判断だが、ママリーの大胆さは、さらにエスカレートする。ＢＣを北のラキオト（Rakhiot）谷へ移すことにきまったさい、コリーとヘイスティングズは、インダス川に沿った下方のルートをとったが、ママリーは二人のグルカ兵とともに、ナンガ第Ⅱ峰（八〇七二ｍ）とガナロ峰（六六〇六ｍ）との鞍部（六二〇〇ｍ）を越えて、直接に北面へ出ようとしたのであった。

八月二十三日が、ママリーの見納めの日となってしまった。北面のラキオト谷でママリーらを待っていたコリーたちは、友の越えてくるはずのコルを一見して、とうていそれが北面へ下れるはずのないルートだとさとった。いくら待っても来る気配のないママリーを求めて、二人の友はディア・ミール氷河へ引き返し、捜索を行なったが、何の手がかりも得られなかった。

深田久弥は、ママリーのこの失踪は、「登山家としてヒマラヤへ捧げた最初の犠牲であった」としている。こうして、ヒマラヤの巨峰を目ざした初めての試みは悲劇に終わった。

ママリーの最高到達点（破線左上の×印）

一九三二年のアメリカ＝ドイツ合同登山隊

ママリーの死後三十七年間の沈黙の後、再びナンガ・パルバットの山群へ登山者がやって来た。一九三二年のアメリカ＝ドイツ合同登山隊である。隊長メルクル（Willy Merkl）のほか、七人の優秀な登攀隊員が加わっていた。アッシェンブレンナー（Peter Aschenbrenner）、ベヒトルト（Fritz Bechtold）、ヴィスナー（Fritz Wiessner）らもその一員であり、ほかにアメリカ側からヘロン（Rand Herron）と報道のノールトン女史が加わった。資金調達の一手段として、合同登山となったのである。第一次大戦直後のドイツは荒廃にひんしており、どうしても他から資金を得る必要があったのである。

一行は、アルプスその他で豊富な登山の経験を積んでいたが、ヒマラヤは初見参であった。この点は致命的ともいえた。ドイツでは、すでにバウアーらがカンチェンジュンガ（Kangchenjunga　八五九八ｍ）登山を体験していたのに、この計画にバウアーはおろか、バウアー隊のメンバーが一人も入っていなかったのは、理解に苦しむ。

一行は、不慣れなキャラバンに初めから手を焼き、スリナガルからラキオト谷までの行程（三〇〇キロ）に三十七日もかけてしまったのである。ラキオト氷河のBCを設営したのが六月二十四日になっていた。しかし、この年は幸運にも好天が続いていた。ラキオト氷河末端のキャンプは「メルヘン・ヴィーゼ（お伽《とぎ》の牧場）」と呼ばれる樹林に縁どられた美しいアルプであった。

＊本章のドイツ隊の隊員の顔写真はバウアーの本による（参考文献24）

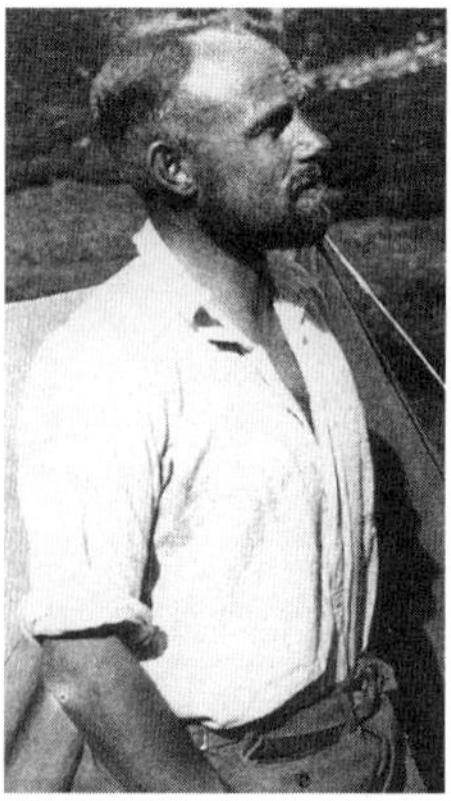

メルクル

アッシェンブレンナー

ベヒトルト

六月三十日から登高が開始され、C1，C2を進め、C4（六一五〇m）を氷河の第二段丘上に設け、そのテラスを前進根拠地とした。氷河のこの部分までの日中の暑さは、猛烈なものであり、大きな雪崩が時々一行を襲った。十八日には、二人の隊員がここからラキオト・ピーク（七〇七四m）に初登した。十八日、六人のアタック隊がC4に集結したとき、モンスーンの悪天が彼らに迫りつつあった。二十三日、四人の隊員がC5（六二〇〇m）をラキオト・ピークの下につくった。

それから先が難所で、ラキオト峰の下を巻いていく「ムルデ」と呼ばれた急峻な氷の溝を横切るルートであった。七月二十五日、隊長のメルクルとベヒトルトは、そのムルデの先にC6（六六〇〇m）を設営。それから四日のちにラキオト峰西の稜線上に一張りの小テントを張りC7（六九五〇m）とし、さきの二人とウィスナーが入った。今までみえなかったナンガ主峰の雄姿が、ここで初めてあらわれた。もうしばらく好天に恵まれれば、頂稜に迫るのも可能に思われた。

しかし、天は彼らに味方しなかった。七月末から厚い雪に包まれた山は、吹雪となった。その悪天は八月十四日まで続いた。すべては徒労に帰したのである。深い新雪の中を彼らはBCへと下った。数々の教訓を残して一九三二年のナンガ・パルバット行は終わった。

ウィスナー

ランド・ヘロン
（アメリカ側の隊員）
（アメリカへ帰る途中，
エジプトのクフ王の
ピラミッドから墜死）

一九三四年、メルクル隊の再挑戦

一九三四年、メルクルは再びナンガ・パルバットへやって来た。彼のほかに八人の優秀なドイツ人クライマーが集まった。科学班三人とインド政府が輸送を援助するためにつけてくれたイギリス士官二人が加わった。また、ヒマラヤン・クラブは、レワ（Lewa）をサーダーとして三十五人のダージリン・シェルパを集めてくれた。

一行は、前回よりも一か月以上も早い五月十八日、メルヘン・ヴィーゼに到着。六月六日のＣ４まで、おおむね前回と同じ位置に設けられたが、隊員のドレクセル（Alfred Drexel）が急性肺炎のため、六月八日の夜、死去した。友の死を葬ったのち、しばらくして前進を再開、七月四日には、ラキオト峰の肩に出て稜線上のコルにＣ６を設営した。前回のＣ７の位置である。

翌五日、登攀隊は、行く手に関門となってそびえるジルバー・ザッテル（Silber Sattel 銀鞍）への尾根の半ばにＣ７（七〇五〇ｍ）を設けた。翌六日、メルクルら五人の隊員は、十一人のシェルパ、ポーターの支援を得て、「銀鞍」を目ざした。その上は平坦な雪のプラトーになっていた。そこに首尾よくＣ８（七四八〇ｍ）を設営した。翌日まで天候がもてば、だれの目にも成功は疑いないものに思えた。

だが、この肝心なときになって、一九三二年のときと同じように、ナンガ・パルバットは大荒れに荒れた。夜中には大暴風となり、テントが破られた。翌

一九三四年隊のメンバーたち

日も風雪が続き、食事をつくることができなかった。

七月八日、朝から撤収と決まり、まずアッシェンブレンナーとシュナイダー(E. Schneider)が、シェルパのパサン、ニマ、ピンツォをつれて、下降路を開くため先行した。依然風はやまなかった。悲劇の始まりである。C7は無人であった。二人の隊員は、シェルパたちをそこへ残し、やはり無人のC6、C5を経て、疲労困憊《こんぱい》のすえ、C4にたどり着く。そこには支援隊がいた。ラキオト・ピークの肩からの下降では胸までもぐる深雪であったという。

一方、三人のシェルパは八日、九日、十日と吹雪の中を彷徨《ほうこう》し、ラキオト峰の肩を下るところで、本隊のシェルパ四人が追ってくるのと合流。彼らは疲労の極に達しており、肩からの急斜面を下降中、ニマ(先発隊)、ニマ・タシ(本隊)が絶命。C5の近くでピンツォも息絶えた。残る四人は半死半生のていで、C4に収容された。

さて、メルクルら三人の隊員と、八人のシェルパから成る本隊は、「銀鞍」を下ったところで、ビバークとなった。全員で寝袋は三つというみじめなありさまだった。シェルパのうち三人は、翌九日もそこに残り、四人のシェルパが先行、C7に着いた。隊長のメルクルとヴェルツェンバッハがあとからやって来た。もう一人の隊員ヴィーラント(Uli Wieland)は、C7の三〇m手前で倒れた。四人のシェルパはさらに深雪の中を下降、翌一〇日ラキオト峰の下で先発隊のシェルパに追い着いたのであった。

1934年隊のC7(7050m)，後方はラキオト・ピーク(7074m)

かなり話は錯綜するが、ジルバー・ザッテルの下のビバーク地には残った三人のシェルパがいた。彼らの運命はどうなったか。そのうちの一人、ダクシーは一〇日ビバークの夜、絶命した。残ったアン・ツェリン（Ang Tsering）とゲー・レー（Gay Lay）は、翌十一日C7へ下って、メルクル、ヴェルツェンバッハと合流。十三日夜、同所でヴェルツェンバッハも落命。残る三人は、翌朝C6へ向かうことになったが、すでにメルクルも体力を使い果たし、二本のピッケルでやっと体を支えているほど衰弱がひどかった。そこで、モーレン・コップ（ムーア人の頭）と呼んでいた黒い岩峰の手前でビバークした。二枚の毛布を持っていただけであった。

翌十四日朝、シェルパのアン・ツェリンが最後の勇をふりしぼって、救援を求めに、嵐の中を下っていった。およそ人間わざとは思われない必死のがんばりで、彼はその夕方、C4へ転げ込む。C4に集まっていた救援パーティーは、この勇敢なシェルパの報告で、山稜上には、まだ隊長のメルクルとゲー・レーが生存していることを知った。C4の隊員たちは、何回も上部の二人を救出しようと試みたが、暴風と深雪は、無慈悲にその企てを拒んだ。山稜上の二人は、モーレン・コップの岩峰までたどり着いたが、そこで息絶えた。一九三四年のドイツ隊は、九人の命を犠牲にして、幕を閉じたのである。

メルクル隊の悲惨な結末に至った原因は、大半、メルクルのリーダーとしての、極地法の展開や運営のまずさに帰すべきかもしれない。特に高所各キャンプにルートを確保する要員を配備せず、アタック隊員のほとんどが、いちどきに最終キャンプにとどまってしまったのが致命的であった。

メルクルたちの墓碑は、氷河の堆石上に、石造りのピラミッド型につくられ、簡潔な墓碑銘を記したブロンズがはめ込まれている。それによれば、メルクルの死去した日は七月十七日となっているという。

なお、この遭難のもう一つの原因となった暴風は、メイスンによれば「七月の第一週を通じてパンジャブ・ヒマラヤの周辺で猛威をふるった、モンスーンの強烈な浸透力によって起こったもの」という。

一九三七年の三度目のドイツ隊

一九三七年、ドイツ人は三度目の登山隊を送り出した。すでに「ドイツ＝ヒマラヤ財団」が創設され、その中心となったP・バウアーは、一九三六年、シッキムのカンチェンジュンガ山群へ若手クライマー三人を連れて赴き、彼らはシニオルチュー（Siniolchu　六八九一m）、シムヴ北峰（Simvu　六五四八m）でみごとな初登頂をおさめてきた。その三人とは、ヴィーン（Karl Wien）、ゲットナー（Adolf Göttner）、ヘップ（Günther Hepp）であり、彼らが一九三七年のナンガ・パルバット隊の中核となった。そのうちの一人ヴィーンが隊長を引き受け、その下に六人の強力なクライマーが選ばれていた。

遠征の初期の段階では、すべてが順調で、五月二十四日には、C２がラキオ

1937年のドイツ隊リーダー，ヴィーン

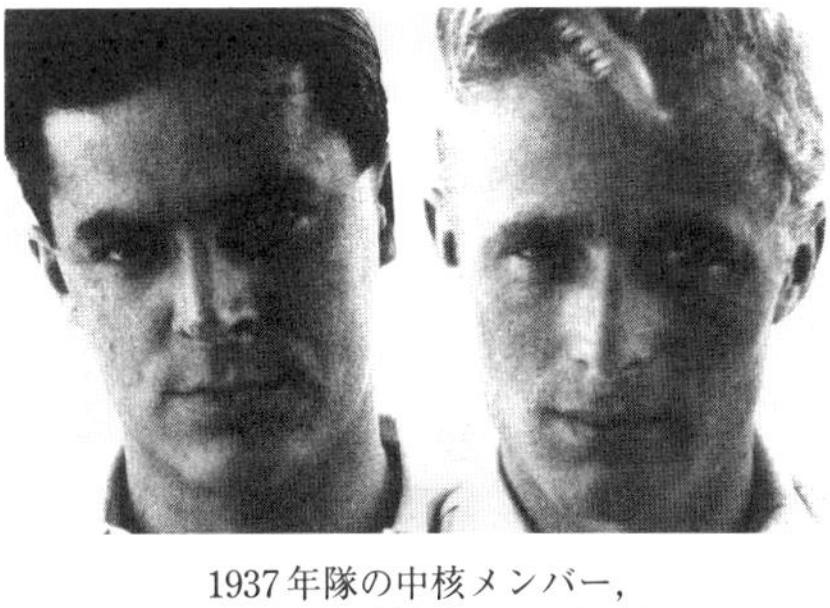

1937年隊の中核メンバー，
ゲットナー（左）とヘップ（右）

ト氷河下部のアイスフォール上に設営されたが、大雪崩の爆風のあおりで、二張りのテントが粉砕される事故があった。

六月三日、C2が再建され、七日までにはC4を設営。ここは攻撃基地の性格をもち、物資がストックされた。十一日、すべての登攀隊員（七人）がC4に集結していた。多数のシェルパも上ってきていた。大惨事が起こったのは、六月十四日の夜半だったらしい。とにかく、信じられないような惨事であった。ラキオト峰から落下してきた大雪崩が、C4をすべて埋めてしまったのだ。七人のクライマー全員と九人のシェルパが、全員雪崩の下に埋没してしまったのである。ヒマラヤ登山史空前の大量遭難であった。

この事故が発見されたのは十八日で、医師のルフト（Ulrich Luft）が、BCから上ってきて、C4が跡形もなくなっているのを知った。長さ四〇〇m、幅一五〇mの巨大な雪崩のあとは、氷のブロックが一面に固まっていた。

悲報がドイツにもたらされると、バウアーらはただちにインドへ飛んだ。さらに、イギリスの空軍機が彼らをギルギットへ運んだ。七月十日から発掘作業が始まった。大変な重労働のすえ、ほとんどの隊員の遺体が発見された。シェルパたちのは、彼らの風習に従って、掘り出すことはしなかった。十二時二十分で止まっていた時計と、六月十四日の夕までのことを記した日記も発見された。

その後、ラキオト橋に一九三七年のドイツ隊遭難者の墓碑銘が掲げられた。

ラキオト橋の墓碑

年長のルーポルディングが三十一歳。隊長のヴィーンが三十歳で、あとは二十代の若者ばかりであった。

一九三八年の四度目のドイツ隊から大戦後へ至る歩み

一九三八年、ドイツは、四度目の登山隊をナンガ・パルバットへ送り出した。今回は、最後の切り札P・バウアーが隊長をつとめた。その下にナンガ・パルバットの生き残り、ベヒトルト、ルフトの二人が加わり、五人の新人も選ばれた。A・テーネスの操縦する飛行機が高所キャンプへ物資の投下を行ったが、これはヒマラヤ登山史上初めての経験であった。

バウアー隊長の意気込みにもかかわらず、ナンガはあくまで非情の山であった。この年は、ヒマラヤ全体が悪天候だったのである。バウアーの考えよりも二週間遅れて六月二十四日、C4が設営された。毎日雪が降った。七月一日好天となったが、深雪のため、前進を中止して、全員ベースで休養した。

七月十二日、攻撃再開。十六日、C5を設けたが、再び天気が悪化して、ラキオト峰の氷壁を登るルートは不可能となった。そこで一九三二年のときの「ムルデ」のルートをトラバースして、二十二日、C6を山稜上につくった。「ムーア人の頭」近くで、バウアーたちは、一九三四年隊のメルクルとゲーレーの遺体を発見した。

その後、ジルバー・ザッテルを再三目ざしたが、悪天が続いた。七三〇〇m

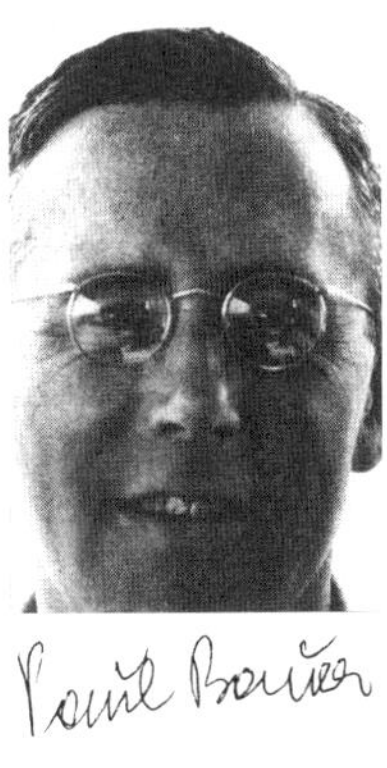

バウアーと彼のサイン

の到達地点を最後に、七月二十六日、バウアーは下山の命を下した。メルクルの二の舞を恐れたのだが、この年の多量の降雪からみて、賢明の処置というべきであった。七月末、もう一度攻撃が行なわれたがＣ５までで退却。バウアーのナンガ・パルバットに対する初めての試みは、かくして終わった。

翌一九三九年、新しいルートを求めて、第五次隊がナンガ・パルバットに向かった。この隊の任務は、ディア・ミール氷河から直接主峰に登る「ママリー・ルート」を偵察することであった。

隊長は、アウフシュナイター（P. Aufschneiter）以下四名。シェルパ三名、ポーター四十名という、それまでの大部隊からすればごく小チーム編成で、六月一日、ディアミール氷河右岸にＢＣを設営。このチームにはアイガー北壁の登頂者ハラー（H. Harrer）も加わっていた。彼はのちに数奇な運命をたどる。

彼らは、まず「ママリー・ルート」の岩稜を五五〇〇ｍまでたどった。いつ雪崩にやられるかわからない危険なルートであった。次いで、ナンガ北峰（七八一六ｍ）の真下へ続く岩稜も試みた。落石の激しいルートなので、シェルパらはＣ３からの登高を拒んだ。苦闘のすえ、Ｃ４を六一〇〇ｍに張ったが、前進はそこまでで終わった。「このルートの技術的困難度は、アルプスの最高度のむずかしい登攀に匹敵する」というのが、アウフシュナイターの結論である。

八月末、ドイツ隊はカラチへ出て、故国へ向かう船を待っていた。しかし、

アウフシュナイター（チベットで）

1938年のドイツ隊のメンバーたち

やがて、ドイツはイギリスと開戦し、一行四人は今度はインドの収容所に抑留された。アウフシュナイターとハラーはその後収容所を脱走し、チベットへ逃れた。ラサへたどり着いた二人は、ダライ・ラマの客として、一九五二年までそこにとどまった。ハラーはその数奇な運命を『チベットの七年』という本に描いたが、世界各国でこの本はベスト・セラーになった。* ハラーは今も健在だが、アウフシュナイターは数年前に物故した。

第二次大戦後ナンガ・パルバットにやって来たのは、ソーンリー（J. W. Thornley）ら三人のイギリス人であった。彼らは一九五〇年十一月十一日、ラキオト氷河にBCを設営した。珍しくもナンガ・パルバットの冬季登山の例になる。しかし彼らには、絶頂をきわめようという気はなかったようだ。本来なら彼らは、カラコルムへ入山するつもりだったが、テンジンら四人のシェルパを連れていたため、パキスタン政府は、彼らの許可をとり消してしまったのである。そこで三人は、ラキオト氷河の冬の状態を調べようと計画したのだった。

彼らの不充分な装備、行動をみて、テンジンは登山中止を進言したが、とり上げられず、シェルパたちは、荷揚げを拒否した。三人のサーブは前進していったが、そのうちの一人マーシュ（R. H. Marsh）が凍傷を受けて帰ってきた。あとの二人はそのまま不帰の客となったというのが、事のあらましである。このイギリス人たちが、三十番目と三十一番目の犠牲者となったわけである。

*ハラーは二〇〇六年に九三歳の高齢で死去し、アウフシュナイターも一九七四年に亡くなった。

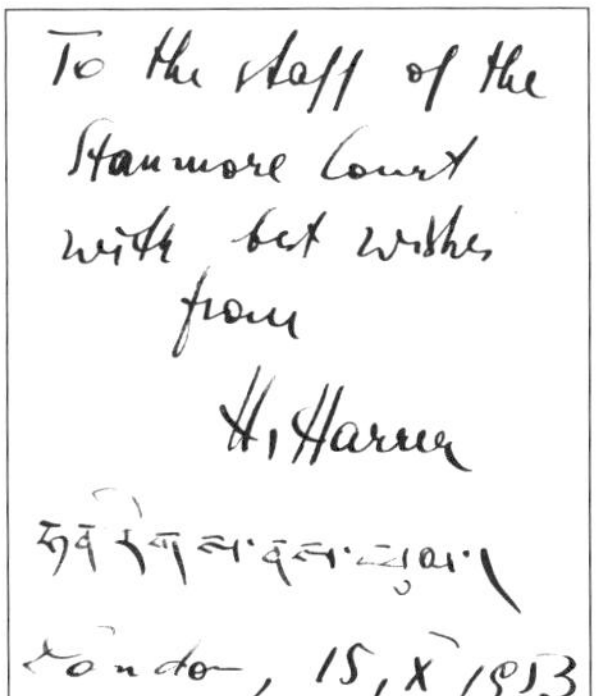

『チベットの七年』の表紙（英語訳）と同書への自筆献辞，下段にはチベット語で記す

ハラー

一九五三年、苦闘の末に初登頂成る

一九五三年は、ヒマラヤ登攀史上栄光の年である。世界の最高峰エヴェレストの頂上をイギリス隊のヒラリーとテンジンが初めて踏んだのが、五月二十九日であった。その五週間後の七月三日、多くの優秀なクライマーの命をのみ込んできたナンガ・パルバットが、ついにドイツ＝オーストリア隊によって陥落した。

この登山隊を率いたのは、ヘルリヒコッファー博士（Karl Herrigkoffer）で、一九三四年登山隊のリーダーだったメルクルの義弟だが、登山家ではなかった。「ヴィリー・メルクル記念登山隊」というのが正式の隊名であった。隊員には強力なクライマーが九名そろい、登攀隊長として事実上の指揮者となったのが、ナンガ・パルバットの生き残りで、経験豊富なアッシェンブレンナーであった。

この登山隊が組織されるまでに、ずいぶんいろいろな障害があったようだ。それは、主としてヘルリヒコッファー博士の人格や言動に起因するものらしい。このちも彼は、毎シーズンのようにナンガ・パルバットにやって来るが、そのつど何らかのトラブルが起こった。なかでも後年（一九七〇）生じたメスナー兄弟（G. & R. Messner）との間の「赤いのろし」事件では、人命損失の問題にまで進んでしまった。

ドイツ登山界の一方の雄P・バウアーは、大著『ナンガ・パルバート登攀史』

初登隊のリーダー、ヘルリヒコッファー

（一九五五年）の中で、かなり手厳しい批評をしている。

「老若を問わず、ドイツの多くの登山家の心の中には、メルクルやヴィーンやハルトマンやヴェルツェンバッハやその他ナンガ・パルバートに召された多くの仲間たちの遺志が生きているのだ。ところがドクトル・ヘルリヒコッファーの計画には、こういった登山家たちの精神の息づいていないことが広く世間から惜しまれていた。」（横川文雄訳）

一行がラキオト谷の仮ＢＣを設けたのは五月中旬で、大モレーン下の本格的なＢＣに全隊員が集結したのが五月二十四日である。同行させるつもりのシェルパ六人がパキスタン政府に入国拒否されたため、フンザ・ポーター十六名が選抜された。ポーター不足で前進に手間どり、キャンプはなかなか進まなかった。

山稜上の「ムーア人の頭」の西のコルに新しいＣ５を設けたのは、七月二日である。そこの高度は六九四五ｍで、フラウエンベルガー（W. Frauenberger）、アーテル（H. Ertl）、ブール（Hermann Buhl）、ケンプター（O. Kempter）と四人のフンザ・ポーターがいた。初め第一次アタック隊（四名）が指名されたとき、アーテルだけは入っていなかった。ブールとケンプターで頂上アタックを続行することになり、同じ日の午後、別の二隊員は、ポーターを連れてＣ４へ下り、そこでブールらを援護することになった。

幸い天候は、六月三十日の午後から好転してきていた。七月三日午前二時半、

フラウエンベルガー

ブールは一人で出発した。七時ごろには「銀鞍」を越えた。ケンプターも三十分遅れて出発。「銀鞍」では一時間遅れた。ここからは広大な雪原になるが、太陽は灼《や》けるように暑かった。ケンプターは疲労と暑気のため、七六二〇m地点までで断念し、再びC5へ戻り、そこでブールを待つことにした。

ブールは広い雪原を越え、一人で頂上を目ざした。前峰（Front Peak、七九一〇m）の岩場を過ぎ、バズィン・ギャップ（Bazin Gap、七八一二m）の鞍部へ下った。もう午後三時になっていた。そこから先は危険なやせ尾根になっている。まだ比高三〇〇mの上りが残っていた。そこで彼は、ベルヴィティン錠を二粒のんだ。もともとは飛行士用の興奮剤である。

午後七時、ブールは前人未踏の絶頂に立った。十六時間を超える厳しい登高であった。頂上の少し手前は、十三mほどの高さのジャンダルムになっていた。

頂上の雪の中に立てたピッケルにチロル山岳会のペナントとパキスタンの国旗を結び、写真を撮った。のちに彼らの登山報告書の冒頭を飾った写真である。

下山に移ったブールに、まだ試練が残されていた。バズィン鞍部のだいぶ手前の岩場で、ビバークしなければならなかったのだ。ピッケルも、寝袋も、ザイルもなしに、岩に身を寄せたままブールは一夜を明かした。手足の凍傷を防ぐため、彼はベルヴィティンを二錠のんだ。

ブールの初登を示す登頂写真

七月四日午前四時、不屈のブールは再び岩場の下降を開始。細心の注意を払って、バズィン・ギャップを通過した。興奮剤の副作用のためか、彼は絶えず幻覚に悩まされた。彼の目にはつねに同行者が映り、その声が聞こえた。わずかに残った強い意志の力と、ベルヴィティン剤の助けを借りて、彼はやっとのことでジルバー・ザッテルへたどり着く。

一方、C5でブールのあらわれるのを待つ隊員（フラウエンベルガーとアーテル）は、一日中ジルバー・ザッテルのほうを見守っていた。午後遅く、フラウエンベルガーは、故国から持参した墓碑を「ムーア人の頭」の岩にはめ込むため、山稜を上っていった。その碑には、一九三四年この山稜上で散華したメルクルら三人の先進の名が刻んであった。彼は、その碑にもう一人の名を新しく刻まねばならないのかと思った。そのときのことである。深田久弥はその名場面を次のように再現してみせた。

「突然、ザッテルを離れて氷の壁を下り始めた小さな一つの点を見つけた。ヘルマン・ブールが戻ってきたのだ。おお、ヘルマン、君は頂上に達したか否か、それはどうでもいい、大事なのは君が生きて帰ってきたことだ！　フラウエンベルガーは喜びのあまり泣き笑いになった。合図によってヘルマンは登頂を果たしたことがわかった。彼は感動して、〝モーレン・コップ〟に取りつけた碑面の三人の登山家に言った。君たちの犠牲は無駄ではなかった。ついに事は成された、と。」（『ヒマラヤの高峰』）

BCへ生還したブール

かくて、百年という年月を要した登攀の歴史、一編の壮大な叙事詩にも似たナンガ・パルバットと登攀者たちの物語に一応のピリオドが打たれたのである。

一九六〇〜七〇年代の登攀

その後、一九六〇年代に入って、ナンガ・パルバットは、バリエーション・ルートの時代に入った。

ヘルリヒコッファーはなおも憑《つ》かれたように「魔の山」ナンガ・パルバットにいどみ続けた。一九五三年から七六年まで九度遠征隊を率いてこの山域に入り、幾つかのバリエーション・ルートを試み、また、登頂している。隊長としての彼は、一九七〇年のナンガ・パルバット第三登後の内紛や、一九七二年のエヴェレスト国際隊の分解など、いろいろ問題があるようだが、このナンガ・パルバットへの執念には敬意を表してもよいと思われる。

さて、一九六一年、ヘルリヒコッファー率いる十人のドイツ隊はディアミール氷河に入り、一八九五年のママリー、一九三九年のアウフシュナイター隊を退けた高距四〇〇〇ｍのディアミール壁に臨んだ。

五月二十四日、四二〇〇ｍにＢＣを設け、ママリー稜北側のバットレスを登り、五〇〇〇ｍにＣ１を置いた。ここから、下部は四〇度、上部は七〇度近い傾斜をもつクーロワールに入り、五九〇〇ｍにある長さ五ｍ、幅一ｍ弱のテラス（彼らは「鷲の巣」と呼んだ）にデポ・キャンプを設け、ここまで二三〇〇mのワイヤーとロープが固定された。六月十二日、六〇〇〇mにC２を上げ、C３へのルート偵察とC２への荷揚げが進められた。

六月十九日、キンショファー（Toni Kinshofer）、レーウ（Siegfried Löw）ら三人が雪の積もった氷の急斜面をよじて稜線に出、大きな雪庇の上にC３（六六〇〇m）を設けた。翌二十日、悪天であったが、モンスーンの発生が予想されるためすぐ頂上へ向かうようにとの隊長からの連絡を受け、天候の回復した午後三時過ぎ、三人は北峰に向かってC３を出発した。凍りついた急な岩場を登り、その日は七一五〇mの不安定なテラスでビバークした。夜半過ぎ、天候は荒れはじめ、雪は三人の上に降り積もった。明け方近く、テラスを逃れた彼らはC３へ戻るよりほかなかった。

翌一九六二年、ヘルリヒコッファーは再びディアミール氷河を訪れ、ディアミール壁の初登攀、ナンガ・パルバットの第二登を果たした。

五月二十八日、BC設営。ルートはC２までは前年と同じで、C２から氷の斜面をトラヴァースして尾根に取り付き、六月十七日、六六〇〇mにC３、さらに上部カール（バズィン窪）寄りの岩稜を登って、二十日、バズィン・コル（七八一一m）まで七〇〇mの地点にC４を設けた、シュラフもエア・マットもない、ビバーク同然のC４であった。翌日は悪天で待機、翌二十一日午前一時、T・キンショファー、S・レーウ、マンハルト（Anderl Mannhardt）、シ

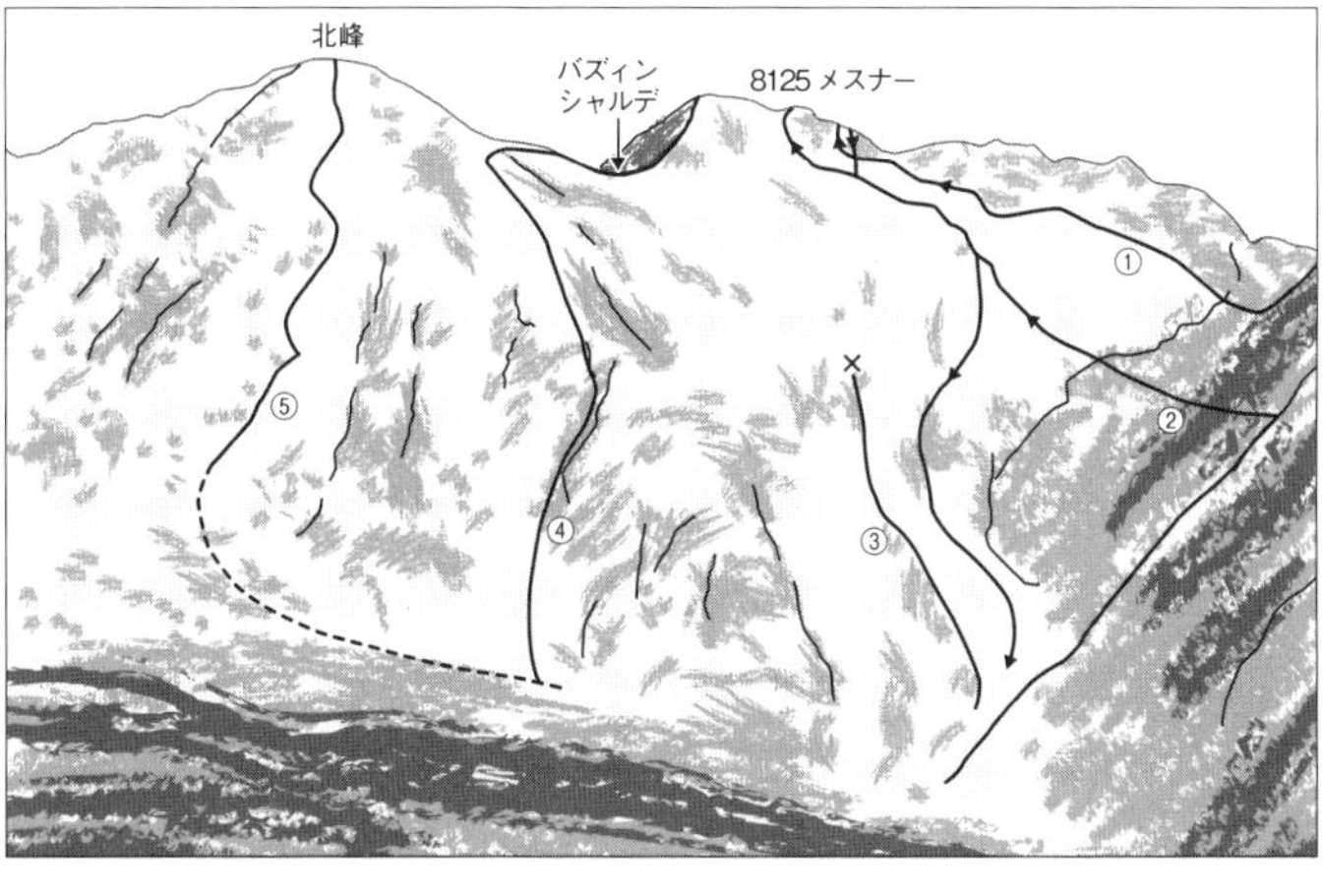

ナンガ・パルバット（ディアミール壁）（原図大宮求）　①一九七六年オーストリア隊（南西稜）　②一九七八年メスナー単独　③一八九五年ママリーのルート　④一九六二年ドイツ隊　⑤一九七八年チェコスロヴァキア隊

ユトゥルム（Manfred Sturm）の四人がＣ４を出発、アンデルル（Michel Anderl）がサポートに残った。途中、シュトゥルムが引き返し、残る三人は酸素なしで進んだ。

バズィン・コルに着いたのは午前九時、七〇〇ｍ登るのに八時間を費やした。コルからは一九五三年にブールが通ったルートをたどるのだが、ルートの状態はよくなかった。凍った岩場が続き、五級の岩塔を越えて進んだ。途中、レーウがスノー・ブリッジを踏み破ったが、マンハルトが確保した。八〇七〇ｍの肩から、稜線のディアミール側をたどり、午後五時、頂上に立った。Ｃ４から実に十七時間を要していた。

帰路は八〇八〇ｍの稜線の下でビバークした。レーウが凍傷にかかり、興奮剤も切れてかなり衰弱していた。翌朝、岩塔を越えてバズィン窪に続くガリーを下っているとき、事故が起きた。遅れていたレーウが滑落したのである。キンショファーがレーウを介抱し、マンハルトが救助を求めに下った。午後八時過ぎ、レーウは息絶え、キンショファーはＣ４に向かって下ったが、夜通しさ迷い歩くことになり、翌朝ようやくＣ３に収容された。

翌一九六三年、ヘルリヒコッファーは今度は南面のルパル谷に入り、頂上から一気に四五〇〇ｍ切れ落ちるルパル壁を偵察した。五〇〇〇ｍまで登ってルートの見当をつけ、また、ルパル・ピーク（五九七〇ｍ）に初登頂した。

翌一九六四年二月、ルパル谷の三六〇〇ｍにＢＣが設けられた。初の八〇〇〇m峰の冬季登攀は、ヘルリヒコッファーによって、ヒマラヤ最大といわれるルパル壁で試みられたのである。

ルートは八〇四二mの南肩に向かって比高四五〇〇mをほぼ直登するものであった。四六〇〇mにC1、五四〇〇mにC2を進め、六〇〇〇mのC3予定地へ向かったが、降雪が続き、雪崩の危険性が高かったため、五八〇〇mで断念した。快晴の日などは、夏よりも快適であったという。

四年後の一九六八年、ヘルリヒコッファーはルパル壁に三度目の挑戦を行なった。

ルートは前回と同じで、六月七日、BC（三五六〇m）設営、C1は前回と同位置、C2は前回より一八〇mほど上、五五八〇mに設けられた。三三〇〇mの氷の斜面を登り、五九〇〇mにC3、六六〇〇mにC4を進めた。七月九日夜半、C4を出発、頂上に向かったが、約七一〇〇mでビバークを強いられた。天候は不安定で、そのうえ寒気はすさまじく、登行を続けられる状態ではなかった。三度目もついに成らなかったのである。

翌一九六九年、「ドイツ人の山」にチェコスロバキア隊（Ivan Galfy 隊長）がやって来た。

彼らはラキオト氷河に入り、一九三四年に急死したA・ドレクセルの墓の近くに、五月九日、BC（四〇〇〇m）を置いた。同氷河にキャンプを進め、三〇日、ラキオト・ピーク下のプラトーに入ってC3（六一二〇m）を設け、そこをアドバンスBCとした。六月十六日、ようやくラキオト・サドルに出てC4（六五〇〇ｍ）を置き、翌々日からラキオト・ピーク頂上にC5を出すべく準備するが、悪天が続いて、キャンプは雪に埋もれ、加えてモンスーンも接近していたため、撤退せざるをえなかった。

一九七〇年、ヘルリヒコッファーの四度目の挑戦でついにルパル壁が初登攀された。

五月十五日、三六六〇ｍにBC設営。ルートは前三回と同じで、六月二十六日には七二〇〇ｍにC5を進め、頂上アタックの態勢が整えられた。バウアー（Gerhard Baur）とメスナー兄弟（Reinhold and Günter Messner）がC5に入り、BCのヘルリヒコッファーとラインホルトとの間で、「天気予報がよければ青いロケットを打ち上げ、三人は難関のメルクル・ガリーにロープを張る。もし天気予報が悪ければ兄のラインホルトが単独で頂上に向かい、二人はサポートする」ととり決められた（ラインホルトが何となしにいいだしたこととはいえ、一人でアタックするというのも無茶な話である）。

その日の夜、天気予報はよかったのに、なぜか赤いロケットが打ち上げられ、翌六月二十七日午前三時、ラインホルトは防寒服とドライ・フルーツだけを持ってC5を出た。夜が明け、残る二人はメルクル・ガリーに下降用のロープを固定した。ラインホルトはガリーのトップを登っていた。が、弟のギュンター・メスナーがロープを投げ出し、兄のあとを追って登りはじめた。気づいた兄は待ち、弟が追いつき、二人が頂上に向かった。ガリーのトップからトラバースして南肩の右下に出、稜線をたどり、南峰の頂を経て、午後五時、頂上に立った。

帰路はメルクル・ガリーの上八〇〇〇mでビバークすることになった。ギュンターはかなり衰弱していた。翌朝六時ごろから、ラインホルトは救助を求めガリー下方に向かって大声で叫びはじめた。やがて下方に人影がみえた。彼はガリーからよくみえる位置に移りロープが欲しいと叫びつづけた。午前一〇時ごろ、二人の人影――それはクーエン（Felix Kuen）とショルツ（P. Scholz）だった――がガリーを登ってくるのがわかった。

両者の距離は一〇〇mほどであるが、お互いに相手の言葉を聞きとることはできなかった。ラインホルトは、クーエンが何か必要なものはあるかと聞いたのでロープが欲しいと答えたと述べ、クーエンは、ラインホルトらはディアミール側へ下る予定なのでクーエンには何の支援もできないといった、と述べている。

とまれ、クーエンらは二十八日、登頂し、一ビバークののち、ロープが固定されたメルクル・ガリーを下った。一方、メスナー兄弟はディアミール側へ下り、ママリー稜上部でビバーク、翌日、ラインホルトが氷河を抜け出して草地にたどり着いたところで、遅れたギュンターが雪崩に呑み込まれて死亡、ナンガ・パルバット三十三人目の犠牲者となった。ラインホルトは村人に助けられ、

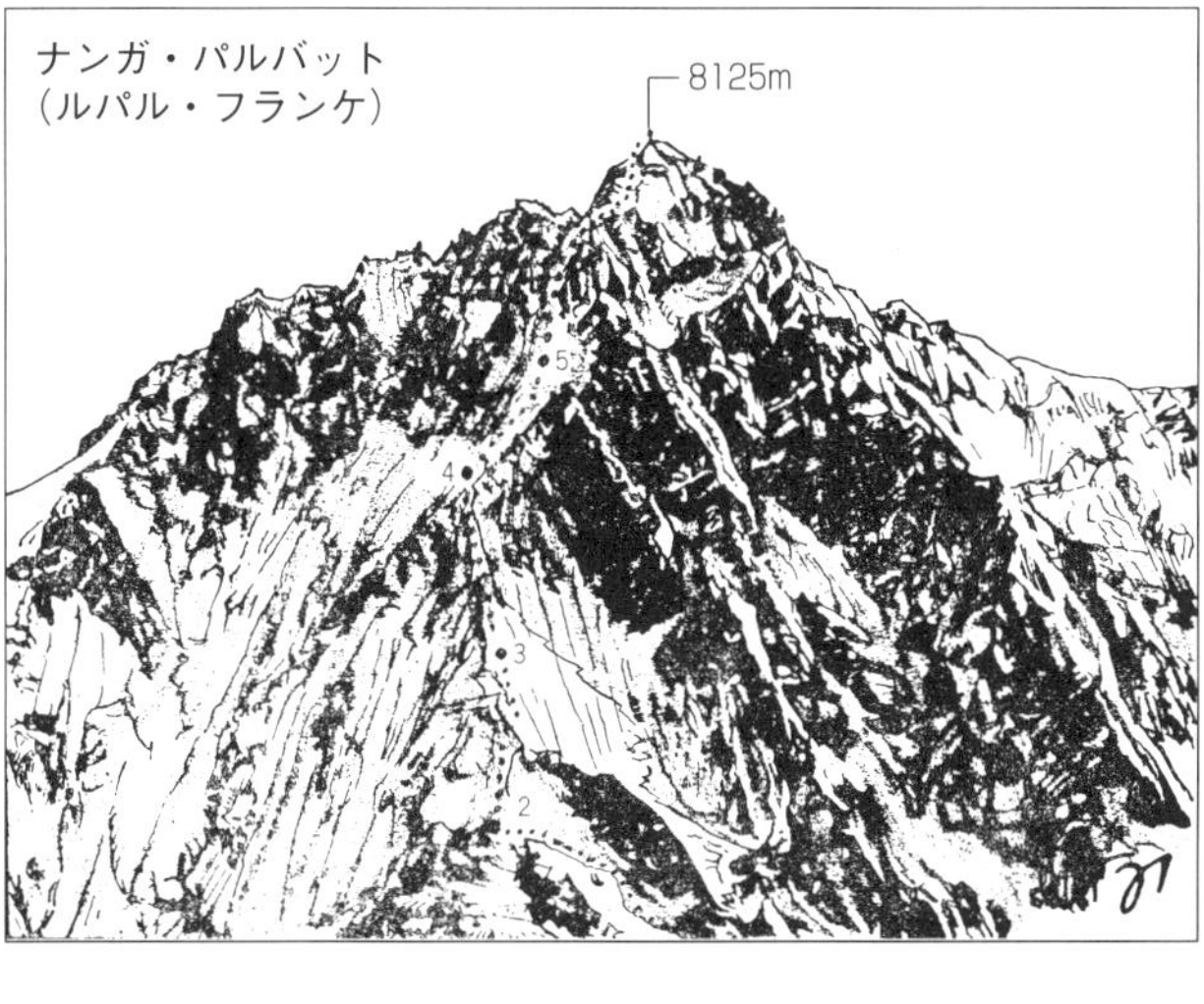

ルパル壁の完登ルート〈諏訪多栄蔵画〉

ジープでギルギットまで運ばれた。

一九七一年、ガルフィ隊長が再度チェコスロバキア隊を率いてラキオト氷河に入った。前回と同じルートをとって、順調にキャンプを進め、ラキオト・ピーク上にＣ４を設けた。ここで悪天のため三週間Ｃ４に閉じ込められたが、七月七日、天候が回復、Ｃ５を経てジルバー・ザッテル上にＣ６が進められた。十一日、フィアラ（Ivan Fiala）、オローリン（Michal Orolin）がラキオト・ルートの第二登、ナンガ・パルバットの第四登に成功。また、他のパーティーによって南東峰（七五三〇ｍ）、前峰（七九一〇ｍ）も登頂された。

一九七五年のヘルリヒコッファー率いるドイツ＝オーストリア＝スイスの合同隊は、Ｆ・クーエンの追悼遠征隊と銘うたれていた（クーエンは、七〇年にナンガ・パルバットに登頂し、七四年に自殺した）。

この隊は三つのルートを試みる予定であった。一つは南西稜からＦ・クーエン氷田を経てディアミール側に回り込み、頂上をうかがうルート、一つは最難関といわれる南東バットレスに取り付くもの、残り一つはバズィン氷河から攻めるものであった。

しかし、工事中のカラコルム・ハイウェーを通ることはできず、アプローチの段階からつまずいてしまい、パキスタン入りしてから一か月近くたってようやくシャイギリ（Shaigiri）に着くことができた。入山してからは天候に恵まれず、下山するまでの四十日間に晴れたのはたった二日であった。

こんな状態で、南西稜隊はヒルメイヤー（Hillmaier）ら二人がC４（七〇一〇m）から七五五〇mまで、南東バットレス隊は五六〇〇mまで、残る一隊もラキオト・ピークの下六四〇〇mにC３を進めたのみであった。

なお、マンフレッド（Manfred）らはナンガ・パルバット南西のトゥシャインⅡ峰（Tosshain II、c六〇〇〇m）に登頂した。この山には前年、オンバーグ（Mary Onberg）らのトレッキング・パーティーが同名の氷河にキャンプを三つ出して初登頂している。

一九七六年には三隊がナンガ・パルバットに入り、うち二隊は南西稜をルートとした。

この年来日し、富士山に登ったシェル（Hanns Schell）を隊長とする、シャウアー（R. Schauer）、シュトゥルム（H. Sturm）、ギンペル（S. Gimpel）の四人のオーストリア隊が南西稜初登攀に成功した。

この隊も前年と同様、工事中のカラコルム・ハイウェーのためにアプローチに手間どり、ルパル谷のBC（三六六〇m）に着いたのは七月十一日であった。C１（五一〇〇m）から、落石に悩まされるルート中の最悪場にロープを固定し、六一〇〇mにC２を設けた。ここから、ジャンダルムを捲いたものの、ほぼ直線上にルートを拓き、C３（七〇一〇m）を進めたところで天候が悪化し、一時BCへ下った。

一週間後、活動を再開し、二mの雪に埋もれたC３を掘り出し、新雪をラッセルしてＣ４（七四七〇ｍ）を設けた。ここからアルパイン・スタイルをとり、約七七〇〇ｍで雪洞を掘ってビバーク、翌日は岩と雪のミックスしたむずかしい斜面を登って八〇四〇ｍの肩で再びビバークし、翌八月十一日、一時間で頂上に達した。

彼らは、このルートはナンガ・パルバット中最も安全でやさしいルートだと述べている。

こののち、ヘルリヒコッファー率いるオーストリア＝ドイツ＝ポーランド合同隊も南西稜を攻めたが、九月二十六日、アーノルド（W. Arnold）がＣ２（六一五〇ｍ）付近で滑落死し、活動は中止された。

北側のディア・ミール氷河には福岡大学隊が入った。日本人による初めてのナンガへの登山隊である。加藤秀木隊長、植松満男、樋口速水、三苫達久、石村義男、阿部盛俊、首藤秀樹、荒谷渡、菊地守の九人は七月二十三日、四〇〇〇ｍにＢＣを設けた。七月三十日、クーロワールの下にＣ１（五〇〇〇ｍ）、八月十日、「鷲の巣」を経てＣ２（六〇〇〇ｍ）が進められた。Ｃ２への荷揚げにドイツ隊が残したウィンチを使ったが効率はよくなかったようだ。Ｃ２からキンスホッファー氷田を登って、二十五日、六六〇〇ｍにＣ３を設営、二十九日には首藤ら三人が七一〇〇ｍまで登ってＣ４を設けようとしたが、天候が悪化し、補給困難なども伴って九月一日、撤退が決定されて下山した。

一九七七年、アメリカのピッツバーグ隊（J. Herman ら十四名）がディアミール壁に取り付いたが、七月三十一日、デポ・キャンプ（六七〇〇m）に大岩がくずれ落ち、誘発された雪崩にR・ブラウトンとJ・ボーゲルが巻き込まれて死亡、さらに救助作業中にE・シェンプがクレバスに落ちて骨折し、断念した。

一九七八年にはチェコスロバキア隊がナンガ・パルバット北峰（七八〇九m）に初登頂したというが、詳細は不明である。

〔一九七八年〕

〔追記〕日本隊によるナンガ・パルバットへの登頂は、ドイツ隊の初登に遅れること三十年後の、一九八三年七月三十一日に、富山県山岳連盟隊（木戸繁良隊長ら十四名）によって果たされた。ルートは西面のディア・ミール側により、同隊の谷口守と中西紀夫ペアが登頂した。ナンガ主峰への第十五登に相当する。なお、比較的近年の日本隊の成果としては一九九五年七月二十三日、千葉工大隊（坂井広志隊長ら十名）が、ラキオト氷河（北面）からジルバー・ツァッケン西に新しくルートを拓き、リーダーの坂井と矢部幸男、秋山武士の三名が登頂した。

昭和から平成へ時代が移る頃から、日本人のナンガ・パルバット志向は高まりを見せ、毎年登山隊が、この竣峰に挑むが、ルート自体の難しさと天候の悪化などにより、失敗例が極めて多いことも忘れてはならない。K２と並び、ナンガ・パルバットは今日なお、ヒマラヤ有数の難峰と言えよう。

〔二〇〇八年二月〕

〔参考文献〕

＊このリストは本文初出時（一九七八年）のものに末尾の二冊を加えた。

1 Dyhrenfurth, G. O. *Das Buch Von Nanga Parbat.* Nymphenburger, 1954

2 Bauer, P. *Das Ringen um den Nanga Parbat, 1856-1953.* Müinchen, 1955（横川文雄訳『ナンガ・パルバート登攀史』あかね書房 一九六八年）

3 Mason, K. *Abode of Snow.* London, 1955（田辺主計・望月達夫訳『ヒマラヤ』白水社 一九七五年）

4 Collie, J. *Climbing on the Himalaya and other Mountain Ranges.* Edinburgh, 1902

5 Merkl, W. *Ein Weg Zum Nanga Parbat.* München, 1936（長井一男他訳『ある登攀家の生涯』昭和刊行会 一九三六年）

6 Knowlton, E. *The Naked Mountain.* Putnam, 1935

7 Bechtold, F. *Dautsche am Nanga Parbat.* Bruckman, 1935（小池新二訳『ヒマラヤに挑戦して』河出書房 一九三七年）

8 Bauer, P. *Auf Kundfahrt im Himalaja.* Knorr und Hirth, 1937（小池新二訳『ヒマラヤ探査行』河出書房 一九三八年）

9 Bechtold, F. *Nanga Parbat, 1938* (AJ, No.258, 1939)

10 Herrligkoffer, K. *Nanga Parbat, 1953.* Lehmanns, 1954（横川文雄訳『ナンガ・パルバート』朋文堂 一九五四年）

11 Messner, R. *Die rote Rakete am Nanga Parbat.* Müinchen, 1971（吉沢一郎抄訳「ナンガ・パルバット——赤いのろし」『岩と雪』二〇号、一九七一年）

12 Puškáš, A. *Nanga Parbat, 8125m.* Bratislava, 1974

13 深田久弥『ヒマラヤの高峰』(第二巻) 白水社 一九七三年

14 HJ, Vol.25, 1964, pp.120-131.

15 Herrligkoffer, K.: M. *Nanga Parbat by the Diamir Flank.* (MW, 1962/63)

16 Alpinisms, 1964, 7

17 AJ, 1969, pp.225-226

18 HJ, Vol.30, 1970, pp.249-253

19 Messner, R. *Odyssey on Nanga Parbat.* (HJ, Vol.31, 1971)

20 「ナンガ・パルバット事件その後——１９７０年ドイツ隊の内紛」（『岩と雪』二二号、一九七一年）

21 AAJ, Vol.18, 1972, p.195

22 AAJ, Vol.20, 1975, p.213-215

23 Finsterwalder, R. *Forschung am Nanga Parbat.* Hannover, 1935.

24　Bauer, P. *Wegbereiter für die Gipfelsiege von heute.* Tirol, 1987.（バウアーの生誕九十年を祝して、前後五回にわたるヒマラヤ行を総覧したもの）

25　宮森常雄・雁部貞夫編『カラコルム・ヒンズークシュ登山地図』（ナカニシヤ出版　二〇〇一年）

ブールの生還を迎えるBCの隊員たち（1953年）

1953年隊の初登頂記の表紙

12 パキスタン北西辺境——人と本

探検活動

探検とは、辞書的には〈未知の地域へ入り込み、調査すること〉(『大辞林』その他)と規定される。文化的・地理的の両面からの解明を目指した人類の活動は古代から行なわれているが、ここでは近代以降の探検活動に限定して話を進めよう。現在のパキスタン北方地域は、北にカラコルム、西にヒンドゥ・クシュという二大山岳地帯を包含し、谷々には巨大な氷河が存在する。そこは〈第三の極地〉とも呼ばれるように、人々の接近を峻拒してきた酷薄な自然を有する地域である。第二次世界大戦前までは〈地図の空白部〉がいくらでも存在していたのである。近代以降の探検家や旅行者は、内陸アジアの解明の気運が高まる中で、競ってこの大山岳地帯へ入り込むようになった。十九世紀になると、南下するロシアの勢力と、それをはばもうとする英国の角逐の接点ともなったため、政治的・戦略的立場からも、この地域の解明は拍車をかけられるようになったのである。

パキスタン北方地域の探検、踏査の歴史について簡単にふれておこう。広義のヒマラヤ(パキスタンを含む)の解明を組織的に行ない、さらに地図を作製する作業を古くから行なってきたのは、インド測量局(Survey of India)である。十七世紀にインドを制圧した大英帝国の〈東インド会社〉以来の事業であり、測量の網の目は、インド平原部から北上し、困難な踏査を実践しつつ、しだいに大ヒマラヤの山々を結んでいったのである。そして十九世紀の半ばになると、この網の目を埋めるようにして、多くの旅行者・探検家が登場する。その地域を対象とする研究家・学者たちも入域する。地理・地質・気象・天文・動植物・民族・言語などさまざまな分野が、そのテーマとなった、東ヒマラヤのJ・フーカー（一八四八年）やカラコルムや西ヒマラヤのシュラーギントワイト三兄弟（一八四五～五八年）などが、この時期の代表的存在であった。

イギリスによる植民地支配をおそれていたヒマラヤ周辺の国々は、門戸を閉ざしてヨーロッパなど外国人の入国を拒んでいたので、一八六五年から八五年にかけて、インド測量局は〈パンディット〉と呼ばれるインドのバラモン学僧たちに特別な訓練を施し、辺境各地の実情調査と測量旅行を長期間にわたり実施した。その結果、データの空白を埋める多くの報告がもたらされた。

そして、十九世紀末から登山の時代がやってくる。現在のパキスタン領のカラコルムの大山脈にそびえる幾多の高峰へも多くの大登山隊による登山が、今世紀の半ばまでにくり返し行なわれ、登頂までに至らなくても貴重な報告書、それも巨大な出版物となって公刊された。とくにイタリア人の記録が際立っている。ヒマラヤ地域の全域にわたり、多くの登山者・旅行家が入り、膨大な記録、報告文が残され、それらは*Geographical Journal*（一八九三～）や*Himalayan Journal*（一九二九～）に主要なものが載録されている。前者については、薬師義美の***An Index of Reports on Himalaya, Tibet and Central Asia of the Geographical Journal***（Vol.1《1893》—Vol.123《1957》）（一九五九）があり、後者については諏訪多栄蔵・薬師義美による***Contents and Index to the Himalayan Journal Vol.I***(*1929*) ***to Vol.XXI***(*1958*)（一九六〇）によって必要な文章を検索できる。

その後、ヒマラヤ登山黄金期と、それに続く我が国の高度成長期に伴う海外旅行の自由化を受け、日本人のヒマラヤ各地での踏査・旅行も目覚ましい展開を見せるが、特にパキスタン北方領域については、〈ヒンズー・クシュ、カラコルム会議〉刊『ヒンズー・クシュ、カラコルム登山探検誌』（一九八〇年）が詳しい。外国人と日本人を別項にして、その足跡を細大もらさず収録し、山域別・年次別に編集しているので検索も容易で、今日でも有用な書物である。一九七〇年代後半までで終わっているが、その後の記録は「岩と雪」誌が年に一回刊行する『山岳年鑑』などによって補完できる。

なお、ヒマラヤ全域についての単行本の書目は何冊か出ているが、その最も浩瀚なものは薬師義美『ヒマラヤ文献目録』(第二版、白水社、一九八四年刊)であり、日本隊の報告書も含め、四六〇〇余点を収録している。この書目は、その後の十年の刊行物を追加して、ほぼ倍の内容を収録して近く第三版が刊行される(その後、第三版は白水社から一九九四年に出版された。和文・欧文による単行本を約一万点収録している)。

パキスタン探検主要書目の解説

以下にパキスタンの探検について記した重要度の高い書物について解説する。北方山岳地域が主になるので、一部分は〈登山〉関係の本と重なることがあるのを了承願いたい(付表の「主要書目」と合わせて参照されたい)。

パキスタンでは探検の対象が山岳地方である場合が多い。探検と登山は不可分の関係にあり、これを截然と分類するのは困難である。この分野の年代誌では〈探検と登山の歴史〉という副題を付するものが多いのである。まず、重要な年代誌としては四点があげられる。

(1) **ディーレンフルト**(一九五八)『**ヒマラヤ—第三の極地**』(原書:一九五二) ヒマラヤの権威として有名な著者が、ヒマラヤ全域の八〇〇〇mの山々の登山の年代誌を体系的に描いたもの。八〇〇〇m峰の約半数は現在のパキスタン領に存在するから、これは必読の文献である。ただし、探検というよりは、登山に力点が置かれている。この本が出た頃は、アンナプルナ峰が登られていただけだったが、その数年後には次々にヒマラヤの高峰が登頂された。その事実をうけて、全面的に書き改めた著書が『ヒマラヤ—第三の極地』(Der Dritte Pol 一九六〇)である。ドイツ系の学者らしい、がっちりした内容の本である。

(2)〔**クルツ** 一九七四—七五〕『**ヒマラヤ編年誌**』（原書：一九五三、一九六三） クルツはスイス人の地形学者で、一流の登山家でもあった。この本は詳細な編年誌で、おびただしい資料を駆使して書かれているが、決して取りつきにくい本ではない。一九五〇年代の登山までで記述が終わったが、地形の描写や報告文に対する本文批評がしっかりしていて信頼するに足る。深田久弥は〔**深田** 一九七三〕の執筆に際し、クルツの原書をよく参照していた。

(3)〔**メイスン** 一九五七〕『**ヒマラヤ―その登山と探検の歴史**』（原書：一九五五） いかにもイギリス人らしい厳密さとオーソドックスな方法で書かれた概説書だが、一種のヒマラヤ宝典といえそうな重要な本である。特に十九世紀のヒマラヤ山域の探検活動を詳述している点など、貴重なもの。著者は実際にインド測量局に勤務し、カラコルム北方山域の測量にも従事しており、インド測量局の古文献も活用できる立場にあった。メイスンは後年、オックスフォード大学の地理学教授となった人物である。ただし、ヒンドゥ・クシュの記述に乏しいのが残念である。

(4)〔**深田** 一九七三〕『**ヒマラヤの高峰**』 右に挙げた三点の本は編年体で書かれたものだが、深田のこの本は、ひとつずつの山座をとり出して、その山の探検（発見）の歴史から登頂に至るまでを、物語的な叙述で一貫した点でユニークなもの。中央アジアやヒマラヤ一帯の探検史としても、一読すべき文献。各種の版がその後も刊行されているので、入手し易い。

(5)〔**フィリモア** 一九四五—六八〕 長くインド測量局に勤務していた著者が二十年以上の歳月をかけて編んだインド測量局の古記録の集成。インド平原部から行なわれた測量が、どのような経過でヒマラヤ山地まで及んでいったか、また地図作成の実際も古地図を複製して示した、得がたい大冊である。それぞれの測量長官ごとの時代区分で、次の五冊に分かれている。第一巻（十八世紀）、第二巻（一八〇〇～一八一五）、第三巻（一八一五～一八三〇）、第四巻（一八三〇～一八四〇）、第五巻（一八四〇～）となっている（第五巻は中国との国境問題に関わるので、一般には発売されなかった）。また各巻末には、測量に携わった人々の評伝も付されている。

(6)〔ヘディン 一九七九a、b〕『カラコルム探検史』（原書：一九二二）同じように古代から近代にかけて記録を整理し、探検者の足跡、地図の形成の変遷をたどったユニークな書である。十八～十九世紀の主要な探検家の業績に対する見解が見ものである。カラコルム探検関係の書物でも最も詳しく、利用価値が大きい。

次に十九世紀の探検家が書いた古典的な探検記について記しておこう。一八三〇年代の初頭、東インド会社の若い士官A・バーンズが、インドからアフガニスタンを経て、トルキスタンのブハラに至る大旅行を敢行し、十三か月に及ぶこの探検の記録(7)〔Burnes 一八三四〕は当時のベスト・セラーになった。その頃のインドとアフガニスタンの住民・風俗・習慣も詳細に述べられている。その後、彼はアフガニスタン使節団を率いてカブールへ赴くが、その随員には、後に(8)〔Wood 一八四一〕を著わしたJ・ウッドも加わっていた。以上二点の翻訳はない。

バーンズより先にブハラに入った人物にW・ムーアクロフトがいる。その著に(9)〔Moorcroft 一八四一〕がある。当時定かでなかった西部ヒマラヤやカラコルム、北西辺境一帯を旅し、ブハラ近郊（一説にはアフガニスタン北部）で殺害された先駆者の貴重な記録である。ムーアクロフトの後に同じく、カシミールからラダック、バルティスタン一帯を探り、とくにカラコルムの氷河地帯を実際に踏査した人物に、G・ヴァインがいる。その著書(10)〔Vigne 一八四二〕には、一八三五年のチョゴルンマ氷河行、一八三八年のサルトロ谷行が収められ、ヘディンもその成果を賞賛している。上記二点の原典は、稀覯本で甚だ高価なものだったが、近年、パキスタンやインドで復刻され、パキスタンの大きな書店では必ず見かける本になっている。しかし、これらの本も本邦未訳である。

同様なことはバローチスタンを中心に北西辺境やアフガニスタンに広い足跡を残したマッソンの著書(11)〔Masson 一八四二〕についてもいえよう。この三巻本の大冊（全一五〇〇頁）は、バローチスタンの実情を詳しく知る日本人がほとんど存在しない現状から見ても貴重な存在である。パキスタンで復刻されて入手し易いものの一つ。

次に二十世紀に入って刊行された重要な書物を数点挙げておく。まず、中央アジア探検の筆頭に位置するM・スタインが、スワート地方を中心にアレクサンドロス大王の足跡を探求した書(12)〔**スタイン** 一九〇四〕『**中央アジア踏査記**』(原書：一九二九)が面白い。スワートがまだ禁断の地だった頃の調査であるが、今日この地域でわれわれが実見する多くの磨崖仏や仏塔の写真や調査報告が記されている。邦訳書が原典とほぼ同じ姿で刊行されたのは、喜ばしい。

ついで、第二次大戦前では、パキスタン北辺で最も広範かつ重要な足跡を記したR・ションバーグがいる。彼の残した四冊の著書のうち三冊までが、この地域についての重要な文献となっている。第一の書は(13)〔**ションバーグ** 一九六五〕『**オクサスとインダスの間に**』(原書：一九三五)であり、主としてヤシン地方の紀行であるが、谷々に分かれて小勢力として分立していたラジャ(領主)たちの歴史についても記されている。第二の書は、シムシャール渓谷やカラコルム北辺の当時の未踏の山々と氷河を探り歩いた(14)〔**ションバーグ** 一九四二〕『**未知のカラコラム**』(原書：一九三六)となった。第三の書が(15)〔**ションバーグ** 一九七六〕『**異教徒と氷河―チトラール紀行**』(原書：一九三八)で、チトラール地方を縦横に歩いた異色の紀行である。特にカフィール(カラーシャ)族の民族誌としても見逃せない。カフィール族についての本としては、パイオニアとなったG・ロバートソンの(16)〔**Robertson** 一八九六〕とともに双璧である。

第二次大戦後、ヒマラヤ登山のベテランであるT・ロングスタッフが生涯を回想して書いた(17)〔**ロングスタッフ** 一九五七〕『**わが山の生涯**』(原書：一九五〇)も良書である。その長い登山人生で、彼は世界中にその足跡を残したが、特にカラコルムのリモ山群を語る時忘れられない人物である。ヤシン地域の駐屯軍にもいたことがあり、そこでの生活を描いた章も入っている。

戦後のヒンドゥ・クシュ登山の先駆的な本としては、F・マライーニの著(18)〔**Maraini** 一九六四〕が印象に残る。チトラールのサラグラール登山を描いた大冊だが、後半はカフィリスタン探検記になっている。なお、この本はイタリア語版からの英訳で、邦訳はされていない。

日本人の書いたものでは、文献表にあげた京都大学隊関係の本、たとえば(19)〔**今西** 一九五六〕、(20)〔**岩堀** 一九五六〕、(21)〔**加藤** 一九六六〕などに探検的色彩が強い。さらに若い世代の本多勝一が京都大学の学生だった頃、二度にわたってスワート、ヤシン地方を探検した(22)〔**本多** 一九五八〕『**知られざるヒマラヤ―奥ヒンズー・クシュ探検記**』は、若々しい機知と文明批評に富んだ書として、ユニークなもの。この本はその後さまざまな版となって刊行されている。

近年にいたり、イギリスのJ・ケイやP・ホップカークは、英露角逐の場となったパキスタン北辺を舞台にした書物を相次いで出版している。ケイの(23)〔**Keay** 一九七七〕は一八二〇～一八七五年までの西ヒマラヤ、カラコルムの探検者の列伝、別著(24)〔**Keay** 一九七九〕は、一八六五～一八九五年の探検者の列伝である。また、ホップカークの近著(25)〔**ホップカーク** 一九九二〕『**ザ・グレート・ゲーム**』(原書：一九九〇)は、十九世紀初頭、ヒンドゥ・クシュやカラコルムをはさんで相対峙するロシアとイギリスの虚々実々の駆け引きに翻弄される探検者たちの運命を描いた興味深い本である。

なお、次ページ以下に「パキスタン北西辺境　主要書目」を付載したので参考にしていただきたい。〔一九九四年〕

〔追記〕本文は『パキスタン入門・文献案内』(一九九四年、日本パキスタン協会)所収の文章を読み易い形に整えた。その本では「探検」の部のみ担当したので、取り上げた本も人物も少ない。また次ページ以下の主要書目も「探検」を対象とするもののみに止めた。

〔二〇〇八年十月〕

訳）1984『アレキサンダーの道』白水社　316p. (M. A. Stein, *On Alexander's Tracks to the Indus*. London: Macmillan, 1929).

高木泰夫(編)　1980a『〈日本ヒンズークシュ,カラコルム会議設立10周年・田中栄蔵古稀記念文集Ⅰ〉ヒンズークシュ,カラコルム登山探検誌』日本ヒンズークシュ,カラコルム会議　150p.

高木泰夫(編)　1980b『〈日本ヒンズークシュ,カラコルム会議設立10周年・田中栄蔵古稀記念文集Ⅱ〉ヒンズークシュ,カラコルム登山探検誌』日本ヒンズークシュ,カラコルム会議　240p.

ティルマン, H. W.(薬師義美訳)　1976『カラコルムからパミールへ』白水社　276p. (H. W. Tilman, *Two Mountains and a River*. Cambridge: Cambridge University Press, 1949).

Tilman, H. W.　1951　*China to Chitral*. Cambridge: Cambridge University Press, 124p.

(10) Vigne, G. T.　1842　*Travels in Kashmir, Ladak, Iskardo; the Countries adjoing the Mountain-course of the Indus and the Himalaya, North of the Punjab*. London: Henry Colburn. 2 vols. [Reprint] New Delhi: Sagar Publications, 1981.

(8) Wood, J.　1841　*A Personal Narrative of a Journey to the Source of the River Oxus*. London: John Murray. [Reprint] Karachi: Oxford University Press, 1976. 280p.

薬師義美・雁部貞夫(編)　1996『ヒマラヤ名峰事典』平凡社　648p.

ヤングハズバンド, F.(石　一郎訳)　1966『カラコルムを越えて』白水社　381p. (F. E. Younghusband, *The Heart of a Continent*. London: John Murray, 1896).

Druck-u. Verlagsanstalt, 1975; Karachi: Oxford University Press, 1974.

松下　進　1958 『スワート・ヒンズークシュ紀行』 三一書房　274p.

ミルスキー，J.（杉山／伊吹／瀧訳） 1984 『考古学探検家スタイン伝（上下2巻）』 六興出版 (J. Mirsky, *Sir Aurel Stein: Archaeological Explorer*. Chicago: University of Chicago Press, 1977).

(9) Moorcroft, William and Trebeck, George 1841 *Travels in the Himalayan Provinces of Hindustan and the Panjab*. London: John Murray. 2 vols. [Reprint] Karachi: Oxford University Press, 1979.

モーガン，G.（吉沢一郎／斎藤明子訳） 1976 『幻の探検家ネイ・イライアス』 白水社　437p. (G. Morgan, *Ney Elias: Explorer and Envoy Extraordinary in High Asia*. London: George Allen & Unwin, 1971).

Neve, Arthur　1913　*Thirty Years in Kashmir*. London: Arnold, 324p.

日本ヒンズー・クシュ，カラコルム会議　1974 『カラコルム—吉沢一郎古稀記念文集』 茗溪堂　222p.

(5) Phillimore, R. H.　1945-68　*The Historical Records of the Survey of India*. Dehra Dun: Survey of India. 5 vols.

(16) Robertson, George S.　1896　*The Kafirs of the Hindu-Kush*. London: Lawrence & Bullen. [Reprint] Karachi: Oxford University Press, 1974, 1985. 667p. (Oxford in Asia Historical Reprints from Pakistan).

Schaller, G. B.　1980　*Stones of Silence: Journeys in the Himalaya*. London: Andre' Deutsch. 292p.

(14) ションバーグ，R. C. F.（志摩碌郎訳） 1942 『未知のカラコラム』 生活社　206p. (R. C. F. Schomberg, *Unknown Karakoram*. London: Martin Hopkinson, 1936).

(15) ションバーグ，R. C. F.（雁部貞夫訳） 1976 『異教徒と氷河—チトラール紀行』〈ヒマラヤ《人と辺境》4〉 白水社　282p. (R.C.F. Schomberg, *Kafirs and Glaciers: Travels in Chitral*. London: Martin Hopkinson, 1938).

(13) ションバーグ，R. C. F.（広島三朗訳） 1985 『オクサスとインダスの間に』 論創社　299p. (R.C.F. Schomberg, *Between the Oxus and the Indus*. London: Martin Hopkinson, 1935).

島　澄夫　1962 『秘境フンザ王国』 二見書房　246p.

シプトン，E.（諏訪多栄蔵訳） 1967 『地図の空白部』 あかね書房　304p. (E. Shipton, *Blank on the Map*. London: Hodder & Stoughton, 1938)

シプトン，E.（倉知　敬／大賀二郎訳） 1977 『未踏の山河』 茗溪堂　430p. (E. Shipton, *That Untravelled World: an Autobiography*. London: Hodder & Stoughton, 1969).

(12) スタイン，M. A.（沢崎順之助訳） 1966 『中央アジア踏査記』 白水社　320p. (M. A. Stein, *On Ancient Central Asian Tracks*. London : Macmillan, 1933).

スタイン，M. A.（谷口陸男／沢田和夫

375 + 7p.
(6) ヘディン, S.(雁部貞夫訳)　1979b　『カラコルム探検史(下)』　白水社　377 + 6p. (S. Hedin, *History of Exploration in the Kara-Korum Mountains*. Leipzig: F. A. Brockhaus, 1922).
Holdich, T. H.　1910　*The Gate of India. Being a Historical Narrative*. London: Macmillan, 571p.
(22) 本多勝一　1958　『知られざるヒマラヤ—奥ヒンズー・クシュ探検記』　角川書店　248p.
本多勝一　1972　『憧憬のヒマラヤ』〈本多勝一著作集2〉　すずさわ書店　334p.（集英社文庫　1982：朝日文庫　1986）
(25) ホップカーク, P.(京谷公雄訳)　1992　『ザ・グレート・ゲーム—内陸アジアをめぐる英露のスパイ合戦』　中央公論社　386p. (P. Hopkirk, *The Great Game: on Secret Service in High Asia*. London: John Murray, 1990).
(19) 今西錦司　1958　『カラコラム—探検の記録』　文藝春秋新社　222p.
(20) 岩堀喜之助(編)　1956　『カラコルム—カラコルム・ヒンズークシ探検の記録』　平凡出版　132p.
(21) 加藤泰安　1966　『森林・草原・氷河』　茗溪堂　446p.
加藤泰安　1971　『放浪のあしあと』　創文社　244p.
(23) Keay, John　1977　*When Men and Mountains Meet: the Explorers of the Western Himalayas, 1820-1875*. London: John Murray, 287p. [Paperback ed.] Karachi: Oxford University Press, 1993.
(24) Keay, John　1979　*The Gilgit Game: the Explorers of the Western Himalayas 1865-1895*. London: John Murray, 290p.
木原　均(編)　1956　『砂漠と氷河の探検』　朝日新聞社　302p.
Knight, E. F.　1893　*Where Three Empires Meet: a Narrative of Recent Travel in Kashmir, Western Tibet, Gilgit, and the adjoining Countries*. London: Longmans Green. [Reprint] Lahore: Ali Kamran Publishers, 1991. 528p.
(2) クルツ, M.(水野　勉訳)　1988　『ヒマラヤ編年誌』〈全2巻〉　小学館 (M. Kurz, *Chronique Himarlayenne*. Zurich, 1959 & 1963. 2 vols.).
(17) ロングスタッフ, T.(望月達夫訳)　1957　『わが山の生涯』　白水社　448p. (T. Longstaff, *This My Voyage*. London: John Murray, 1950).
(18) Maraini, Fosco　1964　*Where Four Worlds Meet: Hindu Kush 1959*. London: Hamish Hamilton, 290p.
(3) メイスン, K.(望月達夫訳)　1957　『ヒマラヤ—その探検と登山の歴史』　白水社　494p. (K. Mason, *Abode of Snow: a History of Himalayan Exploration and Mountaineering*. London: R. Hart-David, 1955).
(11) Masson, Charles　1842　*Narrative of Various Journeys in Belochistan, Afghanistan and the Panjab: Including a Residence in those Countries from 1826 to 1838*. London: Richard Bentley. 3 vols. [Reprint] Graz: Akademische

〔付表〕 パキスタン北西辺境　主要書目

※主として英文，和文による単行本を収録。これらは近年，インド，パキスタンの出版社によって復刻され，入手しやすくなった。なお掲載の順はアルファベット順により配列した。項目頭の (1) ～ (25) は前章の主要書目番号を示す。

アンダーソン, J.(水野　勉訳)　1982　『高い山・はるかな海―探検家ティルマンの生涯』山と溪谷社　422p. (J. R. L. Anderson, *High Mountains and Cold Seas: a Biography of H. W. Tilman*. London: Gollancz, 1980).

Biddulph, John　1880　*Tribes of the Hindoo Koosh*. Calcutta: Office of the Superintendent Government Printing. [Reprint] Graz: Akademische Druck-u. Verlagsanstalt, 1971; Karachi: Indus Publications, 1977. 352p.

ブルース, C. G.(加納一郎訳)　1967　『ヒマラヤの漂泊者』　あかね書房　187p. (C. G. Bruce, *Himalayan Wanderer*. London: Maclehose, 1934).

(7) Burnes, Alexander　1834　*Travels into Bokhara and a Voyage on the Indus*. 3 vols. London: John Murray. [Reprint] Karachi: Oxford University Press, 1973.

コンウェイ, M.(吉沢一郎訳)　1968　『カラコルムの夜明け』　あかね書房　482p. (W. M. Conway, *Climbing and Exploration in the Karakoram Himalayas*. London: Fisher Unwin, 1894, 2 vols.).

カーゾン, G. N.(吉沢一郎訳)　1967　『シルクロードの山と谷』　あかね書房　106p. (G. N. Curzon, *The Pamirs and the Source of the Oxus*. London: Royal Geographical Society, 1896). ＊原著は単行本ではない。

(1) ディーレンフルト, G. O.(諏訪多栄蔵訳)　1956　『ヒマラヤ―第三の極地』朋文堂 394p. (G. O. Dyhrenfurth, *Zum Dritten Pol*. München: Nymphenburger, 1952).

Etherton, P. T.　1911　*Across the Roof of the World*. London: Constable. 453p.

藤田和夫　1992　『アルプス・ヒマラヤからの発想』　朝日新聞社　380p.

深田久弥　1971　『中央アジア探検史』　白水社　562p.

(4) 深田久弥(望月達夫／諏訪多栄蔵／雁部貞夫編)　1973　『ヒマラヤの高峰』〈全3巻〉　白水社(決定版)

ゴードン, T. E.(田中一呂訳)　1942　『世界の屋根』　生活社　212p. (T. E. Gordon, *The Roof of the World*. Edinburgh: Edmonston & Douglass, 1876).

(6) ヘディン, S.(水野　勉訳)　1979a　『カラコルム探検史(上)』　白水社

13 英国王立地理学協会ゴールド・メダリスト（一八三二—一九七〇）

＊この一覧はThe Royal Geographical Society（英国王立地理学協会　R・G・S）創設以来のゴールド・メダリストの業績、生没年を簡明に記したものである。

＊ゴールド・メダルはFounders（創設者賞牌）、Patrons（後援者＝王室賞牌）の二種類がその主要なもので、一八三九年から授与されている。

＊R・G・S創設時（一八三二年—一八三五年）にはRoyal Premiumという賞金が与えられ、一八三六年—一八三八年にかけてはRoyal Medal（地学協会金牌）が授与されていた。

＊以上の他にR・G・Sでは一八九〇年から特に偉大な功績があったと認められる者にSpecial Medal（特別金牌）を不定期的に与えている。

＊なおこの外にビクトリアル・メダルも不定期的に与えられているが重要度が薄いので、省略した。

＊編者は一八九三年創刊以来のG・J（ジェオグラフィカル・ジャーナル）の大部分に目を通したが短期間のため一部に不充分な点があることをお許し願いたい。

＊一九四六年以降の受賞者に生没年不明の場合が多いので、今後の調査により完璧を期したい。この点につき識者のご教示を得たい。

＊生没年のいずれかが不明の場合は「?」、現存者の場合は「×」の印を付した。特に年号の記入のないものは生没年不明のものである。なお、著書についてはごく一部を記すにとどめた。

＊人名の前に付した略号は以下の通りである。Commr.……Commander　Lieut.……Lieutenant　Brig.……Brigadier　Capt.……Captain　Col.……Colonel　Adm.……Admiral

＊この一覧からの無断転載はお断りします。

一八三二年（Royal Premium）
Richard Lander（一八〇四―一八三四）
アフリカ探検家。クラッパートンの従者として一八二二―二七年ニジェール川を探検。主人が倒れるに及んで、弟と共に何年も探検を続行。後に原住民から受けた傷のため短い生涯をとじた。

一八三三年（Royal Premium）
John Biscoe（一七九四―一八四九）
一八三〇―二年に南極大陸を周航。アデリーランドやビスケー島などを発見。元はアザラシ猟船の船長。

一八三四年（Royal Premium）
Capt. Sir John Ross（一七七七―一八五六）
イギリス海軍軍人。一八二九―三三年にかけ北極洋で多くの地形上の新発見をした。後、フランクリン隊が遭難した時、七十三歳のジョンは救援に向かった。

一八三五年（Royal Premium）
Sir Alexander Barns（一八〇五―一八四一）
イギリスの探検家。インダス河の航行と中央アジアの旅。一八三二年にブハラに旅し、その後アフガンのカブールに長く滞在した。著書"Travels into Bokhara"（一八三四）

一八三六年（Royal Medal）
Capt. Sir George Back（一七九六―一八七八）
イギリス人。北極洋探検家。一八三五年にグレート・フィッシュ川を発見、航行。

一八三七年（Royal Medal）
Capt. Robert FitzRoy（一八〇五―一八六五）
イギリスの海軍大将、後に気象学者となる。一八二八年南米へ航海。一八三一―三六年、太平洋の海洋調査。

一八三八年（Royal Medal）
Col. Francis R. Chesney（一七八九―一八二六）
イギリスの将軍。一八三五―三六年にかけて中東のユーフラテス地方を探検。

一八三九年（この年以降Founders & Patrons Medal）
Thomas Simpson
イギリスの極洋探検家。北極洋での三〇〇マイルにわたる地理的発見と航行。

Dr. Edward Rüppell（一八九七―一八八四）
ドイツの動物学者で探検家。ヌビアおよびアラビアとアビシニア（エチオピア）における探検。

一八四〇年

Col. H. C. Rawlinson（一八一〇—一八九五）

イギリスのアッシリア学者。外交官。ダレイオス大王（ペルシア）の碑文を、苦心の結果解読に成功して、アッシリア学の創設者になった。

Sir Robert H. Shomburgk（一八〇四—一八六五）

フライブルグ生まれのドイツ人。初め商人だったが、一八三五年英国政府の委託でギアナへ四年がかりの旅行をし、ベネズエラとの境界決定に参画した。

一八四一年

Lieut. R. N. Raper

海洋航行と航海天文学への貢献。

Lieut. John Wood（一八一一—一八七一）

一八三八年アフガンのゼバックからオクサス川へ達し、さらに大パミール湖に至り、ビクトリア湖の呼称を与えた。著書『オクサス河源紀行』（一八四一 本邦未訳）。

一八四二年

Capt. Sir James Ross（一八〇〇—一八六二）

イギリスの南極探検家、ロス海の発見者。一八二九—三三年にかけ伯父のジョン・ロスの探検隊に参加、一八四一年には南ビクトリアランドおよび、二つの火山を発見。

Dr. E. Robinson（一七九四—一八六三）

パレスチナ探検、特に聖書の研究に貢献。

一八四三年

Edward J. Eyre（一八一五—一九〇一）

十九世紀になっても研究調査の殆ど行なわれなかったオーストラリア内陸部の砂漠ステップ地帯の探検。

Lieut. J. F. Symonds

パレスチナでの測量調査。

一八四四年

W. J. Hamilton

小アジアの研究。のちにR・G・S会長をつとめた。

Prof. Adolph Erman（一八〇六—一八七七）

一八二八—三〇年にかけて、地磁気の測定のためシベリア横断旅行に成功。多くの科学的な成果を収め、若くしてベルリン大学教授に任命された。

一八四五年

Dr. C. Beke（一八〇〇—一八七四）

長期にわたるアビシニア探検。特に一八三〇年から死にいたるまでナイル谷に関する研究を行なった。

Carl Ritter（一七七九―一八五九）

ドイツの地理学者。近代の科学的な地理学を確立するための重要な研究。

一八四六年

Count. P. E. de Strzelecki

オーストラリア東南部の探検。

Prof. A. Middendorff（一八一五―?）

ペテルスブルグ生まれのロシア人。東北シベリアの科学的研究旅行で大きな成果を上げた。特に一八四三―五年にかけて、トランスバイカル地方、オホーツク海沿岸の旅を行なう。

一八四七年

Capt. Charls Sturt（一七九五―一八六九）

イギリスの探検家。オーストラリア大陸探検のパイオニア。

Dr. Ludwig Leichhardt（一八一三―一八四八）

ドイツの探検家。一八四四―四八年にかけて、オーストラリア東岸のモーアトン湾から北岸のポート・エシントンにいたる四〇〇〇kmの探検旅行を行ない、大きな成果を上げたが、後に行方不明となる。

一八四八年

Sir James Brooke（一八〇三―一八六八）

イギリス軍人。サラワクの統治者。ボルネオ探検。

Capt. Charles Wilkes（一七九八―一八七七）

アメリカ海軍士官、後に大将。南極を探検。一八四〇年にウイルクスランドを発見。南極大陸の存在を主張した最初の人である。

一八四九年

Austen H. Layard（一八一七―一八九四）

イギリスの外交官。ニエベの廃墟発見やアジアの地理学に対する貢献。

Baron Ch. Hügel（一七九五―一八七〇）

オーストリアの外交官、探検家。カシミールとその周辺の探検。

一八五〇年

David Livingstone（一八一三―一八七三）

イギリスの宣教師、探検家。一八四一年以来のアフリカ探検。この時は特に時計が贈られた。

Col. John Ch. Fremont（一八一三―一八九〇）

アメリカの探検家、軍人。アメリカ太平洋岸への通路の開拓に活躍。後、カリフォルニア州の金鉱発見により巨万の富を得たが、晩年は南北戦争などで不遇だった。

一八五一年

Dr. G. Wallin

アラビア旅行。賞金二五ギニーが与えられた。

Thomas Brunner

ニュージーランド探検。賞金二五ギニーが与えられた。

一八五二年

Dr. John Rae（一八一三―一八九三）

イギリスの医学者。一八四三年フランクリン捜索隊に加わり、マッケンジー川を探検。一八五一年北極洋探検。

Capt. Henry Strachey（一八一七―一九〇八）

ヒマラヤの初期探検家。一八四六年西チベットのマナサロワール湖に達す。一八四七―四八年にはザスカール、東ラダックなどを探検。シアチエン氷河の発見者。

一八五三年

Francis Galton（一八二二―一九一一）

優生学を創始したイギリス人。南アフリカ内陸部探検。

Commr. Edward Inglefield（一八二〇―一八九四）

イギリスの極地探検家。北極洋探検に大きな足跡を残した。一八五二年のジョン・フランクリン捜索の探検行でバフィン湾一帯を調査した。

一八五四年

Rear-Adm. W. H. Smity（一七八八―一八六五）

イギリス人。一八一九年南極のサウス・シェトランド諸島の発見。R・G・S創立者の一人であり、会長もつとめた。

Capt. Robert M'Clure（一八〇七―一八七三）

一八五〇―五四年の極地探検でベーリング海峡からメルビル海峡に達し、北西航路を完成。

一八五五年

Dr. David Livingstone（一八一三―一八七三）

イギリスの宣教師、探検家。中央アフリカでの多くの科学的探検。他に例のない二度目の受賞である（一八五〇年の項参照）。

Charles Anderson

南西アフリカ探検。測量器具一式を贈与された。

一八五六年

Flisha K. Kane（一八二〇―一八五七）

アメリカの科学者、探検家。グリーンランドの探検。

Heinrich Barth（一八二一―一八六五）

ドイツのアフリカ探検家。一八四九年トリポリからチャド湖に向かう。同行の二人の探検家は労苦のため死亡、バルトのみチャド湖から中部スーダンへ進み、西方からの探検と結んだ。

一八五七年

Augustus C. Gregory（一八一九―一九〇五）

オーストラリアの探検家、政治家。早くからオーストラリア内陸部探検に着手。一八五五―五六年に東部海岸の河川探検。

Lieut.-Col. Andrew Waugh（一八一〇―一八七八）

イギリス人。インドのベンガルで技師をしていたが、後にインド測量局長官となった。三角測量の実施に貢献。

一八五八年

Capt. Richard Collinson

北極洋で地理上の新発見。

Prof. Alexander D. Bache（一八〇六―一八六七）

アメリカの物理学者。アメリカの沿岸測量局員で測量活動。ベンジャミン・フランクリンの孫にあたる。

一八五九年

Capt. Francis Burton（一八二一―一八九〇）

イギリスのアフリカ探検家。イギリス人として最初にアラビアのメッカを訪れ、一八五四年から五年間スピークと共にアフリカ探検、タンガニーカ湖まで達した。英訳『アラビアン・ナイト』の完成者でもある。

John Palliser（一八〇七―一八八七）

カナダの地理学者。ロッキー山脈やブリティッシュ・コロンビアの探検。

一八六〇年

Lady Franklin（一七九二―一八七五）

夫のジョン・フランクリンがアメリカ大陸北方の北極圏で一八四七年を最後に行方不明となり、十四年後フランクリン夫人が送り出したマックリントック隊がその遺体を発見。

Sir L. McClintock（一八一九―一九〇七）

ジョン・フランクリンの遺体を一八五七年キングウィリアムズ島で発見。氷雪探検技術を進歩させた。

一八六一年

Capt. John H. Speke（一八二七―一八六四）

イギリスのアフリカ探検家。バートンと共に一八五四年以降東アフリカ探検を続け、一八五八年ビクトリア湖を発見、命名した。翌年ナイル河水源の一部を発見。

John M. Stuart（一八一五―一八六六）

イギリスの探検家。オーストラリア内陸部の探検に対しての授与。

一八六二年

Robert Burke（一八二〇―一八六一）

アイルランド生まれの探検家。オーストラリア探検に対する授与。

Capt. Thomas Blackiston

揚子江の探検。

一八六三年

Frank T. Gregory

西部オーストラリア探検。

John Arrowsmith（一七九〇—一八七三）

イギリス人。地理学者の家系である。地理学発展に貢献。一八三〇年にロンドン地図、各大陸地図を作った。

一八六四年

Capt. J. A. Grant（一八二七—一八九二）

イギリスの将軍。スピークと協力してアフリカ探検に努め、アルバート湖からナイル河が流れていることを発見。

Barron C. von der Decken（一八三三—一八六五）

一八六〇年に東アフリカを探検。キリマンジャロの地理学的調査。

一八六五年

Capt. T. G. Montgomerie（一八三〇—一八七八）

イギリスの測量官。初めカシミール山地の科学的な測量を手がけた。一八五六年にカシミールのハラムク山からカラコルムの巨峰群を観測。K２（八六一一m）が世界第二の高峰であることを発見。

Samuel White Baker（一八二一—一八九三）

イギリスの探検家。ナイル地方を探検、アルベルト湖を発見。スピークやグラントの生存を発見するために努めた。

一八六六年

Dr. Thomas Thomson（一八一七—一八七八）

西部ヒマラヤやチベットの探検。

W. Chandless（一八二九—一八九六）

イギリスのアマゾン探検家。一八六五年ブラス川探検。

一八六七年

Adm. Alexis Boutakoff

アラル海の航行。

Dr. Isaac I. Hayes（一八三二—一八八一）

アメリカの探検家。一八六〇—六一年の北極洋探検行。

一八六八年

Dr. Augustus Petermann（一八二二—一八七八）

地理学に関する執筆活動や地図作成。特にアフリカや極地、内陸アジアに関心を寄せていた。

Gerhard Rohlfs（一八三一—一八九六）

本来は医学者だったが、一八五五—六〇年アルジェのフランス軍に従軍。一八六〇年以後しばしばサハラ砂漠の大旅行を行なった。一八六五年トリポリを出て、ニジェール川を溯りギニアに出た。

一八六九年

Prof. Adolf Nordenskiold（一八三二—一九〇一）

スウェーデンの極地探検家。五回にわたるスピッツベルゲンの探検。その後も東北航路の開発、グリーンランド内陸探検につとめた。晩年は地図学の研究に貢献した。

Mrs. Mary Somerville（一七八〇—一八七二）

地理学上の有益な書物を出版。

一八七〇年

George W. Hayward（一八三九—一八七〇）

一八六八年にトルキスタンに入り、クングール山（七七一九m）の調査。一八七〇年七月ダルコット峠経由でワハン谷へ入ろうとして、ヤシンの首長の命で殺害された。

Lieut. Francis Garnier（一八三九—一八七三）

フランスの軍人、探検家。一八六六—六八年にかけラグレー探検隊に参加、メコン川流域を探検。ラグレーの死後揚子江を下り上海に達す。

一八七一年

Sir Roderick M. Bart

地理学研究に対する多年にわたる寄与。

Keith Johnston（一八四〇—一八七一）

イギリスの地理学者。地理学発展に対する多年の功績。

一八七二年

Col. Henry Yule（一八二〇—一八八九）

イギリスの東洋学者。その中央アジアについての文献的な研究業績。著書"Cathy and the Way Thither"（一八六六）その他。

Robert Barkley Shaw（一八三九—一八七九）

イギリス人として一八六八年にヘイワードと共にヒマラヤを越えて中央アジア平原に達した最初の人。F・ヤングハズバンドの伯父である。著書"High Tartary"（一八七一）

一八七三年

Ney Elias（一八四四—一八九七）

中央アジアの探検旅行。一八八五年にはインド政庁の委嘱により、オクサス上流とパミールを踏査、地理学上の豊富な資料をもたらした。

H. M. Stanley（一八四一—一九〇四）

アフリカ探検家。一八六九年ニューヨーク・ヘラルド紙の依頼で、当時行方不明と伝えられていたリヴィングストンを捜索に向かい、一八七一年ウジジで発見。

一八七四年

Dr. George Schweinfurth（一八三六—一九二五）

一八六四—六六年にかけて植物研究のためナイル上流を旅行。その後しばしば東アフリカを探検。一八七三—七四年のリビア砂漠からアビシニアの探検行。民族学、言語学に貢献。

Col. Egerton Warburton（一八一三—一八八九）

西部オーストラリア内陸部を初めて東から西へ横断した。

一八七五年

Lieut. K. Weyprecht（一八三六—一八八一）

オーストリア海軍軍人。一八七二—七四年にかけて、僚友バイエルと共に北極洋探検を行ない一大群島を発見、皇帝の名をとり、フランツ・ヨセフ・ランドと命名。

Lieut. Julius Payer（一八四一—一九一五）

アルプスの登山家として一家をなしていたが、後にワイプレヒトと共に一八七二—七四年北極探検に従う。

一八七六年

Lieut. V. Lovett Cameron（一八四四—一八九四）

イギリス海軍士官。一八七三年リヴィングストンが再度行方不明になった際の救援隊のリーダー。その死を確認後、東から西へアフリカ大陸を横断した。著書『アフリカ横断記』。

John Forrest（一八四七—一九一八）

オーストラリアの探検家、政治家。西部オーストラリアでの多くの探検。

一八七七年

Capt. Sir George Nares（一八三一—一九一五）

一八七五—七六年にかけてディスカバリー号により北極洋の探検を行ない、大部分の隊員が壊血病にかかりながら当時の北緯到達記録を樹立した。

The Pandit Nain Singh（一八二五—一八八〇）

チベットにおける測量とその偉大な旅行。アジア人で最初の受賞者。

一八七八年

Baron von Richthofen（一八三三—一九〇五）

ドイツの地質学者。特に中国の地質、地理学上の研究で偉大な足跡を残す。一八六〇—七二年の長期にわたる北米、アジアの研究旅行。

Capt. Henry Trotter（一八四二—一九一九）

イギリス軍人。一八七四年にフォーサイス卿の使節団に従い中央アジアに入り、パミールを詳細に調査。

一八七九年

Col. M. Prejevalsky（一八三九—一八八八）

ロシアの生んだ偉大な中央アジア探検家。一八七〇—七三年モンゴル、北チベットに大旅行。一八七六—七七年には天山からロプ・ノールへの画期的な探検旅行を行なった。著書"Mongoliia istrane Tangoutov"（一八七五）その他。

Capt. William Gill（一八四三—一八八二）

一八七七年中国奥地から東チベットの当時あまり知られていない地域を探検。著書"The River of Golden Sand"（一八八〇）。

一八八〇年

Lieut. Louis Palander（一八四二—一九二〇）

極地探検家。一八七八—七九年、北極探検家のノルデンショルドの下で卓越した働きを示した。

Ernest Giles（一八四七—一八九八）

イギリスの探検家。一八七二—七六年オーストラリア探検。

一八八一年

Major. Serpa Pinto（一八四六—一九〇〇）

ポルトガルの貴族。一八七七—七九年、ザンベジ川の流路を探検し、アフリカ横断旅行の記録を作った。

Benjamin Leigh Smith（一八二八—一九一八）

極地探検家。フランツ・ヨセフ・ランド南岸の発見。

一八八二年

Dr. Gustav Nachtigal（一八三四—一八八五）

ドイツ生まれのアフリカ探検家。一八六九—七四年サハラとスーダンを探検。一八八五年ギネア湾岸でマラリアのため没した。

Sir John Kirk（一八三二—一九二二）

イギリスの博物学者、政務官。リヴィングストンの探検隊に参加した後、ザンジバルで政務官を歴任。アフリカの地理学研究に貢献。

一八八三年

Sir Joseph D. Hooker（一八一七—一九一一）

イギリスの植物学者ウィリアム・フーカーの息子。初めロスのひきいる南極探検隊に参加。後、インド、チベットで植物研究旅行を行ない多大の成果を収めた。帰国後はキューガーデンの園長として専念。永年の植物研究に功績。

E. Colborne Baber

中国内陸の探検旅行。

一八八四年

A. R. Colauhoun

広東からイラワジ、バモにいたる旅行。

Dr. Julius von Haast（一八二四—一八八七）

ドイツ生まれの地理学者。ニュージーランド南島の組織的な探検。

一八八五年

Joseph Thomson（一八五八—一八九五）

イギリスのアフリカ探検家。一八七九年中央アフリカを探検。次いでタンガニーカ地方のルクワ湖を発見、スーダンの一部を英領に確保した。

H. E. O'Neile

モザンビーク内陸部と沿岸の探検。

一八八六年

Major. A. W. Greely（一八四四—一九三五）

アメリカの極地探検家。一八八二年、北極洋の八三度二四分に達し当時の新記録を作った。地球の頂点へ最初に達するのは誰かということが興味を呼んでいたのである。

Signor Guido Cora

地理学発展につくした。

一八八七年

Lt.-Col. Thomas H. Holdich（一八四三—一九二九）

イギリスの測量官。長い間インドで辺境地区の測量に従事。一八八四年の「ロシア・アフガン国境委員会」首席測量官としてアフガニスタン一帯の測量を行なった。著書『印度国境地帯』（一九〇一）その他。

the Rev. George Grenfell（一八四九—一九〇六）

バプティスト宣教師。コンゴ（アフリカ）の探検。アフリカに半生をおくる。

一八八八年

Lieut. Hermmann Wissmann（一八五三—一九〇五）

一八八二年にアフリカ横断旅行を試みたドイツ人。一八八四—八七年にかけて別の部分で横断を完成。その後も度々探検を行なう。

Clements R. Markham（一八三〇—一九一六）

地理学者。初めはイギリス海軍に勤務。一八七五年ネーリィズの率いる北極探検隊に参加。ハクルート協会やR・G・Sの会長を歴任。地理学研究への貢献。

一八八九年

A. D. Carey（一八四四—一九三六）

イギリス人。インドの政務官で早くから中央アジアに興味をいだく。一八八五年から数年間の中央アジア旅行。

Dr. G. Radde（一八三一—一九〇三）

ドイツ人。一八五五年から五年間東部シベリアおよびアムール地方を旅行し、その風物を詳しく研究。一八六三年以後はティフリスに留まり、コーカサス博物館を開設。

一八九〇年

Lieut. Francis E. Younghusband（一八六三—一九四二）

イギリス軍人。ヒマラヤ探検の先駆者の一人である。一八八七年に北京から中央アジア横断旅行に出発、成功した。一八八九年カラコルムを探検、多くの氷河を発見。著書 "The Heart of a Continent"（一八九六）。

Emin Pasha（一八四〇—一八九三）

アフリカ内陸や中近東での度々の大旅行。アフリカ探検家に多大の援助を与えた。もともとはポーランド生まれの医師。のちにイスラムに改宗。

一八九一年

Sir James Hector（一八三四—一九〇七）

カナダの地質学者。主としてニュージーランドの火山や氷河の研究。

Dr. Fridtjof Nansen（一八六一—一九三〇）

ノルウェーの大極地探検家。一八八八年のグリーンランド横断探検旅行により世界にその名を知られる。その後フラム号により北極を探検。さらに政治家、外交官として多彩な活動をし、一九二二年ノーベル平和賞を得た。

一八九二年

A. Russel Wallace（一八二三—一九一三）

最初はエンジニアだったが、アマゾン探検後、マライ半島で研究。アジアとオーストラリアの地質、植物、動物学上の境界をバリ島付近とした。これを〈ワーレス・ライン〉という。

Edward Whymper（一八四〇—一九一一）

マッターホルンの初登頂者として有名。一八七九—八〇年の南米アンデス登山、調査。

一八九三年

Frederick C. Selous（一八五一—一九一七）

南アフリカにおける二十年にわたる探検と調査。初めは象牙商人。後にイギリス南アフリカ会社のため働く。

W. Woodville Rockhill（一八五四—一九一四）

西部中国、青海、チベットへの探検行と人類学、言語学上の調査。アメリカの外交官でもある。著書 "The Land of the Lamas"（一八九二）。

一八九四年

Capt. John H. Bower（一八五八—一九四〇）

一八九一年の北部チベット旅行。一九〇一—〇六年、北京の英軍司令官だった。樹皮に記されたサンスクリットの古文書収集は有名。

M. Elisee Reclus（一八三〇—一九〇五）

長年にわたる地理学の研究。十二年がかりで大著"Nourelle Geographic Universelle"を完成したフランスの地理学者。

一八九五年

Dr. John Murray（一八四一—一九一四）

北米オンタリオ地方生まれの海洋学者。一八七二年のトムソン隊のもたらした収集品を調査し刊行した。その後北大西洋などで海洋調査。

the Hon. George N. Curzon（一八五九—一九一四）

ペルシアの政治、地理の研究および仏領インドシナへの数次の旅、さらに一八九四年のパミールとオクサス源流の旅。一八九九年にはインド副王、英国外務大臣などを歴任。

一八九六年

Sir Willam Macgregor（一八四六—一九一九）

イギリスの植民地統治官。ニューギニアの探検と同地のマラリアの撲滅につくす。

St. George R. Littledale（一八五〇—一九三一）

一八八八年以降の中央アジアの旅、特に有名なコンロン山脈を越えて、チベットを北から南へ縦断した大旅行。

一八九七年

M. P. Semenoff（一八二七—一九一四）

ロシア地理学会副会長をつとめた。天山山脈の探検と長年にわたる中央アジア探検。

Dr. George M. Dawson（一八四九—一九〇一）

カナダの地質学者。ブリティッシュ・コロンビアなどにおける科学的調査活動。

一八九八年

Dr. Sven Hedin（一八六五—一九五二）

スウェーデンの生んだ大探検家。中央アジア探検であげた多大の業績に対して授与。一九〇三年にはビクトリア賞が与えられた。著書"Though Asia"（一八九八）、"Trans-Himalaya"（一九〇八）他に多数ある。

Lieut. R. E. Peary（一八五六—一九二〇）

アメリカの北極探検家。幾度もの北極探検行。一九〇九年北極点に達した最初の人。

一八九九年

Capt. G. Binger（一八五六—一九三六）

ニジェール川流域での広い足跡。象牙海岸の探検でも著名なフランスの探検家。

M. Foureau（一八五〇―一九一四）
フランスの探検家。十二年間にわたるサハラ砂漠での継続的な探検。

一九〇〇年

Capt. H. H. Deasy（一八六六―?）
中央アジアの探検と調査行。

James McCarthy（?―一九一九）
シャム王国における探検と地図作成。

一九〇一年

H. R. H. The Duke of the Abruzzi（一八七三―一九三三）
イタリーの皇族。一八九七年、当時北米第一の高峰として信じられていたセント・エリアスに登頂。フランツ・ヨセフ・ランド探検。後、K２にも試登。

Dr. A. Donaldson Smith
一八九三年と一八九九年にアフリカのナイル河水源の探検を行ない、大きな成果を上げた。著書『未知のアフリカを通りて』。

一九〇二年

Sir Frederick D. Lugard（一八五八―一九四五）
イギリスの軍人。各植民地の総督を歴任。主としてアフリカで過ごす。アフリカへの多大な貢献。

Major Molesworth Svkes
九年間以上にわたるペルシア探検と東ペルシアの地図作成上多大の新知見を与えた。

一九〇三年

Douglass W. Freshfield（一八四五―一九三四）
イギリスの生んだ偉大な山岳探検家。一八九九年に有名なカンチェンジュンガ一周の旅を行なう。一九一四―一七年までR・G・S会長。著書"Round Kangchenjunga"（一九〇三）その他。

Capt. Otto Sverdrup（一八五五―一九三〇）
ノルウェーの極地探検家。ナンセンの探検隊の幹部として活躍。一八九八―一九〇二年にかけてアメリカ北部極洋群島探検。

一九〇四年

Sir Harry H. Johnston（一八五八―一九二七）
アフリカ探検。キリマンジャロおよびルゥベンゾリなどの山地の初期の探検家として知られる。R・G・S副会長をつとめた。

Commr. Robert Scott（一八六八―一九一二）
南極探検家。一九〇二年キング・エドワード七世ランドを発見。一九一二年、アムンゼン隊から四週間遅れて南極点に達し、嵐のため悲運の最期を遂げた。

一九〇五年

Sir Martin Conway（一八五六—一九三七）

カラコルムの登山と探検。R・G・S副会長。一九〇二—〇五年までアルパイン・クラブ会長をつとめた。著書 "Climbing and Exploration in the Karakoram-Himalaya"（一八九四）他多数ある。

Capt. C. D. Ryder（一八六八—一九四五）

ビルマと中国国境地帯の度々の探検。特に一八九九—一九〇〇年の旅はユニークである。

一九〇六年

Alfred Grandidier

フランスの地理学者。一八五七—六五年南米諸国を旅行。一八七五年から自己の地理学に関する大著を出版しはじめた。

Robert Bell（一八四一—一九一七）

カナダの地理学者。一八八四年以後、再三のカナダ北極洋の探検を行なう。カナダの地質調査の指導者。

一九〇七年

Dr. Francisco Moreno

南米の探検家。地理学者。アンデス南部とパタゴニアの権威。

Capt. Roald Amunsen（一八七二—一九二八）

ノルウェーの大極地探検家。一九〇三—六年にかけて、小さなヨット、グジュア号により北極探検を行ない、西北航路を発見した。その後も精力的に探検を続け、一九一一年には南極点に達した。一九二八年北極洋で遭難した飛行船を救難する際、行方不明となった。

一九〇八年

Lieut. Boyd Alexander（一八七三—一九一〇）

アフリカ旅行家。鳥類学者でもある。一九〇四—五年にチャド湖を探検。その後もアフリカ探検に努めた。その功に対して授与。著書『ニジェールからナイルへ』（一九〇七）。

H. S. H. the Prince of Monaco（一八四八—一九二二）

アルバート一世。海洋学者として知られる。深海の研究。

一九〇九年

Sir M. A. Stein（一八六二—一九四三）

中央アジアの偉大な探検家。ハンガリー生まれ、後イギリスに帰化。一九〇一—二年および一九〇六—八年に中央アジア探検。敦煌で莫大な資料を収集。著書 "Serindia"（一九二一）その他。

Col. Milo Talbot（一八五四—一九三一）

イギリスの測量官。主として、インドの北西辺境からアフガンおよびペルシアを軍の遠征に従って測量。一八八四—八六年にかけてアフガン国境画定委員会のメンバーとして活躍。

一九一〇年

Col. H. Godwin-Austin（一八三四—一九二四）

インド測量局勤務のイギリス軍人。一八六一年にカラコルムのビアフォ、パルトロなどの大氷河を初めて踏破した。

Dr. William Bruce（一八六七—一九二一）

イギリスの海洋学者。一九〇二—四年にかけて南極探検行。コーツランドを発見した。スピッツベルゲンも探検している。

一九一一年

Col. P. K. Kozlov（一八六三—一九三五）

ロシアの大探検家プルジェワルスキーの愛弟子。前後六回にわたり中央アジアを探検した。一九〇七—九年の蒙古、青海地方の旅でハラ・ホト遺跡を発掘。

Dr. J. B. Charcot（一八六七—一九三六）

フランスの南極探検家。第二回探検に際しシャルコーランドを発見。父の名を命名したもの。

一九一二年

Charles Montagu Doughty（一八四三—一九二六）

イギリスの旅行家、詩人。北西アラビアの新しい地誌、地理への知識が深い。著書『アラビヤ砂漠紀行』（一八八八）その他。

Douglas Carruthers（一八八一—一九六二）

イギリスの博物学者。一九〇五—六年にアフリカのコンゴ地方、一九〇七—八年トルキスタン、一九一〇—一一年モンゴルなど広く探検を行なった。

一九一三年

Lady Scott

一九一二年に南極点に到達後、遭難死したスコットの栄誉をたたえ、遺された夫人に対しての授与。

Dr. Edward A. Wilson（一八七二—一九一二）

イギリスの博物学者、南極探検家。一九〇一—〇四年のスコット率いる南極探検隊に参加。一九一〇年からスコットの下で科学班長として活躍し、一九一二年スコットと共に南極点からの帰途遭難死をとげた。

一九一四年

Prof. Albrecht Penk（一八八五—一九四五）

ドイツの自然地理学者。氷河地形学の権威。地理学研究の拡充に努めた。

Dr. Hamilton Rice（一八七五—一九五六）

アメリカのボストン生まれ。北西アマゾン地方の探検。一九三〇—一九三三年までR・G・Sの副会長をつとめた。

一九一五年

Sir Douglas Mawson（一八七五―一九五六）

オーストラリアの極地探検家。二十六歳の時シャクルトン探検隊に地質学者として参加。一九一一―一四年に組織した南極探検隊リーダー。

Dr. Filippo de Fillipi（一八六九―一九三八）

一九〇九年イタリアのアブルッチ公のカラコルムのK２行や一九一三―一四年のカラコルム探検。著書"La Spedizione nel Karakoram"（一九一二）。

一九一六年

Lieut. Col. P. H. Fawcett（一八六七―一九二五?）

イギリス陸軍士官。一九〇六―〇九年ブラジルとボリビア国境線調査。南米での幾度もの探検。彼はその後一九二五年にブラジルのアマゾン奥地探検に向かい行方不明となった。

Capt. Frederick M. Bailey（一八八二―一九六七）

イギリス陸軍に勤務。東チベットやアッサムを探検。特に一九一三年のツァンポー・ゴルジュの謎を解明。著書"No Passport to Tibet"（一九五七）。

一九一七年

Commr. David G. Hogath（一八六二―一九二七）

イギリスの考古学者、旅行家。主として小アジア、エジプトで調査、発掘を行なう。著書"The Nearer East"（一九〇二）。

Brig.-Gen. Cecil G. Rawling（一八七〇―一九一七）

イギリスの軍人、探検家。一八九一年西チベット探検、一九〇三年にはツァンポー川上流を調査、翌年から独領ニューギニアを探検した。

一九一八年

Miss Gertrude Bell（一八六八―一九二六）

考古学者、旅行家。一九〇五年エルサレムから小アジアへ旅行。一九一三―一四年にはアラビア中部を探検。中近東の調査、探検。女流アルピニストとしても知られていた。

Commandant Tilho

フランスの軍人。北アフリカに於ける長年の測量活動。一九〇九年にチャド湖の調査を行なった。

一九一九年

Col. E. Jack（一八七三―一九五一）

英軍における目ざましい地図作成と測量の功績。一九一六年にGill記念賞も受けている。

W. Morris Davis（一八五〇―一九三四）

ペンシルベニア生まれ。ハーバード大学で地質、地理学を研究。ロッキー山脈をはじめとする各国での広い地理学的な研究。各国の学会から金牌を受賞した。

一九二〇年

H. Philby（一八八五—一九六〇）
中近東で活躍したイギリスの政務官。一九一七—一八年に行なった中部アラビア横断旅行に対して授与。著書 "The Heart of Africa"（一九二二）他。

Jovan Cvijic（一八六五—一九二七）
セルビアの地理学者。セルビア地学協会会長をつとめた。

一九二一年

V. Stefansson（一八七九—一九六二）
アメリカ人。一九〇八—一二年のカナダ、アラスカ北部沿岸および一九一三年の北極探検隊のリーダーとして活躍。地質学、海洋学、人類学上の多大の成果を収めた。

General Bourgeois
長年の地理学への貢献。フランス陸軍の地理調査所長。フランスの五万分の一地形図刊行について功績があった。

一九二二年

Lieut.-Col. Howard Bury（一八八三—一九六三）
イギリスの軍人。インドで多年過ごし、ヒマラヤに親しむ。一九二一年の第一回エヴェレスト登山隊リーダー。著書 "Mount Everest"（一九二二）。

Ernest Leffingwell
北アラスカの調査。

一九二三年

Dr. Kund Ramussen（一八七九—一九三四）
デンマークの北極洋探検家。一九一六—一九年にかけて北西グリーンランドの探検を行なった。エスキモーの精通者。

Hon, Miles S. Smith（一八六九—一九三四）
オーストラリア人。パプア島の統治官。一九一二年パプアで行なった重要な内陸部探検は有名。

一九二四年

Ahmed Hassanein Bey
一九二三年のリビア砂漠探検。オックスフォード大学に学んだエジプト人。

Commr. Frank Wild（一八七三—一九三九）
長年にわたる南極探検。一九〇一—四年のスコット隊、一九〇七年のシャクルトン隊以後再三にわたり大きな遠征に参加した。

一九二五年

Brig.-Gen. C. Bruce（一八六六—一九三九）
一生涯にわたるヒマラヤ探検行。なお、一九一五年には同じ地理学協会のギル（Gill）記念賞を授与されている。著書"Twenty Years in Himalaya""The Assault of Mount Everest"その他。

Alexander F. R. Wollaston（一八七五—一九三〇）
イギリスの博物学者、探検家。一九〇六年にアフリカのルゥベンゾリ山群で昆虫や植物の収集旅行。その後ニューギニアで未開民族研究を行なった。

一九二六年

Lieut.-Col. E. F. Norton（一八八四—一九五四）
一九二二年、一九二四年のエヴェレスト登山隊に参加。特に一九二四年はリーダーとして活躍。著書"The Fight for Everest"（一九二五）。

Sir Edgeworth David（一八五八—一九三四）
イギリスの地質学者。一九〇九年のシャックルトンの率いる南極探検隊に参加、南極磁に達した。探検も含め、広い調査研究活動。

一九二七年

Major Kenneth Mason（一八八七—一九七六）
ヒマラヤン・ジャーナルの名編集長。一九一三年のインドとロシア領トルキスタンを結ぶ測量と一九二六年のシャクスガム探検。著書"Abode of Snow"（一九五五）。

Dr. Lauge Koch（一八九二—一九六四）
デンマークの探検家。実に二十四回にわたって北極洋の探検を行なった。六年間に及ぶグリーンランドの冬の旅。

一九二八年

Dr. T. Longstaff（一八七五—一九六四）
ヒマラヤに広く足跡を残した偉大な登山家、探検家。シアチェン氷河の発見とヒマラヤにおける多年の探検、登山に対して授与。著書に"This My Voyage"（一九五〇）。

Sir Hubert Wilkins（一八八八—一九五八）
オーストラリアの極地探検家。一九二〇—二二年のシャクルトン隊に自然科学者として参加し、その極地飛行探検に功績。

一九二九年

Francis Pennel Rodd
一九二二年と一九二七年のサハラ砂漠に気象学上の調査旅行を行なう。R・G・S会長をつとめた。

C. H. Karius
パプア島のフライ川からセビックにいたる探検旅行。

一九三〇年

F. Kingdon-Ward（一八八五—一九五八）
イギリスの植物採集探検家。一九〇九年以降の中国奥地、チベット、ビルマなどの辺境地帯で多年にわたり探検を行なう。著書"Burma's Icy Mountains"（一九四九）他に多数ある。

C. E. Borchgrevink（一八六四—一九三四）

ノルウェーの南極探検家。一八九八—一九〇〇年に史上初の南極越冬を行なう。

一九三一年

Bertram Thomas（一八九二—一九五〇）

南アラビアのルブ・アル・ハリ砂漠にユニークな探検行。

Rear Adm. R. E. Byrd（一八八八—一九五七）

南極探検と北極および南極点への飛行。それ以後も度々南極飛行を行ない、一九四六—四七年の探検では、アメリカ海軍の一二艦船と四〇〇〇名の隊員を指導した。著書"Little America"。

一九三二年

H. R. H. the Duke of Spoleto

一九二九年のカラコルム探検隊のリーダーとしてヒマラヤで活躍。

Henry George Watkins（一九〇七—一九三二）

若くして死んだイギリスの北極洋探検家。一九三〇—三一年のイギリス北極洋空路探検隊のリーダー。その秀れたリーダーシップは有名。

一九三三年

J. M. Wordie（一八八九—一九六二）

一九一四年シャクルトン率いる南極探検隊に地質学者として参加。それ以後、極地探検に目ざましい活躍を示した。特にウェデル海の探検はすばらしい。一九五一—五四年までR・G・S会長。

Prof. E. Drygalaski（一八六五—一九四九）

ドイツの地質、地理学者。極地に於ける氷河学研究。一八九一—九三年にかけて西部グリーンランドを探検。

一九三四年

Hugh Ruttledge（一八八四—一九六二）

イギリスの政務官としてインドで過ごす。一九三三年のエヴェレスト登山隊リーダー。インドのクオマン、ガルワールヒマラヤの旅で活躍。著書"Everest, 1933"（一九三四）その他。

Capt. Ejnar R. E. Mikkelsen（一八八〇—×）

デンマークの極地探検家。一九〇〇—一二年の北極洋の探検、特にグリーンランド東岸のエスキモーの研究に目ざましい成果をあげた。

一九三五年

Major R. A. Bagnold

一九三二年にリビア砂漠探検。長距離を小型自動車で走行する方法によった。

W. Rickmer Rickmes（一八七三—一九六五）

ドイツ生まれの中央アジア探検家。長年にわたるコーカサス、露領トルキスタンの探検。特にアライ・パミールにおける独露合同隊でのリーダーシップはすばらしい。

一九三六年

G. W. Murray（一八八五—一九六六）

長年にわたる東エジプトの砂漠の探検と調査行。

Major R. Cheesman

九年間にわたり北西エチオピアに於ける地理学に対する貢献、および青ナイルの流路の調査。

一九三七年

Col. C. G. Lewis（一八六九—?）

一九一八—一九年イラク、シリアおよびトルコ、イラクの国境画定委員として功績あり。イラワジ平野の空中からの調査や一九二四年のヒマラヤ探検行。

Lincoln Ellsworth（一八八〇—一九五一）

アメリカ人。一九三三—三五年に南極横断の飛行探検を行なう。南極大陸中のエルスワーズ・ランドは彼の父の名を記念して命名した。

一九三八年

John Rymill（一九〇五—一九六八年）

一九三二—三三年ジノ・ワトキンスの死後、東部グリーンランド探検の指揮をとる。一九三四—三七年のイギリスのグラハムランド遠征隊リーダー。

Eric Shipton（一九〇七—一九七七）

一九三七年のシャクスガム行に対して授与。前アルパイン・クラブ会長。現代最高の探検的登山家。著書"Blank of The Map"（一九三八）他多数。

一九三九年

Arther M. Champion

火山の研究に対する授与。彼は三十年間を東アフリカで送り、ケニア地方に居住していた。

Prof. Hans Ahlmann

北極洋における探検と氷河学の研究。一九三一、一九三四、一九三六—三七年に探検（主としてスピッツベルゲン島）を行なった。

一九四〇年

Mr. & Mrs. Harold Ingrams

アラビア探検によって多くの知識をもたらした。

Lieut. Alexander R. Glen

スピッツベルゲン諸島の探検。

一九四一年

Capt. P. A. Clayton（一八九六—一九六二）

若い頃から中近東の砂漠の研究に従事。特にリビア砂漠の研究調査に功績。

Isaiah Bowman（一八七八—一九五〇）

アメリカの地理学者。南米探検の指導に功績。アメリカ地理学会の会長をつとめた。

一九四二年

Miss Freya Stark（一八九三—一九九三）

アラビア地方の探検と調査。特に古代アラビアの灌漑方法などを研究。著書"The Valleys of the Assassins"ほか多数。

Owen Lattimore（一九〇〇—一九八九）

半生の大部分を内外蒙古および中国辺境の踏査におくった。アメリカ随一の極東理解者といわれ、一九六三年から英国リーズ大学教授。著書"The Desert Road to Turkestan"（一九二九）ほか多数。

一九四三年

該当者なし（註・第二次大戦）

一九四四年

該当者なし（註・第二次大戦）

一九四五年

Dr. Charles Camsell（一八七六—一九五八年）

カナダ地学協会の初代会長。長年にわたる西部カナダ主要部、ブリティッシュ・コロンビアの探検に功績。

Sir Halford J. Mackinder（一八六一—一九四七）

イギリスの地理学者、政治家。一八九五—一九二五年までロンドン大学で地理学を講じ、後、南ロシア領事となる。

一九四六年

Brig. Edward A. Glennie

極東およびインドにおける地図作成に対する授与。

Henry A. Larsen（一八八九—一九六四）

ノルウェーの極地探検家。セント・ロック号という八〇トンの船でカナダ周辺の北極洋を航海、同地の探検。

一九四七年

Brig. Martin Hotin（一八九八—一九六八）

長年にわたる空中からの測量の研究および調査。一九五一—五四年までのR・G・S副会長だった。

Col. Daniel Meulen

南アラビアの地理学、人類学に貢献。一九三一年と一九三九年にあまり知られていない南アラビアを探検した。

一九四八年

Wilfred Thesiger（一九一〇—?）

イギリスの著述家。南アラビアの地理学への貢献と、一九四五—四七年ルブ・アル・ハーリー砂漠横断旅行。

Thomas H. Manning

カナダ北極洋での長年の科学的調査。一九三六年にサウザンプトン島の調査を行ない、エスキモーの生活様式を取り入れ、極地の旅で成功を収めた。

一九四九年

Prof. L. D. Stamp（一八八九—一九六六）

イギリス有数の地理学者。多くの地理学者に影響を与えた〈土地利用〉の研究に対して授与。一九六三—六六年までR・G・S会長。

Prof. Hans Petterson（一八八九—一九六六）

一九四七—四八年Albatrossで行なわれたスウェーデン深海探検隊のリーダーとして功績あり。ヨーテボリー大学の海洋学教授。

一九五〇年

George F. Walpole

ヨルダンの測量局勤務。エジプト西部の砂漠の地図作成。

Harold Sverdrup（一八八八—一九五七）

ノルウェーの海洋学教授。度々の北極洋探検。各国から賞を受けている。

一九五一年

Dr. V. E. Fuchs（一九〇八—?）

一九四八—五〇年の南極探検。特にストニントン島基地で二冬連続の越冬。

Dr. Donald Thomson

Arnhem Landの地理的探検及び調査。

一九五二年

Harold W. Tilman（一八九八—一九八〇?）

イギリスの登山家。シプトンと共に当代に於ける探検的登山の第一人者。アフリカ、ヒマラヤなどにその足跡は広いが、特にライト・エクスペディションの実践者として有名。老年に至り小機帆船で、極洋を航行し、一九八〇年に南極圏のフォークランド島を目指し、行方を経つ。

M. Paul-Emile Victor

フランスの極地探検家。グリーンランド氷帽の探検。

一九五三年

P. D. Baird

モントリオールの北アメリカ北極洋局長。北極洋の探検。

Count Eigil Knuth

デンマークのベリーランド探検隊のリーダー。一九四八―五〇年の北グリーンランド探検とエスキモーの考古学的研究に成果。

一九五四年

Sir John Hunt（一九一〇―一九九八）

一九五三年度エヴェレストに初登頂したイギリス登山隊のリーダー。著書"The Ascent of Everest"（一九五三）。

Dr. W. A. Mackintosh

国立海洋研究所副所長。一九二四年以来の南海探検と調査。

一九五五年

Commer. C. J. Simpson

一九五二―四年のイギリスの北グリーンランド探検隊リーダーとしての功績。

Dr. John K Wright（一八九一―一九六九）

アメリカ地学協会誌の編集長。長年にわたり、地理の調査、探検の発展に寄与した。

一九五六年

Charles Evans（一九一八―?）

一九五五年カンチェンジュンガに登頂したイギリス隊のリーダー。ヒマラヤ探検に寄与した。著書"Kangchenjunga"（一九五六）。

John Giaever

一九四九―五二年のノルウェー・イギリス・スウェーデン合同の北極洋探検隊リーダー。

一九五七年

Sir George Binney

北極探検において航空測量技術を駆使し、探検に寄与した。

Prof. Ardito Desio（一八九七―二〇〇一）

イタリアの一九五四年度K２遠征隊リーダー。ヒマラヤおよびアフリカにおける探検調査。著書"La Conquista del K2"（一九五五）。

一九五八年

Sir Edmond Hillary（一九一九―二〇〇八）

ニュージーランド人。人類初のエヴェレスト登頂者としてあまりにも有名。南極およびヒマラヤ探検に寄与。著書"High Adventure"（一九五五）その他。

Dr. Paul Siple（一九〇八—一九六八）

アメリカの南極探検隊の科学班リーダーとして極点基地にとどまる。南極の探検、調査に寄与。

一九五九年

Sir Raymond Priestly

アメリカの一九五八—五九年の南極探検隊にイギリスから参加。南極探検に寄与。

Commr. W. R. Anderson

史上初の北極洋潜行航海に成功。

一九六〇年

Phillip Law

オーストラリアの南極調査隊のリーダー。南極における探検と調査。

Prof. Theodore Monod

サハラ砂漠の探検と調査。

一九六一年

Dr. John Bartholomew（一八九〇—一九六二）

タイムス世界地図編集長。地図製作に貢献。

Dr. Mikhail Monov

レニングラードの極地研究所副所長。極地の探検、調査。

一九六二年

Tom Harrison

ボルネオのサラワク博物館勤務の人類学者。中央ボルネオの探検。

Capt. Edwin McDonald

アメリカの南極飛行隊の司令官。ベーリングスハウゼン海（南極半島に近い）沿岸の探検。

一九六三年

Capt. de Fregate J. Cousteau

モナコ海洋博物館長。海中探検と調査に功績。

Dr. Albert P. Crary

アメリカ科学財団の南極部局主任科学者。南極の探検と調査。

一九六四年

Dr. L. S. B. Leakey

東アフリカにおける古文書学上の探検と新しい発見。

Dr. Thor Heyerdahl（一九一四—?）

南太平洋における地理学的な探検。ノルウェー人の彼は、いかだ〈コンティキ号〉で南米からポリネシアに渡り、ポリネシア人の起源に関する自説を実証しようとした。

一九六五年

Prof. L. C. King

ナタール大学地理学教授。南Hemisphereの地形学上の探検。

Dr. E. F. Roots

極地の探検と調査、特にカナダ北極洋探検に功あり。

一九六六年

E. J. Corner

イギリスの北ボルネオおよびソロモン群島探検隊のリーダー。その際行なった植物学上の調査に功あり。

G. Hattersley-Smith

カナダの北極洋で行なった氷河学上の調査。

一九六七年

Prof. Eduard Imhof

チューリッヒの大学教授。地図作成に貢献。特に中国四川のミニヤ・コンカ山群の地図が有名である。

Claudio & Orland B. Boas

ブラジルのマト・グロッソの探検と調査。ブラジル国立公園局勤務。

一九六八年

Prof. Augusuto Ganser（一九一〇―?）

ヒマラヤにおける地質学上の探検と地図作成。一九三六年のハイム教授とのガルワール・ヒマラヤ行が有名である。著書"Thron c'er Götter"（一九三八）。

W. B. Harland

ケンブリッジのセドウィック博物館員。北極洋探検と調査。

一九六九年

Rear-Adm Rodolfo Panzarini

アルゼンチンの南極探検隊の指揮をとる。南極国際観測年における協力と調査に貢献した。

Dr. R. Thorsteinsson

Dr. E. T. Tozer

カナダ北極洋の探検と経済的発展のための研究。

* * *

（以下、**Special Medal**）

一八九〇年

H. M. Stanley（一八四一―一九〇四）

長年にわたるアフリカ探検に対する授与（一八七三年参照）。

一八九七年
Dr. Fidtjof Nansen（一八六一—一九三〇）
北極探検での地理学その他の分野で科学的な調査活動をなしとげたことへの授与（一八九一年の項参照）。

一九〇四年
Commr. R. F. Scott（一八六八—一九一二）
南極探検での目ざましい業績に対する授与。なお、この年パトロンズ・メダルも同時に受賞した。

一九〇九年
Ernest H. Shackleton（一八七四—一九二二）
一九〇二—四年スコット隊の一員としてロス海を調査。一九〇七—〇八年南極の南緯八八度二三分に達した。その功に対する授与。

一九一〇年
Commr. R Peary（一八五六—一九二〇）
アメリカの北極探検家。一九〇一年北部グリーンランドを回航、その島であることを明らかにした。一九〇九年北極点まで達した功により授与。人類多年の宿望が達せられた。

一九五八年
Vivian E. Fuchs（一九〇八—？）
一九五七—五八年にかけて、南極大陸横断旅行を行ない、苦難の末に成功。画期的な地理探検の最後のものと言われている。その功により授与（一九五一年の項参照）。

一九六八年
Sir Francis Chichester（一九〇一—一九七二）
一九六七年に行なった単独でのヨットによる世界一周航海の快挙に対する授与。

一九六九年
Neil Armstrong（一九三〇—×）
アポロ2号による月探検隊リーダー。月に第一歩を印した人類最初の人。その功に対する授与。

一九七〇年
Prof. Roger Barry
Prof. Paul Curran

二〇〇三年
Harish Kapadia（一九四五—×）
東カラコルムの探検と登山に於いて顕著な功績を残した。

＊　＊　＊

二〇〇八年（バスク・メダル）

中村　保（一九三四―×）

東チベット、いわゆる横断山脈で多くの踏査を行ない新しい探検と登山の分野を拓いた。

なお、バスク・メダルは一九七五年に新設された。

〔一九七一年、「現代の探検」第七号・二〇〇八年九月補訂〕

Chiantar Mountains

チアンタール山群中の主要ピーク三座

Main Peaks of Chiantar Mountains, from the Head Of Chiantar Glacier.

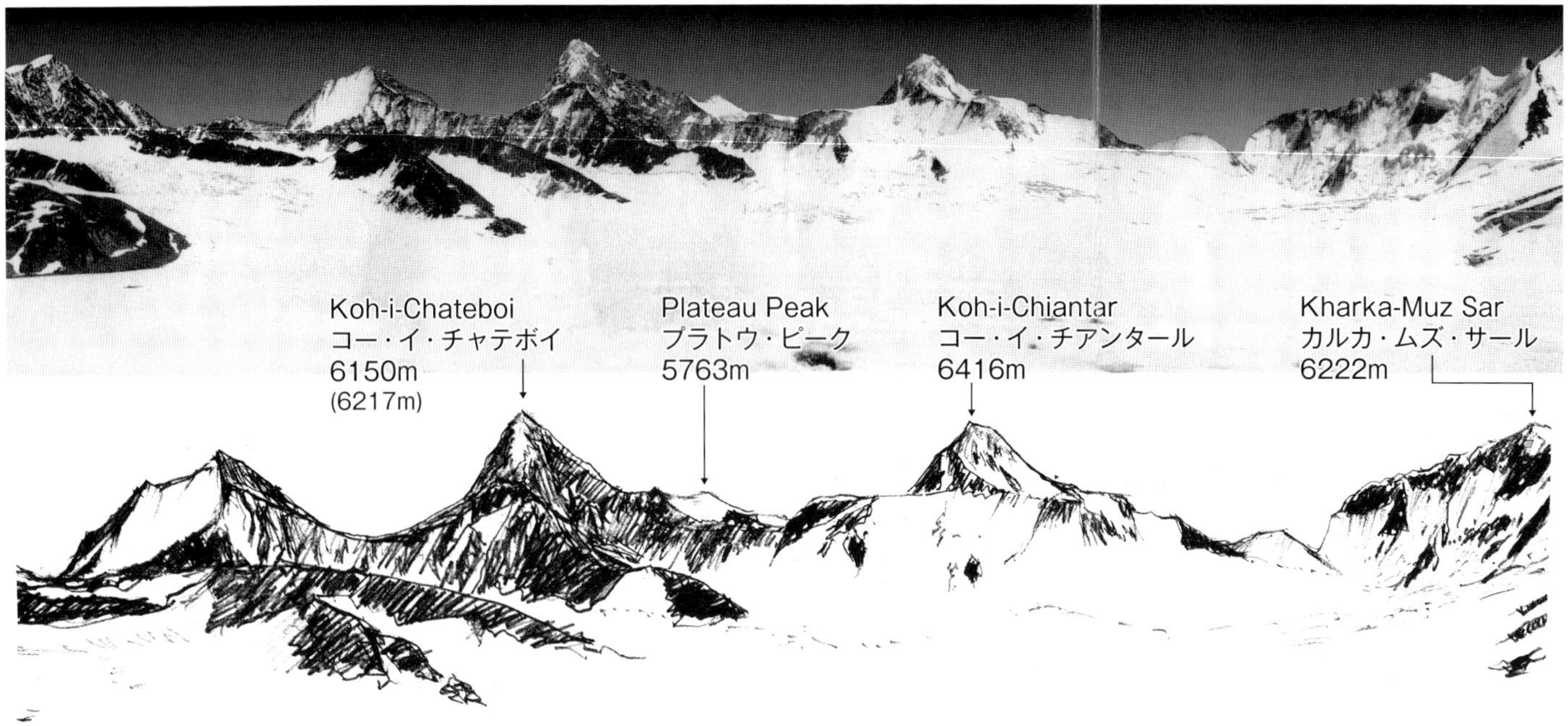

ダルコット峠（4517m）からのパノラマ（南から北西へ）

Panoramic View from top of Darkot Pass (4517m), looking South to North-West.

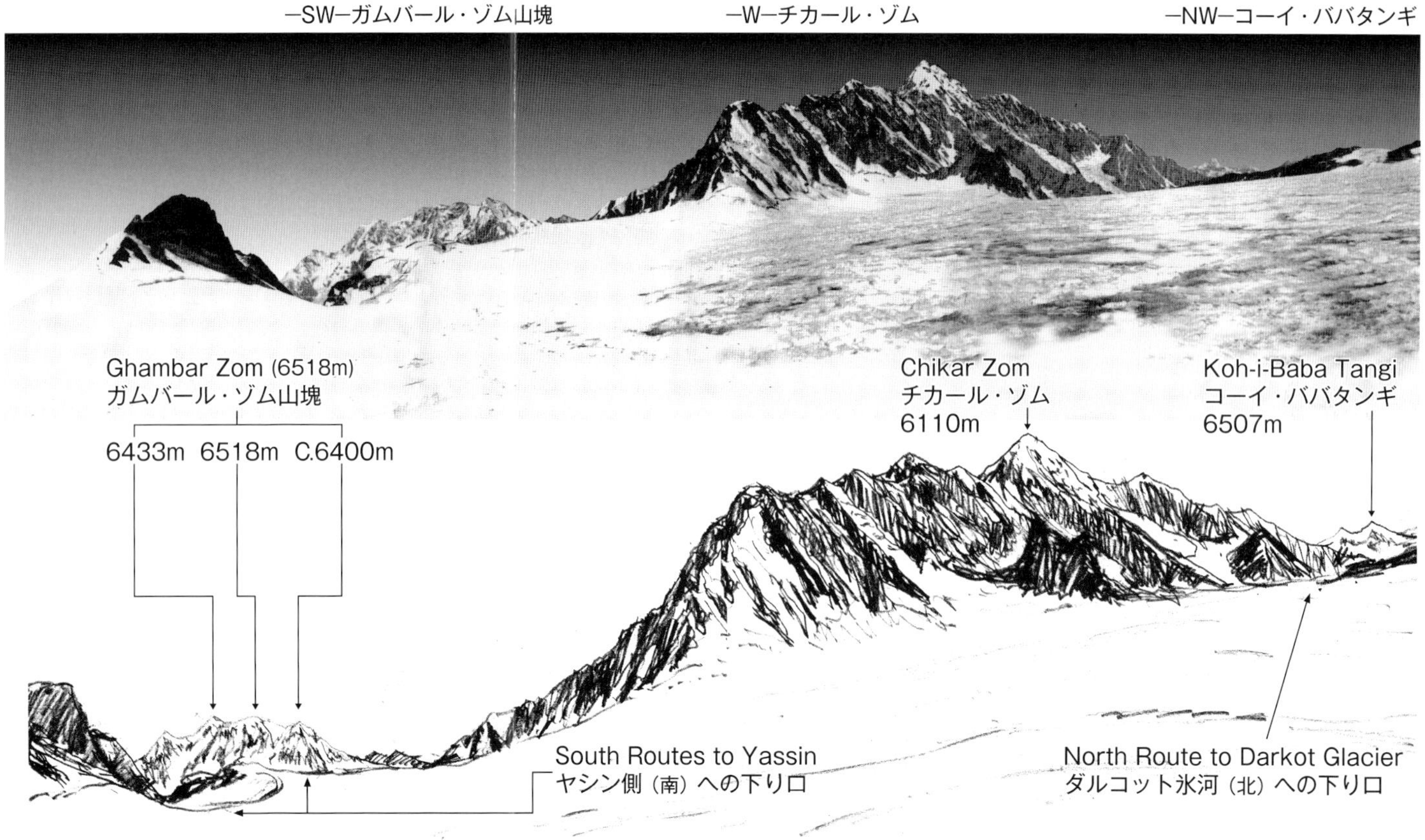

チアンタール山群
【パノラマ図】

チアンタール氷河源頭の山々

Chiantar Mountains from
Upper Chiantar Glacier (Aug.1997)

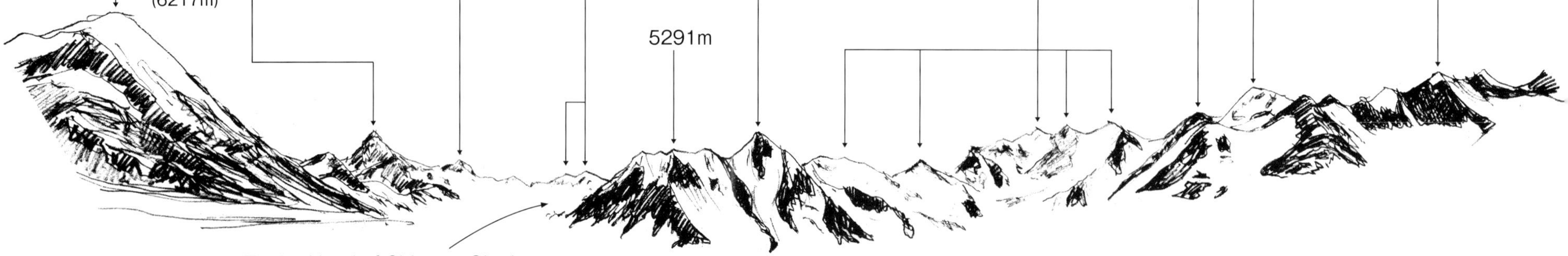

チアンタール氷河（上流部より。左方は東部、中央は南部）

あとがき

本書所収の諸文は、大半はかつて一度は、日本人によるヒマラヤ登山の最盛期に、各種の雑誌や書籍に収録されたものである。

一度印刷された文章を集成することは、傍目には容易なように見えるかも知れないが、実は三十数年間の文章をまとめ直す作業には、大幅な時間の「ずれ」があって、それを整合するのは非常に困難を伴うものなのである。

故・深田久弥先生も、『ヒマラヤの高峰』（一九六三年、雪華社版・五巻本）をまとめるに際して、その苦労を次のように述懐している。

「（以前の文章を本にまとめ直すに際して）はっきりした誤りは正し、時効にかかった記事は省き、その後に生じた新事実は能う限りつけ加えた。この補綴作業は予想以上の難事業であった。（中略）（前に書いた文章を）修正しようとして、もう一度文献の中にそのありかを探し出すのに苦労した。活字にすれば一行で済むような記述も、その真疑を確かめようとして数時間かかることもあった」云々と。

私の場合も殆ど同じような繁雑な過程を経て、この一冊の大部な書物として世に送りだすのである。この間、たび重なる校正やさまざまな図版、「注」、「索引」の作成に辛抱強く当たったナカニシヤ出版編集部の林達三氏の苦労はひと通りのものではなかった筈である。ここに特記して感謝の意を表しておきたい。

本書は大別すれば二つの内容に分けられる。前半は「チトラール風物誌」や「ヒマラヤの漂泊者」や「紀行」などの比較的読み易い文章を集めた。

後半は「ヒンドゥ・クシュの名峰」や「ナンガ・パルバット登攀史」のようにヒマラヤの登山史にかかわるものや、「パキスタン北西辺境――人と本」で記した十八、十九世紀の探検活動はなやかなりし頃の探検史上の人物と本について記し、最終章は「英国王立地理学協会　ゴールド・メダリスト一覧」を以て締めくくった。章題からも判るように後半はかなり固めのテーマであり、文章になった。

次いで本書所収の文章の初出関係を明らかにしておこう。

○第1章「チトラール風物誌」は、京都の歌誌「林泉」の一九九八年一月号から十二月号まで十二回連載の文章のうち、約半分を選んで載せた。

○第2章「カフィリスタン探訪記」は「現代の探検」(一九七一年、第七号)所収。伝統的なカラッシュの生活、民俗が残存していたのは、この頃までだ。一九八〇年代以降は急激に回教化が進み、水力発電の導入、各国からのエイドの提供、道路建設による多数の観光客や外国人との接触などもあり、昔日の面影は失われた。

○第3章「氷河を越えて」では、一九九七年のチアンタール氷河とダルコット峠を旅した折の紀行と、一九九九年のカランバール峠越えの紀行を収めた。それぞれの年に歌誌「原石」(一九九九年十~十二月号)、「新アララギ」(一九九八年二月~三月号)に載せた文章を組み合わせて再構成した。

○第4章「西域の秘宝――不思議老人の話」は、大谷探検隊の将来した西域出土の文物を入手して、戦後に東京国立博物館に納入した木村貞造翁との交遊を描いた。初出は歌誌「原石」(一九九九年六、七月号)による。

○第5章「ヒマラヤの漂泊者」のうち「H・ティッヒー」は歌誌「原石」(一九九九年八、九月号)、「H・ティルマン」は「岳人」(一九七〇年十二月、二八二号)、「R・ションバーグ」は「岳人」(一九六九年九月、二六六号)、「T・ホルディック」は「岳人」(一九七〇年二月、二七二号)による。

○第6章「R・ションバーグの足跡」は『吉沢一郎古稀記念論文集・カラコルム』(一九七四年、茗溪堂刊)所収。一九三五年に行なわれたションバーグのチトラールの旅は、この地域を縦横に歩き、詳細に住民、民俗を観察して今日なお有用。その足跡を詳しく紹介し、筆者自身の見聞した事柄を随時、注記した。

○第8・9・10章「ヒンドゥ・クシュの名峰」のうち、七〇〇〇メートルの高峰については、本書のために今回新たに書き起こした。他はすべて『世界山岳地図集・カラコルム、ヒンズー・クシュ篇』(一九七八年、学研刊)所収。

○第11章「ナンガ・パルバット登攀史」は、第8章と同じ本に収録。元々の文章は、ある登山学校(現在はない)の講座のために作成。私自身もナンガ一周の山旅を企図した時期があったため、かなり気乗りして執筆したもの。

○第12章「パキスタン北西辺境——人と本」は、『パキスタン入門・文献案内』(一九九四年、日本パキスタン協会)所収。この本では探検の部を担当したので、取り上げた書物の数は少なかった。

○第13章「英国王立地理学協会　ゴールド・メダリスト一覧」は「現代の探検」(一九七一年第七号、山と溪谷社)所収。当時ロンドンに在住した国岡宣之さんが王立地理学協会を訪れて入手してくれた受賞者の人名リストを基に、授賞理由やそれぞれの探検家の生没年を調査して記した。実はこれが甚だ困難を極めた作業で、一度は断念したが、編集の阿部正恒さんの「深田先生のたっての要望」という殺し文句により、一夏かかって作成にこぎつけた。当時、ジオグラフィカル・ジャーナルの大揃いが気象庁に所蔵されているのを知り、日参して文字通り汗にまみれつつ文献の山と格闘したのを思い出す。今年、中村保氏が、英国王立地理学協会のバスク賞に輝いたこともあり、本書の掉尾を飾るに相応しい章で締めくくることとなった。

さいごになったが、本書の装幀を前著『岳書縦走』と同じように、小泉弘氏にお願いした。斬新で存在感あふれる書物に仕上がったことに深甚の感謝をささげたい。なお挿画には妻の輝子がかつてカフィリスタンで描いた作品を提供してくれた。

山姿図は故・諏訪多栄蔵氏が『ヒマラヤの高峰』の編集の時に描いた原図を託してくれたので、それを使用した。また、宇都木慎一氏には巻末パノラマ写真に対応する山姿図を描いていただいた。地図については、宮森常雄氏に提供していただいたものと自作のものとを併用した。叙上の皆さんに深謝申し上げる。そして出版元のナカニシヤ出版社長、中西健夫氏に深く感謝の意を表する。

なお、この先ざきも、私には書くべきテーマが多く残されている。それらを次つぎに上梓したいが、そのためには読者諸氏の変わらぬご支援が必要である。今からのそのことをお願いしてペンを置く次第である。

平成二十年十二月二十三日
東京・阿佐ヶ谷にて記す　　　　　　雁部　貞夫

274, 283, 289
ブルジル峠(4195m)　303, 306
ブロード・ピーク(8051m)　234
フンジェラーブ峠(5396m)　128
ペギッシュ・ゾム(6269m)　246
ペチュス(3250m)　255
ペチュス氷河(Pechus GL)　65, 66, 248, 256, 258, 268, 293
ペヒン氷河右岸の6105m峰　289
ボーラン峠　132
北東部ヒンドゥ・クシュ　212
北東部ヒンドゥ・ラージ　212, 247

(マ)

マゼノ峠(5377m)　306
マナスル(Manaslu 8163m)　231, 282, 300
マラカンド峠　7, 77, 175
南バルム(Barum)氷河　213, 221, 223
ミンタカ峠(4703m)　276
ムスターグ・アタ(7546m)　120

(ヤ)

ヤルフーン山群　214

(ラ)

ラキオト・ピーク(Rakhiot Peak 7074m)　306, 309, 310, 311, 315, 328
ラキオト氷河　308, 313, 317, 325, 326, 328, 331
ラズダ峠(3200m)　162
ラホ・ゾム(6534m)　165, 166
ラワルク峠(約3500m)　247
ランガール　236, 240
ランタン・ルリン(Langtang Lirun 7245m)　104, 105
ルウェンゾリ(5110m)　114, 116
ルパル・ピーク(5970m)　324
ルンコー(Lunkho 6902m, 6895m)山塊　214, 244
ローマ氷河　237
ローワライ峠(3118m)　7, 56, 77, 78, 146, 174, 209, 218, 248
ロック・ピナクル(7200m)　227, 229
ロック・ピナクル北Ⅰ峰(7350m)　227
ロック・ピナクル西Ⅰ峰(7300m)　227
ロック・ピナクル西Ⅱ峰(7280m)　227

(ワ)

ワジリスタン山地　133
ワフジール峠(Wakhjir An 4907m)　209

（ナ）

ナズ・バール峠（Naz Bar An 4977m） 273, 280, 281, 283
ナルタル峠（4900m） 282
ナンガ北峰（7816m） 316
ナンガ第Ⅱ峰（8072m） 307
ナンガ・パルバット（Nanga Parbat 8126m） 108, 300, 301, 303, 306, 308, 315, 316, 317, 318, 322, 323, 327, 328, 329, 330, 331
ナンガ・パルバット北峰（7809m） 331
ナンガ・パルバット南東峰（7530m） 328
ナンガ・パルバット前峰（7910m） 320, 328
ナンダ・デヴィ（7817m） 117, 118
南部ヒンドゥ・ラージ山群 212, 216
ニロギ氷河（Niroghi GL） 163, 213, 236, 237, 240
ヌクサン・アン（4769m） 154
ネリオン（5188m） 114
ノゴール・ゾム（5939m） 163, 164, 236
ノシャック（Noshaq 7492m） 160, 211, 221, 222, 227, 230, 231, 232, 233, 234, 235
ノシャック山群 213
ノシャック氷河 222, 227, 232

（ハ）

バーミアン 43
パイオニア・ピーク（Pioneer Peak 6883m） 305
パキスタン北西辺境 2, 105, 218, 334
パグマン山脈 133
バズィン・ギャップ（7812m） 320
バズィン氷河 328
バド・スワート前峰（5766m） 275
バド・スワート氷河 289
バトゥーラ氷河 276
バブサール峠（4145m） 303
バルクルティ・ゾム（5815m） 279
バルトロ氷河 241, 305
バルム氷河 157
バロギール峠（Baroghil An 3804m） 67, 204, 205, 206, 208, 209, 251, 254, 268, 269, 272
パンジャブ平原 77
バンダカー（別称コー・イ・バンダコール 6843m） 39
ビアフォ氷河 305
ヒスパー氷河 305
ヒマラヤ（Himalaya） 104, 105, 106, 108, 110, 114, 117, 119, 121, 122, 123, 131, 300, 304, 305, 306, 307, 308, 334, 335, 336, 337
ヒンドゥ・クシュ（Hindu-Kush） 2, 4, 5, 6, 9, 12, 32, 39, 68, 79, 81, 130, 131, 134, 139, 140, 142, 143, 158, 160, 163, 176, 199, 204, 214, 218, 231, 232, 235, 243, 247, 248, 264, 270, 274, 282, 283, 285, 290, 293, 334
ヒンドゥ・クシュ山系 69, 218, 225, 230, 281, 284
ヒンドゥ・クシュ山脈 30, 32, 45, 48, 87, 199, 210, 213, 215, 216, 250, 284
ヒンドゥ・ラージ（Hindu-Raj） 212, 214, 247, 248, 249, 252, 253, 256, 261, 264, 269, 280, 285
ヒンドゥ・ラージ山脈 83, 135, 199, 209, 211, 214, 215, 216, 247, 249, 250, 251, 254, 259, 281, 284
ヒンドゥ・ラージ東北山群 215
ブニ山群 216, 249
ブニ・ゾム（Buni Zom 6551m） 81, 216, 249
ブニ・ゾム北峰（6338m） 234, 238, 249
ブニ・ゾムⅡ峰（6147m） 249
フラッテロ・ゾム（6200m） 34, 65, 85, 248, 257, 258
プリアン・サール（Prian Sar 6293m）

小チアンタール峰(5765m)　288, 291
ショゴールドク氷河(Shogordok GL)　214
ジワルの山　164
スカイ・ゾム(5972m)　240
スカムリ(Skamri 6736m)　119
スキル・ブルム峰(7360m)　11, 186
スレイマン山脈　133
スワート・コヒスタン山脈　249
スワート山群　212
ズンディハーラム氷河(Zindikharam GL)　71, 266, 267, 290

(タ)

タウス・テク(Taus Tek 4075m)　280
タクト・イ・スレイマン　134
ダシュト・イ・バロギール(バロギール平原)　268
ダス・バール・ゾム(Das Bar Zom 6070m)　259, 260
ダスパー(22603ft, 7467m)　250, 263
ダダリリ峠(Dadarili An 5030m)　279, 283, 299
ダルコット山群　250
ダルコット峠(Darkot An 4575m)　4, 6, 25, 64, 70, 71, 73, 88, 95, 96, 202, 205, 206, 209, 251, 261, 263, 265, 266, 267, 272, 285, 286, 287, 290, 292
ダルコット氷河　253, 260, 261, 262, 265, 267
タロー・ゾム(Thalo Zom 6050m)　216
チアンタール・ガー　295
チアンタール山群　68, 88, 215, 264, 281, 287, 289, 291
チアンタール中央峰(Chiantar Central Peak 5291m)　288
チアンタール氷河(Chiantar GL)　64, 67, 68, 69, 71, 168, 179, 210, 215, 247, 248, 266, 270, 278, 284, 285, 286, 287, 288, 290, 292, 293, 294, 295
チアンタール氷河南端の6200m峰　289
チカール・ゾム(Chikar Zom 6110m)　248, 260, 261, 262
チカール氷河　163, 164, 236
チャテボイ氷河(Chateboi GL)　66, 90, 209, 248, 255, 256, 260, 261, 293
チャマルカン峠(Chamarkhan An 4344m)　206, 299
チャンガバン(6864m)　305
中央部ヒンドゥ・ラージ山群　212, 215
チョー・オユー(8153m)　105, 112
チリンジ峠(5291〔5247〕m)　277
ツイⅡ峰(トゥイⅡ 6523m)　83
ディア・ミール氷河　307, 316, 322, 323, 330
ティリチ氷河(Tirich Gl.)　160, 210, 221, 222, 224
ティリチ・ミール(Tirich Mir 7706〔7708〕m)　7, 13, 16, 19, 45, 79, 81, 137, 147, 157, 160, 199, 200, 200, 201, 207, 211, 213, 218, 219, 221, 222, 226, 227, 230, 231, 233, 234, 235, 238, 304
ティリチ・ミールⅠ峰　221
ティリチ・ミール山群　213
ティリチ・ミール東峰(7691m)　221, 223, 225, 234, 238, 244
ディル・ゴル・ゾム(6778m)　221, 222
ディル・ゴル氷河　222, 224
天山山脈　124
ド・タン・チュリ(6100m)　110
トゥイ(6660m)　165, 248, 250
トゥイ山群　250
トゥシャインⅡ峰(Tosshain Ⅱ 6000m)　329
ドゥナギリ(Dunagiri 7066m)　305
東部ヒンドゥ・クシュ　124, 126, 140, 157, 172, 210, 211, 212, 214, 252, 278
ドラー峠(Dorah An 4511m)　135, 154, 202, 212, 296
ドン・マル(6400m)　110

ガルムシュ(Garmush 6244m) 250, 262, 263, 264, 287, 293, 294
ガルムシュ氷河 287, 294
カンチェンジュンガ(8598m) 308
カンピレ・ディオール(Kampire Dior 別称カランバール・サール 7143m) 259, 274, 275, 276, 283
キヤール峠(オウィール・アン〔峠〕)(4338m) 157
キリマンジャロ(5895m) 114
ギルギット山地 212
グール・ラシュト・ゾム(Ghul Lasht Zom 6665m) 154, 213, 221
クク・サール(Kuk Sar 6935m) 276
グジェラーブ峠 129
クチャール(5791m) 164
グラム・シャール高原(3400m) 31
グランド・サドル 228, 229, 230
グルラ・マンダータ(ナムナニ)(7728〔7766〕m) 107
K2 119, 331
コ・イ・コルディ 67, 69, 70, 86
コー・イ・シャヨーズ(6855m) 238
コー・イ・ショゴール・ドク(6838m) 239
コー・イ・チアンタール(Koh-i-Chiantar 6416m) 69, 215, 278, 284, 288, 290, 291
コー・イ・チャテボイ(Koh-i-Chateboi 6150m) 288, 290, 291, 292
コー・イ・テーズ(Koh-i-Tez 6995m) 164, 214, 238, 243, 244
コー・イ・ワルグート(Koh-i-Warghut 6000m) 292
ゴーカン・サール(Ghokan Sar 6249m) 216
コーラ・ボルト峠(Khora Bhurt An 4630m) 206
コズ・サール(Koz Sar 6677m) 276
コタルカッシュ氷河 85
コトガーズ・アン(峠) 161, 163, 236
コトガーズ・ゾム(6681m) 245
コトガーズ氷河(Kotgaz GL) 163, 164, 210, 214, 236, 244, 245, 246
コヨ・ゾム(Koyo Zom 6889〔6872〕m) 5, 32, 33, 34, 36, 39, 65, 66, 84, 85, 88, 96, 199, 209, 215, 251, 252, 253, 254, 255, 256, 257, 258, 259, 261, 267, 290, 293
コヨ・ゾム山群 89, 264
コヨ氷河 248, 255

(サ)

ザガール峠(Zagar An 5008m) 273, 279, 283, 299
サト・カラチ・アン(峠) 154
ザニ峠(3886m) 158
サラグラール(Saraghrar 7349m) 30, 31, 81, 161, 163, 211, 226, 231, 235, 236, 237, 238, 239, 240, 243, 245, 246
サラグラール北峰(7040m) 237
サラグラール南西峰(7148m) 240
サラグラール南東峰(7208m) 240
サラグラール南峰(7307m) 237, 240
サラグラール北西峰(7300m) 237
サラグラール本峰(7349m) 237
サラリッチ(Sara Rich 6225m) 39, 163, 164, 236, 244
サルバチュム(ブルール・ランジェン・リ 6918m) 104
サルボ・ラゴ氷河 128, 129
シェトール氷河 248
シニオルチュー(Siniolchu 6891m) 313
シムヴ北峰(Simvu N 6548m) 313
シムシャール峠(4735m) 128, 129
シャー・ジナリ峠(Shah Jinali An 4259m) 38, 165, 167, 207
シャハーン・ドク(Shahan Dok 6320m) 281, 283
シャヤーズ(Shayaz 6050m) 83, 214
シャンドゥール峠(Shandur An 3720m) 216, 248, 273, 277, 278, 279, 296, 297, 299
シュリチッシュ(21409ft, 7065m) 250

山・峠・氷河名索引

＊1～12章中の用語を五十音順に配列した。太字のページは写真または地図・図版があることを示す。
＊頻出する山名などには欧文も併記した。

(ア)

アギール山脈　119
アケル・キオー(Akher Chioh　7020m)　**163**, 164, 214, **236**, 238, **243**, **244**, **245**
アサンガール峠　**145**, 152
アスペ・サフェド(Aspe-Safed　6607m)山塊　212
アッサム・ヒマラヤ　120
アッパー・ティリチ氷河　**222**, **227**, **232**
アトール峠　275
アトラック氷河(Atrak GL)　**163**, **210**, **222**, **236**
アルタイ山脈　125
アンナプルナ(Annapurna　8078m)　118
イシュコマン峠(5105m〔地図では4578m〕)　277, 283
イシュペル・ドーム(Ishpel Dom　6200m)　34, 65, 85, **248**, **257**, 258
イストル・オ・ナール(Istor-o-Nal　7403m)　32, 39, 158, 159, **160**, 211, 221, **222**, 226, 227, 228, 229, 231, 235, 236, 238
イストル・オ・ナール北Ⅰ峰(7373m)　227
イストル・オ・ナール山塊　**225**, **226**
イストル・オ・ナール山群　213
イストル・オ・ナール西Ⅰ峰(7300m)　227
イストル・オ・ナール西Ⅱ峰(7280m)　227
イストル・オ・ナール氷河　**222**, **227**, **228**
ウシュコ(Hushko)　214
ウシュコ・ゾム(ランガール・ゾム南東峰　7061m)　240
ウシュコ氷河　**214**, **236**, 237, 238, 239, 240, 243, 244
ウスコ氷河　**163**
ウタク峠(4593m)　153
ウルゲント(Urgent　7038m)　**163**, **214**
エヴェレスト(Everest)　110, 113, 117, 118, 119, 121, 234, 300, 318

(カ)

カールーン峠(4873m)　128
カイバル　133
ガインタール・チッシュ(Ghaintar Chish　6274m)　**248**, 259, 260
カゴ・レシト高原　228
カジ・デー氷河　232, 233
ガジキスタン氷河(Gazikistan GL)　154, **160**, **212**
ガッシャーブルムⅣ峰(Gasherbrum Ⅳ　7925m)　234, 241
ガナロ峰(6606m　ナンガ・パルバット山群の山)　307
カブルー(7353m)　305
ガムバール・ゾム(Ghambar Zom　6518m)　259, 263, 264, 280
カラコルム山脈　4
カランバール峠(Karambar An　4343m)　64, 65, 67, 69, 72, 86, 87, 88, **89**, 209, 253, 269, 273, 276, 285
カランバール氷河(Karambar GL)　210, 274, 275, 276, 283
カルカ(Karka　6222m, 現在ではカルカ・ムーズ・サールと呼ばれる)　294
カルカ・ムーズ・サール(Kharka-Muz Sar)　**68**, **290**, **294**

（ヤ）

（ラ）

（ワ）

（マ）

(ナ)

(ハ)

(タ)

(カ)

(サ)

人名索引

＊1～12章中にある人名を五十音順に配列した。太字のページは写真や図版があることを示す。

(ア)

雁部貞夫（かりべ　さだお）

一九三八年、東京に生まれる。一九六一年、早稲田大学卒業。ヒマラヤン・クラブ会員、日本山岳会会員。

一九六六年、ヒンドゥ・クシュ主稜でパキスタン側から日本人初の登山活動を行ない、サラグラール峰（七三四九ｍ）山群とブニ・ゾム（六五五一ｍ）を試登した。六八年夏、未踏峰であったヒンドゥ・ラージ山脈の最高峰コヨ・ゾム（六八八九ｍ）に試登し、同峰の東のイシュペル・ドームとフラッテロ・ゾム（ともに六二〇〇ｍ）に初登し、その後十数度これらの山域を踏査した。

近年はヤルフーン川源流域を踏査し、一九九七年と二〇〇三年の夏、ヒンドゥ・クシュ山系の最大の氷河、チアンタール氷河（全長約三五㎞）を縦断し、未踏の六〇〇〇ｍ峰を多数撮影して多くの資料をもたらした。

主な著書、編著書に、『ヒマラヤの高峰』（深田久弥著、一九七三、白水社）、『ヒマラヤ名峰事典』（九六、平凡社）、『カラコルム・ヒンズークシュ登山地図』（二〇〇一、ナカニシヤ出版）、『岳書縦走』（〇五、同）、『山のひと山の本』（〇八、木犀社）があり、訳書にＲ・ションバーグ『異教徒と氷河』（一九七六、白水社）、Ｓ・ヘディン『カラコルム探検史』（八〇、同）などがある。

また、学生時代から「アララギ」会員として作歌活動を続け、一九九七年に終刊した「アララギ」の後継誌「新アララギ」の編集委員、選者を務める。歌集に『崑崙行』（一九九〇、短歌新聞社）、『辺境の星』（九七、同）、『琅玕』（二〇〇六、同）などがある。

秘境ヒンドゥ・クシュの山と人
——パキスタン北西辺境を探る

二〇〇九年五月二十日　初版第一刷発行

著　者　雁部　貞夫
発行者　中西　健夫
発行所　株式会社 ナカニシヤ出版
〒六〇六-八一六一　京都市左京区一乗寺木ノ本町一五番地
電話(〇七五)七二三-〇一一一
ファックス(〇七五)七二三-〇〇九五
振替　〇一〇三〇-〇-一三一二八
URL　http://www.nakanishiya.co.jp/
e-mail　iihon-ippai@nakanishiya.co.jp

装　幀　小泉　弘
挿　画　雁部　輝子
印刷所　ファインワークス
製本所　兼文堂

ISBN978-4-7795-0339-9　C0026　

東部ヒンドゥー・ラージ
（チアンタール山群）
© T. MIYAMORI 2001
73°45′ E
74°00′ E
36°50′ N
36°40′ N
アフガニスタン
パキスタン
ン 谷 ）
5743
5715
4343
ゾーエ・サール湖
カランバール・アン
4188
'99
シュインジ
カランバール川
3551
コーラボルト峠
4630
5685
C1 '97
4362
5728
5724
チ ア ン タ ー ル 氷 河
'97
5700
5945
チャテボイ氷河
ソフィタラバード
C1
'03
4308
ガルムシュ氷河
5459
5480
C2
4550
5715
5291
コー・イ・チャティボイ
6150
5850
3889
'03
ワルグート
コー・イ・ワルグート
5360
5130
5765
6130
コー・イ・チアンタール
6416
5300
NE
6177
5590
カルカ・ムズ・サール
6222
スージ・サール
5678
'99
ペアヒン氷河
SW
6189
カルカ・ムズ氷河
ヘイズ・サール
アトロ・サール
スージ氷河
6105
c 6100
5087
スージ・ガール
5133
5553
サール湖
3401
3167
ヘイズ氷河
5831
マーサーティル
マーサーティル・ガール
チアンティール・ガール
5368
5499
ゴータム
ディラン氷河
マルエ・ムシュク
ゴロ氷河
ガルティル
ハンディス
ホワール
シニキ・サール
3027
ゴトルティ
2512
5907
パイズ
チアンタール氷河の踏査ルート
雁部ルートは以下の通り
S.Karibe's route from 1966 to 2003 showing as follow.
・1968年 '68
・1997年 '97
・1999年 '99（カランバール峠越え）
・2003年 '03
73°45′ E
74° 00′ E
© Compiled by S. Karibe 2008